网络犯罪案例研究

徐伟 等——著

法律出版社
LAW PRESS·CHINA
北京

图书在版编目（CIP）数据

网络犯罪案例研究 / 徐伟等著. -- 北京 : 法律出版社, 2024. -- ISBN 978-7-5197-9414-9

Ⅰ. D924.364

中国国家版本馆 CIP 数据核字第 2024JA3035 号

网络犯罪案例研究
WANGLUO FANZUI ANLI YANJIU

徐 伟 等 著

责任编辑 孙 慧 余群化
装帧设计 李 瞻

出版发行 法律出版社
编辑统筹 司法实务出版分社
责任校对 王 丰 李景美
责任印制 胡晓雅
经　　销 新华书店

开本 710 毫米×1000 毫米 1/16
印张 24.5 **字数** 358 千
版本 2024 年 10 月第 1 版
印次 2024 年 10 月第 1 次印刷
印刷 永清县金鑫印刷有限公司

地址:北京市丰台区莲花池西里 7 号(100073)
网址:www.lawpress.com.cn
投稿邮箱:info@lawpress.com.cn
举报盗版邮箱:jbwq@lawpress.com.cn

销售电话:010-83938349
客服电话:010-83938350
咨询电话:010-63939796

书号:ISBN 978-7-5197-9414-9
定价:98.00 元

凡购买本社图书,如有印装错误,我社负责退换。电话:010-83938349

作者名单

（以姓名拼音为序）

何顺琪	李书臣	刘雯雯	王馨仝
万子霈	翁小平	肖利杭	徐　伟
徐源辰	于争平	张世龙	张　尧
仲明慧	周文达		

序　一

徐伟律师是从京都律师事务所开启自己律师生涯的,作为律师新秀,他在网络犯罪领域颇有自己的思考和见解,办案之余,他深耕于网络犯罪的理论和实务研究,在大量司法案例中总结办理网络犯罪案件的裁判规则,并对裁判规则进行全面的分析。同时,他结合自己的办案经验,对个别问题进行了更加深入的思考并撰写出了多篇专业文章。在这样的基础上,形成了《网络犯罪案例研究》一书。

网络犯罪是近年来司法机关重点治理的犯罪,其具有匿名性、跨区域性、高度技术性等特点,涵盖了多个领域,给司法机关增加了侦查与打击的难度,也为刑事律师的辩护带来了挑战。通读此书后,我认为这本书有以下几个特点值得读者关注:第一,研究覆盖面广。这本书对我国目前的网络犯罪涉及的领域——侵犯计算机信息系统安全犯罪、网络化的传统犯罪以及信息网络帮助犯罪行为三个方面所包含的罪名基本都有研究和分析。第二,规则分析实用性强。本书中的案例分析是徐伟律师在对司法案例的总结和提炼的基础上得来,司法案例是律师办案在思路与方法上的重要参考,对案例中裁判规则的提炼能为律师办案带来启发。第三,案例之外,文章还融入了徐伟律师独有的思考。在案例分析中,除了对裁判规则的分析,徐伟律师还特意添加了"辩护攻略"板块,从辩护的角度为读者提供思路。另外,在一些章节的末尾,还设有"扩展阅读"栏目,系徐伟律师对该罪名中所涉及专业问题的思考和探讨。作为一名青年律师,他勤于思考、善于总结的优点让我感到欣慰。

可以看出,徐伟律师为自己的新作投入了大量的心血,他对刑事辩护的热情和专业度在这本书中也有所体现。在中国律师走向成熟的发展期中,不断加强律师自身的专业技能也是我一直以来对青年律师的期望。我认为,徐伟律师做到了。希望徐伟律师能继续笔耕不辍,撰写更多的专业著作,毫无保留地贡献自己的经验和成果,促进刑事辩护业务的发展。

2024 年 8 月 2 日

序　二

这是我出版的第一本书,对于是否出版本书我一开始是迟疑的,因为市面上已有许多与网络犯罪案例有关的图书。但随着这些年网络犯罪一线辩护经验的增加,我最终坚定了要出版本书的决心。一是因为已出版的网络犯罪案例书大多由司法机关或司法工作人员编写,主要用于指控犯罪,能够用于辩护参考的案例较少;二是因为每年涉及网络犯罪的人员只增不减,但有部分人员是因缺乏罪名知识误入歧途,这类人并没有强烈的犯罪意愿,所以有必要出版一本通俗易懂的案例书供普通大众了解网络犯罪的门槛,减少此类案件的发生;三是因为在一线办案过程中,我发现确实有部分法律问题争议较大,希望通过梳理案例的方式呈现出来。

写作这本书的过程是很辛苦的,我最开始写的是帮助信息网络犯罪活动罪(以下简称"帮信罪")的案例,"帮信罪"的案例非常之多,是我国的第三大罪名,仅次于危险驾驶罪和盗窃罪,"帮信罪"不起诉的案例已有许多人整理且大部分是因为情节轻微不起诉,没有专门写案例分析的必要,无罪的案件我没有检索到,于是我只能从现有的上万个案例中去筛选有价值的改判案例,当时借助软件工具每天看1000个"帮信罪"的案例成了常规操作,即便这样也仅筛选出为数不多的案例。本书的案例几乎都是在这种海选的方式下产生的。

我因为每年都有大量的案件需要办理,繁忙的一线工作和巨大的工作压力,让我在工作之余多数时候只想一个人静一静,但每次当研究成果在办案中得到应用,案件辩护呈现有效结果,都能让我再次充满干劲投入其中,这种反反复复的状态一共持续了四年。

本书一共分为九章，涉及十多个罪名，几十个案例，成书的所有案例都经过几轮筛选，最终我根据近些年工作中遇到的争议问题进行定稿，案例实用参考性较强。每篇案例我们提炼了裁判规则供读者第一时间了解，提升阅读效率，并在“规则分析”部分做了基本分析，每篇案例还单独设置了“辩护攻略”板块。需要强调的是，案例是从公开案例库筛选出的，大部分都是改判案例，无罪案例是少数，但是仍然有参考的价值。从量刑角度而言，减少一个月的刑期也是有意义的，并不是只有无罪才是胜利。从违法所得角度而言，减少违法所得认定也很重要，当下对于违法所得的追缴力度与过去不同，而且在不能足额上缴违法所得的情况下，会影响当事人减刑。从定罪角度而言，改变涉案数量（人数、点击数、信息条数）和金额的辩护思路，如果运用到一些数量和金额较小的案件中，当数额或数量因辩护而减少，则当事人可能因为达不到入罪标准而被释放。所以，改判案例的研究十分重要。

我在大部分章节里面还附上了扩展阅读，这部分是我的一些办案心得和思考，比如在某掩饰、隐瞒犯罪所得案件中，因为提出了批捕阶段的管辖问题，办案机关不予批准逮捕，最终案件实现撤案效果。

本书的写作过程中，得到了很多同事的支持，也得到了很多同行的建议和支持，在此一并表示诚挚的谢意，由于是办案之余完成的创作，难免有遗漏，欢迎各界朋友批评指正，如果遇到相关的实务问题，也欢迎与我们沟通交流。

2024 年 8 月 4 日

目 录

CONTENTS

第一章 帮助信息网络犯罪活动罪

第二章 开设赌场罪

第五章　诈骗罪

第六章　破坏计算机信息系统罪

第七章　提供侵入、非法控制计算机信息系统程序、工具罪

第八章　传播淫秽物品牟利罪

第九章　掩饰、隐瞒犯罪所得、犯罪所得收益罪

第一章

帮助信息网络犯罪活动罪

一、公司员工因主观明知内容不同构成不同罪名

案号：（2020）豫0212刑初429号

关键词：开设赌场罪；帮助信息网络犯罪活动罪；主观明知

裁判规则：若被告人以营利为目的，明知网站实施赌博活动，仍然为其提供广告投放服务，情节严重的，以开设赌场罪追究刑事责任；若被告人仅知道网站主要从事非常规的违法犯罪的，但是对具体属于何种犯罪并不明知的，则仅以帮助信息网络犯罪活动罪追究刑事责任。

案情要点：

· 被告人劳某峻、蔡某挺成立某科技有限公司，为威尼斯人等赌博网站做广告推广服务，并收取服务费。

· 被告人劳某静、姚某珍、张某明知该科技有限公司是做违法犯罪的网络推广业务，仍然在其公司中从事财务等相关帮助工作。

· 公诉机关认为被告人劳某峻、蔡某挺明知威尼斯人是赌博网站，仍然为其提供投放广告服务，应以开设赌场罪追究其刑事责任；劳某静、姚某珍、张某明知他人利用信息网络实施犯罪，仍为其犯罪提供帮助，应以帮助信息网络犯罪活动罪追究其刑事责任。

· 劳某峻及其辩护人辩解称，劳某峻虽然在主观上明知蔡某挺成立的工作室是为赌博网站做推广，但劳某峻成立的公司只是为工作室提供中介服务，并非直接在网上投放广告，故应当定性为帮助信息网络犯罪活动罪。

· 法院认为，被告人劳某峻、蔡某挺以营利为目的，明知网站实施赌博活动，仍然为其提供投放广告服务，收取赌博网站服务费数额巨大，属于情节严重，应以开设赌场罪追究其刑事责任。被告人劳某静、姚某珍、张某明知该公司主要是做非常规等违法犯罪的网络推广业务，但因三被告人对推广网络赌博并不明知，应当定性为帮助信息网络犯罪活动罪。

规则分析

在网络赌博案件中，为搭建网络赌场提供技术支持、软件开发、投放广告、资金支付结算等帮助行为的，司法实践中通常有两种定性，即“开设赌场罪”和“帮助信息网络犯罪活动罪”。两罪的犯罪构成要件中的客观行为模式具有一定的重合性。因此，行为人的主观方面是界分此罪与彼罪的重要内容。最高人民法院、最高人民检察院、公安部《关于办理网络赌博犯罪案件适用法律若干问题的意见》第2条规定了开设赌场罪的三种“明知”是赌博网站而按共犯处罚的情形以及四种“推定明知”而按共犯处罚的情形，这七种“明知”情形表明了犯罪嫌疑人具有开设赌场的认识，具有犯意联络，这种意思联络是强烈的且存在相互协作的关系，即开设赌场罪中的“明知”是确切的、具体的。

根据《刑法》第287条之二的规定，构成帮助信息网络犯罪活动罪要求行为人在主观上必须具备“明知”，具有“他人利用信息网络实施犯罪”的笼统认识，即帮助信息网络犯罪活动罪的主观明知通常不是确切、具体的认识，但是该认识程度应当达到故意犯罪要求的水平。同时，最高人民法院、最高人民检察院《关于办理非法利用信息网络、帮助信息网络犯罪活动等刑事案件适用法律若干问题的解释》第11条对帮助信息网络犯罪活动罪也规定了七种“推定明知”情形。这七种“推定”明知情形具有概括性，行为人不必认识到被帮助对象所实施犯罪的性质与类型，只要认识到他人是在利用信息网络实施犯罪行为即可，[①]即帮助信息网络犯罪活动罪中的“明知”是概括的认识。具体而言，可以根据以下因素考量：

一是行为人是否与赌博平台的经营人员存在犯意联络，有无事前通谋，以此证明两者具有共同犯罪故意。本案中，蔡某挺的工作室为赌博平台做推广。继而劳某峻、蔡某挺两人成立科技公司为工作室提供中介服务，作为公司负责人，

① 参见秦雪娜：《立足故意要件定位 明晰帮信罪“主观明知”》，载《检察日报》2023年2月17日，第3版。

知悉公司的主营业务，且收取服务费明显异常，符合最高人民法院、最高人民检察院、公安部《关于办理网络赌博犯罪案件适用法律若干问题的意见》中规定的"明知"开设赌场的情形。蔡某挺也曾与劳某峻协商工作室的分成事宜，而劳某峻认为不参与分成、不参与预谋即不构成开设赌场的共犯，其产生了法律认识错误。劳某峻对开设赌场的明知是具体的、确切的，故而认定为开设赌场罪。

二是行为人的职业技能、岗位职责等因素考量是否为主观明知。最高人民法院刑事审判第三庭、最高人民检察院第四检察厅、公安部刑事侦查局《关于"断卡"行动中有关法律适用问题的会议纪要》第 1 条规定，帮助信息网络犯罪活动罪中"明知他人利用信息网络实施犯罪"的理解适用，要结合行为人的认知能力、既往经历、交易对象、与信息网络犯罪行为人的关系、提供技术支持或者帮助的时间和方式、获利情况以及行为人的供述等主客观因素，予以综合认定。对于被帮助对象是否实施开设赌场的活动，行为人在主观上猜测或认识到被帮助对象可能实施的是违法犯罪活动，只是一种怀疑状态，而不是一种实然状态，猜测、感觉不等于明知。本案中，被告人劳某静、姚某珍、张某虽明知公司是做违法犯罪的网络推广，但在公司从事财务等相关帮助，其工作内容与网络赌博平台不存在实质性交叉，对被推广的业务内容并不存在主观明知，故应当以帮助信息网络犯罪活动罪追究刑事责任。

辩护攻略

在网络赌博案件中，行为人被指控开设赌场罪时，因开设赌场罪与帮助信息网络犯罪活动罪在客观行为上具有重合性，故可以采取将行为人的犯罪行为定性为帮助信息网络犯罪活动罪的辩护策略。"明知"属于行为人主观范畴，是存于行为人脑中内在的"物"，外人很难知晓，所以取证更是困难重重。在越来越多的网络犯罪正犯未到案的情况下，又无法充分证明行为人对被帮助者开设赌场的行为具有高度具体认知，仅能认定行为人有概括明知的，贯彻存疑有利于被告原则。尽管公司业务涉及刑事风险，但不同岗位对公司具体业务认知的程度不同,也可能有适用轻罪名的空间。

法院判决

法院认为,被告人劳某峻、蔡某挺以营利为目的,明知威尼斯人网站是赌博网站,劳某峻与蔡某挺等人预谋成立新公司,在人员配备及管理、利润分成与赌博网站联系开展业务等方面均起到主导作用,其与赌博网站联系也较为紧密,在为赌博网站推介广告服务及为工作室牟取非法利益方面起到骨干作用,因此,两被告人的行为应依法认定为开设赌场罪;被告人劳某静、姚某珍、张某明知该公司主要是做非常规等违法犯罪的网络推广业务,仍然在其工作中从事财务等相关帮助工作,因三被告人对推广网络赌博并不明知,公诉机关对三被告人定性为帮助信息网络犯罪活动罪,法院予以支持。

相关法律规定

《刑法》(2023 年修正)

第二百八十七条之二第一款 【帮助信息网络犯罪活动罪】明知他人利用信息网络实施犯罪,为其犯罪提供互联网接入、服务器托管、网络存储、通讯传输等技术支持,或者提供广告推广、支付结算等帮助,情节严重的,处三年以下有期徒刑或者拘役,并处或者单处罚金。

第三百零三条第二款 【开设赌场罪】开设赌场的,处五年以下有期徒刑、拘役或者管制,并处罚金;情节严重的,处五年以上十年以下有期徒刑,并处罚金。

最高人民法院、最高人民检察院、公安部《关于办理网络赌博犯罪案件适用法律若干问题的意见》(公通字〔2010〕40 号)

二、关于网上开设赌场共同犯罪的认定和处罚

明知是赌博网站,而为其提供下列服务或者帮助的,属于开设赌场罪的共同犯罪,依照刑法第三百零三条第二款的规定处罚:

（一）为赌博网站提供互联网接入、服务器托管、网络存储空间、通讯传输通道、投放广告、发展会员、软件开发、技术支持等服务，收取服务费数额在 2 万元以上的；

（二）为赌博网站提供资金支付结算服务，收取服务费数额在 1 万元以上或者帮助收取赌资 20 万元以上的；

（三）为 10 个以上赌博网站投放与网址、赔率等信息有关的广告或者为赌博网站投放广告累计 100 条以上的。

实施前款规定的行为，数量或者数额达到前款规定标准 5 倍以上的，应当认定为刑法第三百零三条第二款规定的“情节严重”。

实施本条第一款规定的行为，具有下列情形之一的，应当认定行为人“明知”，但是有证据证明确实不知道的除外：

（一）收到行政主管机关书面等方式的告知后，仍然实施上述行为的；

（二）为赌博网站提供互联网接入、服务器托管、网络存储空间、通讯传输通道、投放广告、软件开发、技术支持、资金支付结算等服务，收取服务费明显异常的；

（三）在执法人员调查时，通过销毁、修改数据、账本等方式故意规避调查或者向犯罪嫌疑人通风报信的；

（四）其他有证据证明行为人明知的。

如果有开设赌场的犯罪嫌疑人尚未到案，但是不影响对已到案共同犯罪嫌疑人、被告人的犯罪事实认定的，可以依法对已到案者定罪处罚。

最高人民法院、最高人民检察院《关于办理非法利用信息网络、帮助信息网络犯罪活动等刑事案件适用法律若干问题的解释》（法释〔2019〕15 号）

第十一条　为他人实施犯罪提供技术支持或者帮助，具有下列情形之一的，可以认定行为人明知他人利用信息网络实施犯罪，但是有相反证据的除外：

（一）经监管部门告知后仍然实施有关行为的；

（二）接到举报后不履行法定管理职责的；

（三）交易价格或者方式明显异常的；

（四）提供专门用于违法犯罪的程序、工具或者其他技术支持、帮助的；

（五）频繁采用隐蔽上网、加密通信、销毁数据等措施或者使用虚假身份，逃避监管或者规避调查的；

（六）为他人逃避监管或者规避调查提供技术支持、帮助的；

（七）其他足以认定行为人明知的情形。

最高人民法院刑事审判第三庭、最高人民检察院第四检察厅、公安部刑事侦查局《关于"断卡"行动中有关法律适用问题的会议纪要》

一、关于帮助信息网络犯罪活动罪中"明知他人利用信息网络实施犯罪"的理解适用。认定行为人是否"明知"他人利用信息网络实施犯罪，应当坚持主客观相一致原则，即要结合行为人的认知能力、既往经历、交易对象、与信息网络犯罪行为人的关系、提供技术支持或者帮助的时间和方式、获利情况、出租、出售"两卡"的次数、张数、个数，以及行为人的供述等主客观因素，同时注重听取行为人的辩解并根据其辩解合理与否，予以综合认定。司法办案中既要防止片面倚重行为人的供述认定明知；也要避免简单客观归罪，仅以行为人有出售"两卡"行为就直接认定明知。特别是对于交易双方存在亲友关系等信赖基础，一方确系偶尔向另一方出租、出售"两卡"的，要根据在案事实证据，审慎认定"明知"。

在办案过程中，可着重审查行为人是否具有以下特征及表现，综合全案证据，对其构成"明知"与否作出判断：（1）跨省或多人结伙批量办理、收购、贩卖"两卡"的；（2）出租、出售"两卡"后，收到公安机关、银行业金融机构、非银行支付机构、电信服务提供者等相关单位部门的口头或书面通知，告知其所出租、出售的"两卡"涉嫌诈骗、洗钱等违法犯罪，行为人未采取补救措施，反而继续出租、出售的；（3）出租、出售的"两卡"因涉嫌诈骗、洗钱等违法犯罪被冻结，又帮助解冻，或者注销旧卡、办理新卡，继续出租、出售的；（4）出租、出售的具有支付结算功能的网络账号因涉嫌诈骗、洗钱等违法犯罪被查封，又帮助解封，继续提供给他人使用的；（5）频繁使用隐蔽上网、加密通信、销毁数据等措施或者使用虚假身份，逃避监管或者规避调查的；（6）事先串通设计应对调查的话术口径的;(7)曾因非法交易“两卡”受过处罚或者信用惩戒、训诫谈话,又收购、出售、出租“两卡”的等。

类似案例

案号:(2016)粤51刑终154号

法院认为,本案现有证据无法证明上诉人温某亮与上诉人张某荣为开设赌场而进行密谋的主观故意,温某亮也未参与建立、研发、出租赌博网站,原审判决将温某亮出租、托管服务器的行为定性为开设赌场罪,定性错误。上诉人温某亮在经营互联网服务器租赁、托管业务过程中,明知他人利用信息网络实施犯罪,仍继续为他们提供互联网服务器租赁、托管业务,获取非法利益,其行为构成帮助信息网络犯罪活动罪,上诉人及辩护人认为温某亮的行为不构成开设赌场罪的意见予以采纳。

二、共同犯罪中一审法院未做到量刑均衡的，二审法院可以改判

案号：(2018)浙0702刑初1082号、(2019)浙07刑终754号

关键词：帮助信息网络犯罪活动罪；二审改判；量刑平衡

裁判规则：一审法院虽然依照被告人参与共同犯罪的数额量刑，但未充分考虑被告人在共同犯罪中地位、作用综合量刑，导致与其他同案犯量刑不平衡，二审法院可依法改判。

案情要点：

· 2016年11月，刘某伙同他人（均另案处理）制作国际网站，主营可以控制开奖号码的“香港高频彩”诱骗他人充值投注。

· 被告人黄某明知刘某开设诈骗网站，仍提供其身份证注册的支付宝、银行卡、微信等账户供刘某使用，用于接收、转移诈骗资金。接收诈骗资金共计6066150余元，黄某从中获利8000余元。

· 被告人陈某忠明知刘某开设违法犯罪网站，仍提供技术服务，帮助维护网站正常运行，并从中获利8000元。

· 浙江省金华市婺城区人民检察院指控黄某同他人以非法占有为目的，利用互联网等技术手段实施电信网络诈骗，数额特别巨大，构成诈骗罪；陈某忠明知他人利用信息网络实施犯罪，为其犯罪提供技术支持，情节严重，其行为已构成帮助信息网络犯罪活动罪；系共同犯罪。

· 浙江省金华市婺城区人民法院一审认为，公诉机关指控成立。黄某犯诈骗罪，判处有期徒刑6年6个月，并处罚金24万元；陈某忠犯帮助信息网络犯罪活动罪，判处有期徒刑2年，并处罚金5万元。

· 黄某、陈某忠不服，认为原判量刑过重，提出上诉。

·浙江省金华市中级人民法院二审不开庭审理，改判黄某犯诈骗罪，判处有期徒刑5年6个月（减1年刑期），并处罚金6万元（减18万元罚金）；陈某忠犯帮助信息网络犯罪活动罪，判处有期徒刑1年10个月（减2个月刑期），并处罚金5万元。

规则分析

二审法院改判的主要法律依据是《刑法》第5条“刑罚的轻重，应当与犯罪分子所犯罪行和承担的刑事责任相适应”的规定，即“罪责刑相适应原则”。罪责刑相适应的基本原则高于其他具体规定。因此，虽然一审法院认定了许多对黄某有利的情节，这其中包括从犯地位，但二审法院仍然认为一审法院没有“充分考虑”“综合量刑”，因此认为被告人与其他同案犯“量刑不平衡”，在不开庭审理的情况下直接予以改判。

刑事审判实践中，“定罪正确，量刑适当”是个案的质量标准，2010年10月1日起施行的《人民法院量刑指导意见（试行）》（已废止）与最高人民法院、最高人民检察院、公安部、国家安全部、司法部《关于规范量刑程序若干问题的意见（试行）》（已废止）将量刑纳入审判程序，实现量刑均衡的效果，达到个案正义的目的。而现行最高人民法院、最高人民检察院《关于常见犯罪的量刑指导意见（试行）》第1条第2款也规定，“量刑既要考虑被告人所犯罪行的轻重，又要考虑被告人应负刑事责任的大小，做到罪责刑相适应，实现惩罚和预防犯罪的目的”，同时对量刑幅度，规定“综合考虑全案情况，独任审判员或合议庭可以在20%的幅度内对调节结果进行调整，确定宣告刑。当调节后的结果仍不符合罪责刑相适应原则的，应提交审判委员会讨论，依法确定宣告刑”。

因此，二审法院虽然可以依据《刑法》直接改判，但改判的幅度与程序仍然有一定限制。

辩护攻略

笔者通过查阅所有帮助信息网络犯罪活动罪二审改判案例,共同犯罪案例中,二审法院在没有新的有利事实及情节的情况下,根据罪责刑相适应原则直接改判的案例仅有此一例。但本案仍然有参考的价值所在。通过本案具体分析,笔者认为,即使一审法院已经考虑到被告人从犯地位、坦白等有利情节,但辩护人仍然可以对被告人在案件中所起的具体作用、地位做进一步研究,并将此作为量刑不平衡的事实依据完善二审辩护意见,以期达到二审改判的效果。

法院判决

被告人黄某、刘某、叶某惠伙同他人以非法占有为目的,利用互联网等技术手段实施电信网络诈骗,其中,黄某涉案金额特别巨大,被告人刘某、叶某惠数额巨大,其行为均已构成诈骗罪。被告人陈某忠、刘某华明知他人利用信息网络实施犯罪,仍提供技术支持,情节严重,其行为均已构成帮助信息网络犯罪活动罪。被告人黄某、刘某、叶某惠系从犯,依法均予以减轻处罚。被告人叶某惠、刘某、陈某忠、刘某华具有坦白情节,被告人黄某认罪态度较好,可酌情从轻处罚,但原判在法条中未适用《刑法》第 67 条第 3 款属于适用法律不当,法院予以纠正。原判定罪正确,审判程序合法。原判依照参与共同犯罪的数额而未充分考虑其在共同犯罪中的地位、作用等情节综合量刑,导致对被告人黄某、陈某忠、刘某华的量刑过重及与其他同案犯量刑不平衡,法院予以纠正。被告人黄某、陈某忠及其辩护人所提量刑过重的上诉理由和辩护意见,法院予以采纳。

相关法律规定

《刑法》(2023 年修正)

第五条 【罪责刑相适应】刑罚的轻重,应当与犯罪分子所犯罪行和承担的刑事责任相适应。

最高人民法院《关于常见犯罪的量刑指导意见》(法发〔2017〕7号)(已废止)

一、量刑的指导原则

……

2. 量刑既要考虑被告人所犯罪行的轻重,又要考虑被告人应负刑事责任的大小,做到罪责刑相适应,实现惩罚和预防犯罪的目的。

……

二、量刑的基本方法

……

3. 确定宣告刑的方法

……

(4)综合考虑全案情况,独任审判员或合议庭可以在20%的幅度内对调节结果进行调整,确定宣告刑。当调节后的结果仍不符合罪责刑相适应原则的,应提交审判委员会讨论,依法确定宣告刑。

……

类似案例

1. 案号:(2021)豫13刑终172号

法院认为,原判根据谢某的犯罪事实、认罪悔罪情况、社会危害大小,对其判处的刑罚过重,二审考虑到其系初犯,本着以惩戒、警示为主的原则,适当运用刑罚手段对其进行打击,故对原判量刑予以调整。该上诉理由及辩护意见成立,法院予以采纳。

2. 案号:(2021)津01刑终30号

法院认为:(1)刘某春此次犯罪系初次犯罪,其并非专门从事非法收购、贩卖电话卡、信用卡活动的罪犯,对其还要以教育、挽救、惩戒、警示为主;(2)刘某春在共同犯罪中所起作用相对较小,其到案后认罪、悔罪,虽然无经济能力退缴赃款,但积极缴纳了全部罚金……可以对其宣告缓刑。

三、"帮信罪"案中，被告人仅获得一位被害人谅解，仍可获得从轻处罚

案号：(2021)吉0184刑初42号

关键词：家属；赔偿损失；退赔；取得谅解；帮助信息网络犯罪活动罪

裁判规则：帮助信息网络犯罪活动罪案件中，被告人已经认罪认罚，家属即使只向一名被害人赔偿部分损失，但取得了被害人的谅解，仍可酌情从轻处罚。

案情要点：

· 2020年5月11日，被告人龙某1办理银行卡一张，以800元的价格售卖给唐某使用。该卡为犯罪分子结算共计36万元。多名被害人共计转入该卡7万余元。

· 2020年4月3日、5月13日，被告人龙某2办理银行卡2张，后赠与唐某使用。该卡为犯罪分子结算共计115万元。多名被害人共计转入该卡8万余元。

· 二被告人家属赔偿其中一位被害人3万元，并取得了谅解。

· 公诉机关认为，龙某1、龙某2犯罪事实清楚，证据确实、充分，应当以帮助信息网络犯罪活动罪追究其刑事责任。

· 2021年1月，吉林省公主岭市人民法院判龙某1犯帮助信息网络犯罪活动罪，判处拘役5个月，并处罚金1000元，继续追缴龙某1违法所得800元；龙某2犯帮助信息网络犯罪活动罪，判处有期徒刑6个月，并处罚金1000元。

规则分析

赔偿损失与退赃、退赔情节是不同的概念，退赃是指犯罪人将犯罪所得的赃款或赃物，直接退还被害人或上缴司法机关的行为。退赔是指犯罪人因犯罪所得的赃物已被非法处置或损毁而无法退还被害人原物，故折价直接赔偿被害人

或上缴司法机关的行为。赔偿损失一般指被害人因生命、健康遭受犯罪行为而引发的各种经济损失。很多帮助信息网络犯罪活动罪案件中，法院会向被告人追缴违法所得，因此，有些被告人或家属会选择提前退缴违法所得（退赃），以获得量刑从轻的情节。

但本案中，家属选择向一名被害人退还部分损失取得谅解。法院则依据该情节对被告人作了从轻处罚。司法实践中，有些法院将该行为定性为赔偿损失，有些则定性为退赔。无论是何种定性，都既反映了被告人悔罪的态度，也缓解了社会的矛盾。根据最高人民法院、最高人民检察院《关于常见犯罪的量刑指导意见（试行）》，被告人积极赔偿被害人的经济损失并取得谅解的，法院可以减少基准刑的40%以下。值得注意的是，如果被告人同时具有主动退赃、积极赔偿获得谅解的情节，其最终量刑也并不必然达到"1＋1＝2"的效果，法院会根据全案的整体情况做到量刑均衡。最高人民法院刑事审判第三庭认为，同时具有以上情节的，均应适用，但当退赃、退赔与赔偿损失存在交叉重叠时，要避免从轻比例总和过大，以免影响量刑公正。

辩护攻略

如果辩护人与当事人之间已经确定了量刑辩护的策略，则辩护人可以根据案件的具体情况，协助家属争取案件中部分被害人的谅解，即使只有一名被害人愿意谅解，也应当积极争取。如果被害人不愿谅解，也可以单方面考虑积极赔偿，因为根据最高人民法院、最高人民检察院《关于常见犯罪的量刑指导意见（试行）》的规定，积极赔偿但没有取得谅解的，可以减少基准刑的30%以下。

法院判决

法院认为，被告人龙某1、龙某2的行为构成帮助信息网络犯罪活动罪。公诉机关的指控成立。鉴于被告人龙某1、龙某2自愿认罪认罚，依法可从宽处理。二被告人的家属退还部分违法所得，取得了部分被害人的谅解，可酌情从轻处罚。公诉机关的量刑建议适当,法院予以支持。

相关法律规定

最高人民法院《关于适用〈中华人民共和国刑事诉讼法〉的解释》(2021 年修正)(法释〔2021〕1 号)

第一百七十六条　被告人非法占有、处置被害人财产的,应当依法予以追缴或者责令退赔。被害人提起附带民事诉讼的,人民法院不予受理。追缴、退赔的情况,可以作为量刑情节考虑。

最高人民法院、最高人民检察院《关于常见犯罪的量刑指导意见(试行)》(法发〔2021〕21 号)

三、常见量刑情节的适用

……

(十一)对于积极赔偿被害人经济损失并取得谅解的,综合考虑犯罪性质、赔偿数额、赔偿能力以及认罪悔罪表现等情况,可以减少基准刑的 40% 以下;积极赔偿但没有取得谅解的,可以减少基准刑的 30% 以下;尽管没有赔偿,但取得谅解的,可以减少基准刑的 20% 以下。对抢劫、强奸等严重危害社会治安犯罪的,应当从严掌握。

……

(十四)对于被告人认罪认罚的,综合考虑犯罪的性质、罪行的轻重、认罪认罚的阶段、程度、价值、悔罪表现等情况,可以减少基准刑的 30% 以下;具有自首、重大坦白、退赃退赔、赔偿谅解、刑事和解等情节的,可以减少基准刑的 60% 以下,犯罪较轻的,可以减少基准刑的 60% 以上或者依法免除处罚。认罪认罚与自首、坦白、当庭自愿认罪、退赃退赔、赔偿谅解、刑事和解、羁押期间表现好等量刑情节不作重复评价。

……

类似案例

案号:(2021)浙0603刑初134号

被告人郑某华已支付给于某现金11000元,于某对被告人郑某华行为表示谅解。被告人郑某华已支付给钟某现金11000元,并取得钟某的谅解。被告人郑某华向法院退赃25000元。

法院认为,被告人郑某华明知他人利用信息网络实施犯罪,仍为其犯罪提供技术支持或者支付结算的帮助,情节严重,其行为已构成帮助信息网络犯罪活动罪。被告人郑某华归案后能如实供述自己的罪行,且愿意接受处罚,依法予以从轻处罚;被告人郑某华能积极赔偿被害人部分损失,且取得被害人谅解,酌情予以从轻处罚。根据被告人郑某华的犯罪事实、情节及认罪悔罪表现,可予宣告缓刑。

四、二审期间，家属预缴罚金，当事人可获缓刑

案号：(2021)辽09刑终28号

关键词：认罪认罚；亲属；预缴罚金；退缴赃款；适用缓刑；帮助信息网络犯罪活动罪

裁判规则：帮助信息网络犯罪活动罪中，被告人无前科劣迹，系自首，一审已经认罪认罚，二审期间亲属愿意代为预缴罚金，退缴赃款的，可依法适用缓刑。

案情要点：

·2019年10月，被告人刘某博通过网络与胡某联系，作为胡某下线，为违规被封微信号进行解封，给利用微信作为违法犯罪工具者提供帮助。刘某博违法所得30000元。

·2020年12月，辽宁省彰武县人民法院认为，刘某博的行为构成帮助信息网络犯罪活动罪。刘某博经公安机关电话传唤到案，到案后如实供述罪行，系自首，可以从轻处罚。刘某博认罪认罚，可以从轻处罚。法院判处被告人刘某博有期徒刑1年，并处罚金50000元，违法所得30000元予以追缴，上缴国库。

·刘某博不服，提出上诉，请求对其适用缓刑。二审期间，其亲属代为缴清违法所得及罚金。

·2021年1月辽宁省阜新市中级人民法院改判刘某博有期徒刑1年，缓刑1年。并处罚金50000元(已缴纳)。违法所得30000元予以追缴，上缴国库(已缴纳)。

规则分析

《刑法》第72条对适用缓刑的条件进行了规定，本案中一审法院没有对刘某博适用缓刑，但二审过程中，刘某博家属代为预缴罚金及退缴违法所得，使刘某博较一审增加了有利情节，在此变化下，二审法院认为刘某博符合规定的缓刑条件，予以改判。刘某博得以提前与家人团聚。在一审查明事实无误、当事人认

罪认罚前提下，二审没有开庭审理，如果没有家属进一步的“协助”，刘某博改判的难度可想而知。

关于退缴违法所得，2021 年 7 月 1 日实施的最高人民法院、最高人民检察院《关于常见犯罪的量刑指导意见（试行）》第 3 条第 10 款规定，“对于退赃、退赔的，综合考虑犯罪性质，退赃、退赔行为对损害结果所能弥补的程度，退赃、退赔的数额及主动程度等情况，可以减少基准刑的 30% 以下”，因此，当被告人具有退缴违法所得的情节时，法官一般都会依法对量刑予以调整。而对于家属代为退缴违法所得能否视为被告人退缴的问题，早在 1987 年最高人民法院《关于被告人亲属主动为被告人退缴赃款应如何处理的批复》中就已明确，可以视为被告人退缴赃款。由此可见，当家属自愿为被告人退缴违法所得，一般可以为其争取到从宽处理的机会。

关于预缴罚金，预缴罚金并非法定从轻的情节，最高人民法院、最高人民检察院《关于常见犯罪的量刑指导意见（试行）》也并未将预缴罚金的情况规定在内，但预缴罚金一定程度上也反映了被告人悔罪的表现，所以实践中也会被法院作为对被告人酌定从轻处罚的情节。江苏、山东两省高级人民法院出台了相关规定对此问题进行了一定的明确，特别重要的是，根据目前检索的案例来看，退缴违法所得、预缴罚金发挥作用的前提是被告人认罪认罚，否则家属与被告人对案件的态度会产生一定的矛盾，有可能影响改判的效果。

综上所述，帮助信息网络犯罪活动罪二审期间，在被告人已经认罪认罚的前提下，如果家属主动为被告人退缴违法所得一般都可以为其获得从宽处罚的机会，预缴罚金在一定程度上反映了被告人的悔罪表现，对最终量刑也可能会产生一定积极影响。当事人具备以上条件，同时符合缓刑的其他条件，二审法院可能会改判缓刑。

辩护攻略

笔者阅览了所有帮助信息网络犯罪活动罪二审改判的案例，发现二审退缴违法所得改判的案件是最多的,因此该辩护策略具有很强的可操作性。通过梳理所有退缴违法所得改判的案例,发现它们大都同时具备如下条件:被告人认罪认罚、家属代为退缴违法所得、预缴罚金。虽然部分案件被告人一审未认罪,但二审认罪又退缴违法所得的,二审法院也给予了不同程度的改判(详见表1-1)。

表1-1 帮助信息网络犯罪活动罪二审改判案例具体情况

案号	一审	二审	改判效果
(2020)皖10刑终76号	不认罪	认罪认罚,退赃,预缴罚金	减少6个月
(2020)闽08刑终297号	认罪认罚	退赃,预缴罚金	减少2个月
(2021)黑09刑终6号	不认罪	认罪认罚,退赃	改判缓刑
(2020)赣08刑终346号	认罪认罚,退赃	预缴罚金	减少3个月
(2021)湘01刑终128号	认罪认罪	退赃	减少4个月
(2021)湘01刑终62号	认罪认罚	退赃	减少1年
(2021)豫11刑终109号	认罪认罚	退赃,预缴罚金	减少1个月

因此,笔者认为,即使相关法律并未强制规定家属代为退缴违法所得时法院必须改判,但根据目前实践及相关规定,代为退缴违法所得及预缴罚金仍然是家属能够帮助到被告人的最直接的方式,也是帮助信息网络犯罪活动罪改判概率最高的方式。

同时根据以上案例,笔者认为有两点也值得注意:第一,家属即使没有能力退缴所有违法所得,但能退缴大部分的,法院也可以改判;第二,作为共同犯罪主犯的第一被告人违法所得高达400万余元,但在退缴大部分的违法所得后,即使从犯被判处实刑,主犯仍然有机会被改判缓刑。

所以,家属除了花钱聘请专业、负责的律师外,具备经济条件的,也应当考虑代为退缴违法所得及预缴罚金的事宜,以帮助被告人尽早恢复自由。

法院判决

法院认为,上诉人刘某博明知他人利用信息网络实施犯罪,仍为其提供技术支持,情节严重,其行为已构成帮助信息网络犯罪活动罪,依法应予惩处。关于上诉人刘某博所提上诉理由,经查,其无前科劣迹,又系自首,其亲属愿意代为缴纳罚金,退缴赃款,对其适用缓刑对其所居住社区无重大不良影响,可依法对其适用缓刑,其上诉理由予以采纳。

相关法律规定

《刑法》(2023 年修正)

第七十二条第一款　【适用条件】对于被判处拘役、三年以下有期徒刑的犯罪分子,同时符合下列条件的,可以宣告缓刑,对其中不满十八周岁的人、怀孕的妇女和已满七十五周岁的人,应当宣告缓刑:

(一)犯罪情节较轻;

(二)有悔罪表现;

(三)没有再犯罪的危险;

(四)宣告缓刑对所居住社区没有重大不良影响。

最高人民法院、最高人民检察院《关于常见犯罪的量刑指导意见(试行)》(法发〔2021〕21 号)

三、常见量刑情节的适用

……

(十)对于退赃、退赔的,综合考虑犯罪性质,退赃、退赔行为对损害结果所能弥补的程度,退赃、退赔的数额及主动程度等情况,可以减少基准刑的 30% 以下;对抢劫等严重危害社会治安犯罪的,应当从严掌握。

……

最高人民法院《关于被告人亲属主动为被告人退缴赃款应如何处理的批复》[法(研)复〔1987〕32号]

三、如果被告人对责令其本人退赔的违法所得已无实际上的退赔能力,但其亲属应被告人的请求,或者主动提出并征得被告人同意,自愿代被告人退赔部分或者全部违法所得的,法院也可考虑其具体情况,收下其亲属自愿代被告人退赔的款项,并视为被告人主动退赔的款项。

山东省高级人民法院《关于印发适用认罪认罚从宽制度审理刑事案件指导意见的通知》(鲁高法〔2019〕20号)

第八条　审理认罪认罚刑事案件,除依照法律审查、认定案件事实证据外,还应当重点审查自首、坦白、当庭认罪、退赃退赔、预缴罚金、积极赔偿被害人损失与被害人方达成调解或者和解协议等反映被告人认罪和认罚的情节。

江苏省高级人民法院《关于适用与执行财产刑若干问题的意见》

第十六条　一审判决前犯罪分子或者犯罪分子的亲友主动或经法院告知后提前预缴罚金,人民法院可以暂收,并可根据犯罪分子的悔罪情况对其主刑酌情从轻处理,但应符合以下要求:

(一)禁止对犯罪分子或其亲友作出任何形式的许诺,即不得许诺以预缴罚金作为对犯罪分子从轻处罚的条件。

(二)犯罪分子必须具有财产刑的适罚性。对应当判处主刑的犯罪分子不能以预缴罚金判处财产刑而代替主刑的适用。

(三)判处罚金的数额应当坚持以犯罪情节为基准,不能以预缴罚金的数额作为判决的依据。

(四)预缴罚金的数额不能超过可能判处罚金数额的最高限额。

(五)预缴罚金后对主刑只能在法定刑幅度范围内酌情从轻判处,并坚持罪责刑相适应原则。

(六)对待民事赔偿态度消极,隐瞒财产企图逃避民事责任,即使主动预缴罚金也不予从轻处理;其预缴的罚金应当先承担对被害人的民事赔偿责任。

类似案例

1. 案号:(2021)黑09刑终6号

经司法鉴定,第四方平台结算赌资进款金额为7603476941.23元,上诉人郑某杰的获利计算标准按0.1%提成计算,扣除系统漏洞造成300万元损失,获利数额应为460万元,一审法院认定郑某杰的违法所得为1000万元,事实不清,证据不足。二审期间上诉人郑某杰缴纳违法所得400万元。

法院认为,上诉人郑某杰认罪认罚,缴纳大部分违法所得,具备社区矫正条件,依法可以适用缓刑,对其辩护人的辩护意见予以支持。

2. 案号:(2020)赣08刑终346号

法院认为,两上诉人在二审期间缴纳全部罚金,虽对获利金额有异议,但对犯罪事实全部认可,认罪认罚,故可在一审判决的基础上再从轻处罚。

3. 案号:(2021)湘01刑终62号

法院认为,对于上诉人李某提出的一审量刑过重的上诉理由及其辩护人提出的李某在二审期间能积极退缴违法所得,请求二审从轻处罚的辩护意见,经查,李某在法院审理期间退缴全部违法所得,有悔罪表现,综合考虑李某犯罪的事实,犯罪的性质、情节及对社会的危害程度,结合同类型案件量刑平衡考虑,对上诉人李某及其辩护人提出的请求二审从轻处罚的上诉理由和辩护意见,法院予以采纳。

五、“帮信罪”中，审计报告的作用

案号：(2020)沪0106刑初1565号

关键词：审计报告；审计意见；数据统计；违法所得数额；帮助信息网络犯罪活动罪

裁判规则：审计报告对行为人转账数额进行了统计，但无其他证据证明转账数额的性质，仅凭审计报告不能认定转账数额系违法所得。

案情要点：

· 2019年10月至2020年5月，被告人张某某通过崔某某向境外赌博网站提供多个本人及他人的银行账户用于帮助结算资金。

· 公诉方指控张某某的行为构成帮助信息网络犯罪活动罪，并提交审计报告，证实被告人张某某涉案9个银行账户收支合计1亿余元。张某某通过微信账户收到崔某某转账共计4万余元。

· 被告人张某某的辩护人提出，现有证据不能证明张某某收到的微信转账款4万余元系违法所得。

· 法院认为，审计报告中关于张某某收到崔某某微信转账的审计意见仅系客观数据统计，并非用于独立证明张某某实际违法所得数额。

规则分析

实践中，审计报告常常被公诉方用作证实被告人涉案数额、资金流向等事实的证据。然而，审计报告是由公安机关或检察机关指派或聘请有相关资质的会计师事务所出具的书面文件，是会计师事务所对相应账户银行流水和资金往来的审计意见。对于审计报告的证据属性，目前司法实践还存在一些争议，但我们可以知道的是，审计报告是注册会计师对企业的财务收支、财务状况、经营成果、

现金流量、会计核算等鉴证信息的公允性和合理性全面审查后作出的评价。根据它的内容和性质,我们可以作出以下判断:

它与书证不完全相同,书证要求绝对的客观性,其通过书面记载的内容可以如实反映案件的真实情况,而审计报告是一种专门性意见,其客观性没有那么高。它与鉴定意见也不同,因为审计报告采用的方法和标准与司法会计鉴定意见是不一样的,审计报告属于鉴证业务,其采用的标准是注册会计师审计准则,而司法会计鉴定属于鉴定业务,其采用的标准是司法相关的规定,旨在于诉讼活动中提供意见。

审计报告只是用来辅助证明犯罪所用金额或犯罪所得金额的一环,它并不是法定证据种类中的一种,不能单独拿来成为定案的依据,虽然它具有一定的证明力,但要让它成为完整的证据,需要与其他证据相结合,形成完整的证据链,才能成为确定被告人违法所得数额的证据。因此,在司法机关无法找到对应的其他证据的情况下,无法排除合理怀疑,故该审计报告不能作为定案依据。

辩护攻略

公诉方单独提交审计报告以证实被告人违法所得的,辩护人可强调审计报告不是法定证据种类,也不同于鉴定意见,其证明力较低,并可以就该报告是否有其他在案的客观证据互相印证、是否形成完整的证据链条、是否满足证据的客观性等问题提出疑问,以达到辩护效果。

另外需要注意的是,在使用审计报告作为证据时,也要关注审计报告的程序来源是否合法,审计机构是否有相关资质,审计人员是否有相应的专业技术和职称等。若控方将审计报告作为证明要件事实的证据,应对审计报告采用与鉴定意见同样的审查标准。

法院判决

现无充分证据证明被告人张某某尾号为6790的中国工商银行银行卡系提供给崔某某用于网络犯罪支付结算,采纳被告人张某某及其辩护人所提扣除该银行卡涉案25万余元的辩解和辩护意见。审计报告中关于张某某收到崔某某微信转账的审计意见仅系客观数据统计,并非用于独立证明张某某实际违法所得数额,辩护人的相关意见与公诉机关指控内容一致,法院予以采纳。

相关法律规定

《刑事诉讼法》(2018年修正)

第五十条　可以用于证明案件事实的材料,都是证据。

证据包括:

(一)物证;

(二)书证;

(三)证人证言;

(四)被害人陈述;

(五)犯罪嫌疑人、被告人供述和辩解;

(六)鉴定意见;

(七)勘验、检查、辨认、侦查实验等笔录;

(八)视听资料、电子数据。

证据必须经过查证属实,才能作为定案的根据。

第一百四十六条　为了查明案情,需要解决案件中某些专门性问题的时候,应当指派、聘请有专门知识的人进行鉴定。

最高人民法院《关于适用〈中华人民共和国刑事诉讼法〉的解释》(2021年修正)(法释〔2021〕1号)

第九十七条　对鉴定意见应当着重审查以下内容:

（一）鉴定机构和鉴定人是否具有法定资质；

（二）鉴定人是否存在应当回避的情形；

（三）检材的来源、取得、保管、送检是否符合法律、有关规定，与相关提取笔录、扣押清单等记载的内容是否相符，检材是否可靠；

（四）鉴定意见的形式要件是否完备，是否注明提起鉴定的事由、鉴定委托人、鉴定机构、鉴定要求、鉴定过程、鉴定方法、鉴定日期等相关内容，是否由鉴定机构盖章并由鉴定人签名；

（五）鉴定程序是否符合法律、有关规定；

（六）鉴定的过程和方法是否符合相关专业的规范要求；

（七）鉴定意见是否明确；

（八）鉴定意见与案件事实有无关联；

（九）鉴定意见与勘验、检查笔录及相关照片等其他证据是否矛盾；存在矛盾的，能否得到合理解释；

（十）鉴定意见是否依法及时告知相关人员，当事人对鉴定意见有无异议。

第一百条　因无鉴定机构，或者根据法律、司法解释的规定，指派、聘请有专门知识的人就案件的专门性问题出具的报告，可以作为证据使用。

对前款规定的报告的审查与认定，参照适用本节的有关规定。

经人民法院通知，出具报告的人拒不出庭作证的，有关报告不得作为定案的根据。

《人民检察院司法会计工作细则（试行）》（高检发技字〔2015〕27号）

第二条　司法会计工作主要包括：

（一）协助案件承办部门发现案件线索、确定侦查范围、收集相关证据；

（二）进行司法会计鉴定，并根据办案需要参与法庭审理活动；

（三）对案件涉及的相关技术性证据材料进行审查；

（四）其他相关工作。

第三条　司法会计工作应当遵循客观、公正、科学、独立的原则。司法会计人员应当具备相应资格或专门知识，遵守保密规定，依法保守秘密。

《司法鉴定执业分类规定(试行)》(司发通〔2000〕159号)

第九条 司法会计鉴定:运用司法会计学的原理和方法,通过检查、计算、验证和鉴证对会计凭证、会计帐簿、会计报表和其他会计资料等财务状况进行鉴定。

《中国注册会计师鉴证业务基本准则》(2022年修订)

第三十一条 鉴证业务通常不涉及鉴定文件记录的真伪,注册会计师也不是鉴定文件记录真伪的专家,但应当考虑用作证据的信息的可靠性,包括考虑与信息生成和维护相关的控制的有效性。

如果在执行业务过程中识别出的情况使其认为文件记录可能是伪造的或文件记录中的某些条款已发生变动,注册会计师应当作出进一步调查,包括直接向第三方询证,或考虑利用专家的工作,以评价文件记录的真伪。

类似案例

案号:(2019)鲁0881刑初248号

关于非法吸收公众存款的数额问题,由于客观上存在资料不完整及缺乏连续性等缺陷,专项审计报告亦未能全面客观反映整体财务状况,因此,法院未完全采纳该审计结论,而是根据报案的集资参与人提供的合同、收据、银行账户交易明细、询问笔录等逐一核对,将报案集资参与人实际领到的利息扣除后,实际损失数额是1983.702万元。公诉机关以实际报案的数额进行指控,应予支持;辩护人提出对审计报告中吸收金额和未兑付金额存在异议等辩护意见,予以部分采纳。

扩展阅读

互联网数据中心(IDC)服务商运营中的刑事风险分析及规范经营建议

根据科智咨询发布的《2022—2023年中国IDC行业发展研究报告》,2022年,中国传统IDC业务市场规模达到1368亿元,2021年至2023年复合增长率为 14.5%。在未来 3 年,传统 IDC 业务市场规模将持续增长,预计到 2025 年将达到 2165 亿元,3 年复合增长率可达 17.2%。预计 2025 年后,随着新基建政策推进以及传统行业数字化转型加速等因素影响,IDC 市场将迎来新一轮快速增长。

可以看出,IDC 行业仍处于高速度、高质量的发展阶段,是一个长期的优质赛道。但随着网络犯罪的频发,刑法对网络犯罪的追责日渐严苛,网络技术服务行业所面临的相关法律风险也不容忽视。

1. 行业介绍

(1)何为 IDC

IDC 是 Internet Data Center 的简称,中文全称互联网数据中心,是指一种拥有完善的设备(包含高速互联网接入宽带、高性能局域网络、安全可靠的机房环境等)、专业化的管理、完善的应用服务平台。其利用相应的机房设施,以外包出租的方式为用户的服务器等互联网或其他网络相关设备提供放置、代理维护、系统配置及管理服务,以及提供数据库系统服务器等设备的出租及其存储空间的出租、通信线路和出口带宽的代理租用和其他应用服务。

根据中国信息通信研究院发布的《国内增值电信业务许可情况报告(2023.6)》,截至 2023 年 6 月底,全国 7387 家企业经营互联网数据中心业务,知名的 IDC 厂商有天翼云、腾讯云。

(2)何为 ISP

网络业务提供商(Internet Service Provider,ISP),ISP 提供网络接入服务,是指利用接入服务器和相应的软硬件资源建立业务节点,并利用公用电信基础设施将业务节点与因特网骨干网相连接,为各类用户提供接入因特网的服务。通俗来说,就是为企事业单位和个人提供小区宽带接入、写字楼宽带接入、个人上网、Wi-Fi 无线上网、网站接入、在线 App 应用程序接入等网络接入业务。

根据中国信息通信研究院发布的《国内增值电信业务许可情况报告(2023.6)》,截至 2023 年 6 月底,全国 9717 家企业经营互联网接入服务业务,知名 ISP 服务商有中国电信、中国移动。

(3)IDC 与 ISP 的关联关系

严格来说,狭义的 IDC 只是提供储存数据的物理空间,网站主办者将服务器托管在 IDC,同时获得了自己的域名,最后一步便是利用 ISP 服务,获得 IP 地址,将域名与服务器接入互联网,用户得以通过访问域名获得网站提供的内容。由于目前技术的便利以及客户的需求,IDC 服务商通常也会直接提供网络接入服务,即 ISP 服务。一家公司除了拥有 IDC 牌照外,还可以拥有 ISP 牌照,以便提供配套的服务。所以,广义的 IDC 通常也包含 ISP。下文所要讨论的 IDC 服务商,也包括提供 ISP 业务的服务商。

(4)IDC/ISP 业务的法律分类

根据《电信条例》第 8 条第 1 款的规定,电信业务分为基础电信业务和增值电信业务。电信业务的具体划分在《电信业务分类目录》中详细列出,根据工业和信息化部《电信业务分类目录(2015 年版)》,IDC 及 ISP 属于增值电信业务(见图 1－1)。

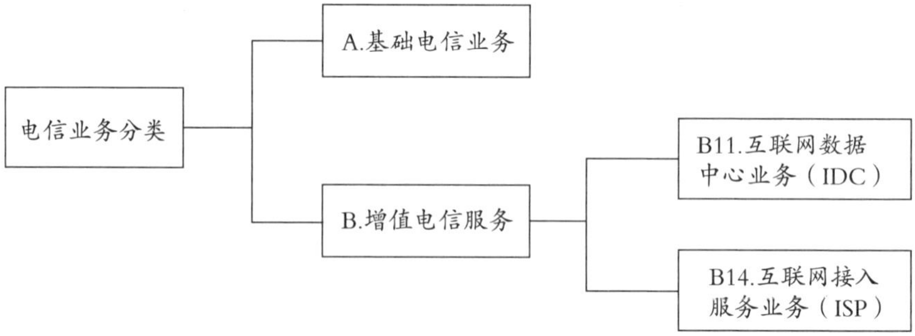

图 1－1　电信业务分类目录示意

从以上介绍可以看出,IDC 作为提供技术服务的机构,其业务有法可依,不仅具有网络技术意义,也具有法律意义,其业务具有合法性。

2. IDC 服务商的法律义务和刑事责任

网络服务提供者具体可分为网络接入服务提供者、网络平台服务提供者、网络内容及产品服务提供者。提供网络服务的公司体量一般较大,从事基础电信业务、增值电信业务,其所需要具备的条件也较为苛刻,从设立到运营,法律、法规在方方面面对电信业务都作出了规定与约束。遗憾的是，我国法律对网络服务提供者的类型化并不充分，仅行政法规和部门规章对网络服务提供者作了分类，但目前的法律法规对网络服务提供者的义务要求是统一而论的，在条文中并没有根据各网络服务提供者的性质来区分责任主体。所以说，不管属于哪种服务的提供者，从法律上来说，其管理义务几乎没有区别。

但从IDC的技术属性来看，IDC作为网络技术服务提供者，与网络内容提供者不同，其不能直接接触到前端界面，因此客观来说，IDC所涉及的刑事风险与网络前端服务者略有不同。

根据笔者办案经历及案例检索的情况来看，由于IDC的建设规模较大，服务对象较多，其作为提供技术的公司，一般很少构成作为犯形式的单独犯，目前IDC服务商触及的刑事犯罪主要包括两类，一类是不履行管理义务的不作为犯，另一类是具有帮助性质的犯罪。以下将从这两类犯罪出发，探究IDC服务商的法律义务与刑事责任（成立后专门为犯罪提供服务、明显故意违规经营的IDC服务商不在本文讨论范围中）。

(1)拒不履行信息网络安全管理义务罪

拒不履行信息网络安全管理义务罪是不作为犯。根据《刑法》的规定，网络服务提供者不履行法律、行政法规规定的信息网络安全管理义务是成立该罪的前提。因此在该罪中，信息网络安全管理义务来源于法律、行政法规的规定。当前仅有《网络安全法》、《反恐怖主义法》、全国人民代表大会常务委员会《关于加强网络信息保护的决定》和《互联网信息服务管理办法》可以作为义务来源的根据，其他部门规章和地方性法规的规定不能成为义务来源的根据。①

笔者根据IDC服务商的业务特点，整理出法律、行政法规对IDC服务商管理义务之要求（详见表1-2）。

① 参见皮勇：《论网络服务提供者的管理义务及刑事责任》，载《法商研究》2017年第5期。

表 1－2　法律、行政法规对服务商管理义务之要求

义务内容	法律依据
不得传播含有恐怖主义、极端主义、危害国家安全、扰乱社会秩序等违法内容，对明显非法网站主动停止服务	《电信条例》第 61 条、《网络安全法》第 47 条、全国人民代表大会常务委员会《关于加强网络信息保护的决定》第 5 条、《互联网信息服务管理办法》第 16 条、《反恐怖主义法》第 19 条
保障网络运行安全义务，保障网络免受干扰、破坏或者未经授权的访问	《网络安全法》第 21 条
网络运营者应当制定网络安全事件应急预案，落实网络安全保障措施	《网络安全法》第 25 条
安全开展网络安全、认证、检测、风险评估等活动，不得违法发布系统漏洞、计算机病毒等	《网络安全法》第 26 条、第 62 条
不得从事、帮助非法侵入他人网络、干扰网络正常功能等危害网络安全的活动	《网络安全法》第 27 条、第 63 条
依法保护用户个人信息	《网络安全法》第 22 条
不得为身份信息不真实的用户提供电信服务	《网络安全法》第 24 条、第 61 条，全国人民代表大会常务委员会《关于加强网络信息保护的决定》第 6 条

以上为 IDC 服务商本应遵守的法律、行政法规义务，但由于不履行管理义务也是拒不履行信息网络安全管理义务罪的构成要件之一，因此，IDC 服务商不履行法律、行政法规，不仅会受到行政处罚，而且还有可能会面临刑事风险。

根据《刑法》的规定，经监管部门责令采取改正措施而拒不改正的情节严重时，会面临 3 年以下有期徒刑、拘役或者管制，并处或者单处罚金的刑事处罚。有以下四种情形可以认定为情节严重：①致使违法信息大量传播的；②致使用户信息泄露，造成严重后果的；③致使刑事案件证据灭失，情节严重的；④有其他严重情节的。

因此，成立本罪需要满足两个条件：①不履行法律、行政法规规定的信息网络安全管理义务；②经监管部门责令采取改正措施而拒不改正的。

需要注意的是，本罪是单位犯罪，单位犯前款罪的，对单位判处罚金，并对其直接负责的主管人员和其他直接责任人员,依照规定处罚。

(2)具有帮助性质的犯罪

这类带有帮助性质的犯罪,要么是作为网络犯罪的帮助犯处理,要么是认定为帮助信息网络犯罪活动罪。

①网络犯罪的帮助犯

从法律规定来看,由于法律对各网络服务提供者的责任并未作区分,如果IDC作为帮助犯,其所涉及的犯罪类型可能为开设赌场罪、诈骗罪、侵犯著作权罪、传播淫秽物品牟利罪等可以利用网络实施的犯罪,这些犯罪脱胎于传统犯罪,核心是传统的犯罪行为本身,而并不单纯针对网络。但从技术上来说,IDC服务商不是网站或App平台的制作者,不是内容的提供者,其不会参与平台业务的运营。实际上,由于业务内容不同,将IDC服务商认定为网络犯罪的实行犯或帮助犯的可能性很小,除非其不仅提供了IDC服务,还参与前端业务,如有制作赌博网站、开发设计软件、宣传产品、拉拢玩家等其他行为,否则较难从客观行为推定IDC服务商有网络犯罪的主观故意。在这种情况之下,成立这种犯罪已经超出了其作为网络接入服务提供者本身的技术范围。通常有这种参与行为的是网络平台服务提供者、网络内容及产品服务提供者。

②帮助信息网络犯罪活动罪

同理,帮助信息网络犯罪活动罪也是IDC服务商不太可能涉嫌的罪名,但由于目前司法实践中帮助信息网络犯罪活动罪的适用率很高,客观上来说中立的技术难以区分罪与非罪,且该罪名对主观的认定也较为宽泛,因此虽然IDC服务商是技术服务提供者,但如果其不积极履行自己的管理义务,很有可能会以帮助信息网络犯罪活动罪受到刑事处罚。

最高人民法院、最高人民检察院《关于办理非法利用信息网络、帮助信息网络犯罪活动等刑事案件适用法律若干问题的解释》第11条规定:"为他人实施犯罪提供技术支持或者帮助,具有下列情形之一的,可以认定行为人明知他人利用信息网络实施犯罪,但是有相反证据的除外:(一)经监管部门告知后仍然实施有关行为的;(二)接到举报后不履行法定管理职责的;(三)交易价格或者方式明显异常的；（四）提供专门用于违法犯罪的程序、工具或者其他技术支持、帮助的；（五）频繁采用隐蔽上网、加密通信、销毁数据等措施或者使用虚假身份，逃避监管或者规避调查的；（六）为他人逃避监管或者规避调查提供技术支持、帮助的；（七）其他足以认定行为人明知的情形。"

从该条规定的前两款可以推测，IDC服务商履行行政责任的情况对于帮助信息网络犯罪活动罪的认定也产生了一定的作用，如果IDC服务商涉嫌帮助信息网络犯罪活动罪，其之前不履行管理义务的行为可能会被用于认定帮助信息网络犯罪活动罪的"明知"。技术是中立的，它能够被他人利用于犯罪，产生为犯罪提供帮助的客观效果。但一旦IDC服务商的主观方面难以用相反证据来推翻，这些行政"前科"就容易被用来证明帮助信息网络犯罪活动罪的"明知"。

并且，在该规定中，"监管部门""法定管理职责"都没有更加明确的规定，因此本罪对网络服务提供者的管理要求可能相较于拒不履行信息网络安全管理义务罪要更高。根据该特点，除了在拒不履行信息网络安全管理义务罪中所规定的管理义务之外，针对该罪，IDC服务商还需要遵守以下义务（详见表1－3）。

表1－3　IDC服务商需要遵守的义务

义务内容	法律依据
对所接入网站传播违法信息的行为进行监督，发现传播明显违法信息的，应停止服务、保存记录，并向国家有关机关报告	《电信业务经营许可管理办法》第24条、工业和信息化部《关于进一步规范因特网数据中心（IDC）业务和因特网接入服务（ISP）业务市场准入工作的实施方案》第三部分、《互联网域名管理办法》第40条
不得转租其电信服务或电信资源	《电信业务经营许可管理办法》第24条
不得为未备案的单位或个人提供接入服务，提供网络接入、域名注册等服务时要求用户提供真实身份信息	《互联网信息服务管理办法》第4条、《网络安全法》第24条、《非经营性互联网信息服务备案管理办法》第18条
应建立业务管理系统的义务，定期报送有关业务管理信息	《电信业务经营许可管理办法》第24条

需要注意的是，单位也可以构成帮助信息网络犯罪活动罪，单位犯前款罪

的，对单位判处罚金，并对其直接负责的主管人员和其他直接责任人员，依照规定处罚。

综上所述，即使这些行政责任的处罚力度可能并不严厉，但如果后续仍没有改正的措施，很有可能被作为证明帮助信息网络犯罪活动罪的主观故意的证据加以使用。

3. 实践中“帮信罪”“其他足以认定行为人明知”的错误

在实践中，IDC 服务商很少触犯拒不履行信息网络安全管理义务罪，根据其技术特点，其更容易触犯帮助信息网络犯罪活动罪。客观层面，IDC 服务商为用户提供技术服务是中立行为，无论对象是谁，其服务内容都是一致的。因此，构成帮助信息网络犯罪活动罪的关键在于主观故意。

隔行如隔山。根据笔者的实践经验，由于 IDC 服务商业务的专业性，实践中部分司法人员在未弄清楚基本原理的情况下，将服务商的行为直接用于推定犯罪“明知”，从实质上将此类行为纳入法律规定的“其他足以认定”的情况下，但这恰好容易造成事实认定错误，为此，笔者有必要在此予以澄清。

（1）IDC 服务商为客户提供备案服务不可以认定明知

需要指出的是，我国的网站运营采用备案制管理，如果服务器在我国境内，必须完成备案才可对外提供服务（经营性网站还需要许可证）。在此要求下，用户既可以选择自行前往工信部门备案，也可以选择 IDC 服务商代理备案。

网站备案的要求材料为：

· 主办单位名称、主办单位性质、主办单位有效证件号码、投资者或上级主管单位；

· 网站名称、网站负责人基本情况（姓名、有效证件号码、办公电话、手机号码、电子邮箱）、主办单位通信地址；

· 网站接入方式、服务器放置地、网站首页网址、网站域名列表、IP 地址列表、网站接入服务提供单位名称；

· 如涉及需前置审批或专项审批的内容。

完成以上流程后，网站域名才能解析至我国境内的服务器上，并对外提供互联网信息服务。

综上,备案可以视为在国内开办网站的前置性要求,目的是经过工信部门的审批。该行为不涉及技术,性质更类似于行政行为,具有行政属性。其仅是对网站开办者的资质进行审查,无法对其将要经营的内容进行预测和判断。就备案这一业务的性质来说,是无法从备案的行为认定 IDC 服务商明知他人利用信息网络实施犯罪的。

在为用户办理备案的过程中,IDC 服务商需要对用户提供的身份信息的真实性进行核查,以方便用户尽早备案以享受后续的服务。如果 IDC 服务商在此过程中为用户资质、身份信息进行了虚构和伪造,或者明知用户有虚构、伪造行为但仍然为其进行备案,那么有可能被视为违反了法律义务,涉及刑事风险。

(2)IDC 服务商为客户提供网络接入服务不可以认定明知

IDC 服务商为网站主办者提供网络接入服务,通常是客户已经在选择 IDC 服务商的服务器托管或者租用服务后,为了实现联网而选择的服务,这也是连接网络所必需的服务。

由于接入国际互联网需要租用国际信道,其成本对于一般用户是无法承担的。ISP 服务商作为提供接入服务的中介,需投入大量资金建立中转站,租用国际信道和大量的当地电话线,购置一系列计算机设备,通过集中使用,分散压力的方式,向本地用户提供接入服务。网络接入服务者作为网络的中转站,利用其设施将业务节点与互联网骨干网相连接,为用户提供网络接入服务。

网络接入的方式有很多种,一般来说,电话线、ISDN、ADSL、光纤、专线等多种通信线路均可以用来接入互联网。在网络接入的过程中,IDC 服务商通过 IP 地址来识别用户,然后将其请求以数据包的形式一起发送给骨干网,骨干网接收后处理数据并返回,以此实现信息的传输。

但需要指出的是,用户访问互联网的请求是以数据、数据包的形式发送的,终端用户看到的图片、视频在这个过程中都不会直接展示。IDC 服务商提供网络接入服务,其只是为这些数据提供了输送的通道,无法看到网站运营的具体情况,因此对其内容无法明知。

(3)IDC 服务商为客户提供安全防护服务不可以认定明知

流量清洗是 IDC 服务商提供的最常见的一种防护服务,主要指用于保障服务器免受 DDoS 攻击。攻击者通过大量代理或“僵尸”主机向目标服务器发起大量 HTTP 报文,这样一旦有大量真实用户访问,服务端资源很容易就被耗尽,无法响应真实用户的一些请求。因此,流量清洗是许多网站主办者都会选择的防护服务。

流量清洗是指通过专业的防 DDoS 设备或者服务对流量进行分析和过滤,将其中的正常流量和攻击流量区分开,并将正常流量回源到服务器,从而减轻服务器压力和风险。在这个过程中,发挥作用的是一些计算机技术服务,与前端网页内容无关,流量清洗也不需要收集前端网页的内容。因此,这项服务从技术上来说并不能获取网页内容,也无法直接认定提供流量清洗服务的人对网站内容具有明知(详见图 1－2)。

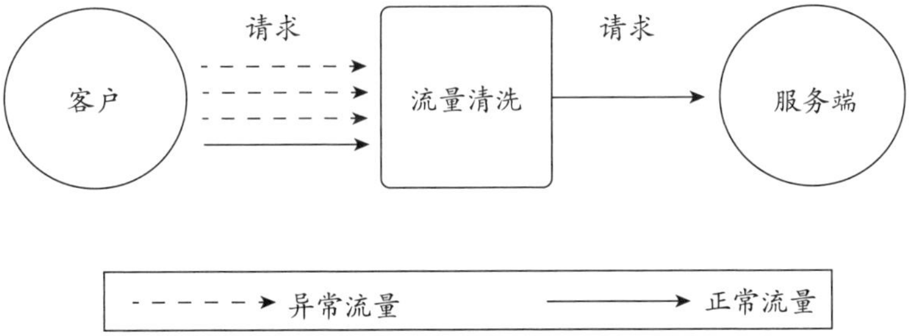

图 1－2　流量清洗示意

(4)配合民警调取犯罪证据的行为不可以认定明知

实践中,IDC 服务商经常会协助警方办案,为侦查提供必要的信息,如警方要寻找涉嫌网络犯罪的嫌疑人地址等证据,就会找到 IDC 服务商提供 IP 地址等线索。但有时候,这些积极配合警方办案的材料,却被拿来作为认定明知他人利用信息网络实施犯罪的证据。

笔者认为,配合警察调取证据的过程中所形成的有关材料并不能成为证明明知的证据。以银行为例,银行的负责人必然会了解到整个银行系统内可能会存在他人存放的赃款,平时也会有民警前往调查个别人的资金流水,但这样就能认定银行在帮助犯罪分子犯罪吗?

同理,IDC 服务商无法知道其服务的网站主办者具体运营的业务,网站主办者是否犯罪属于专业的法律判断,其配合警方调证后如果没有收到警方明确的回复,则没有停止网络服务的义务,否则会面临巨额的违约成本。并且,在侦查阶段初期,警方有时不会断然让 IDC 服务商停止服务,反而会要求 IDC 服务商继续提供服务,以便收集证据。在这种情况下,即使 IDC 服务商知道客户有可能涉嫌犯罪,为了配合警方办案也不能停止服务,这种行为也不能用来认定明知。

(5)知道网络信息服务业内存在“黑灰产业”不可以认定明知

在 IDC 行业中,“黑灰产业”的确存在,任何网络犯罪也都离不开网络的技术服务支持。但这并不代表一家 IDC 服务商对自己所服务的对象具有帮助的故意。

在同一犯罪构成内,明知的对象应当是犯罪行为,在帮助信息网络犯罪活动罪中是对自己提供的技术服务被他人利用的行为存在一定的认识,既包括明确认知也包括概括性认识。但这种认识一定是针对具体的行为,比如 IDC 服务商的某一客户使用网络服务的状况。根据对行业状况的认知来推定对自己服务对象的认知显然是有悖于常理的,这种认定方式是“有罪推定”的产物。

从实际情况来看,IDC 服务商根据客户的需求提供不同的服务,同一网络服务的内容基本一致,且客户的数量较多,体量参差不齐,通常只有当侦查机关来告知的时候才知道客户是否涉及“黑灰产业”。作为提供专业网络技术服务的 IDC 服务商,其诞生不是为了犯罪,自然不会也不应当对自己的客户事先戴着“有罪”的眼镜去审视。

因此,笔者认为知道行业内存在“黑灰产业”不能认定明知。

(6)受到过行政处罚不可以认定明知

根据上文所述,行政责任与 IDC 服务商的刑事责任密切相关,但这并不意味着受到行政处罚是刑事处罚的必要条件。根据法律规定,在受到行政处罚后,只有继续实施该不当行为、不履行相应义务的情况下,该行政处罚才有可能成为证明犯罪的证据。在 IDC 服务商收到用户举报、上级管理部门的处置要求后，如果其积极进行了处置，则该行为止步于违法，无法上升为犯罪，该情形不能证明受罚行为是刑法危害行为或者 IDC 服务商具有主观明知。

4. 规范经营，避免刑事风险

总体来说，IDC 服务商作为技术端的网络接入服务提供者，其面临的刑事风险相对较小，但由于法律对网络服务提供者的义务规定不清晰，一旦被刑事立案，在办案人员对技术的了解不够深入、没有充足证据的情况之下，出罪并不容易。IDC 服务商的刑事风险与行政责任密不可分，各大 IDC 服务商对自己应当承担的行政责任也不可掉以轻心。笔者认为，IDC 服务商可以通过以下几点措施实现规范经营。

(1)缔结合约时明确责任，充分履行告知义务

在与网络内容服务提供者订立技术服务合同时，明确告知其应当履行规范运营的义务，不得利用其提供的网络技术从事违法犯罪的活动。此举是为了明确自己提供技术的目的，从合作之初就切断建立违法犯罪联络的可能。

与代理商签订代理协议时，亦需要明确代理商对网络内容服务提供者也具有一定的监管义务，代理商应当做好前期的初步审查，不得故意向犯罪分子提供相关服务，否则亦需要承担法律责任，并且 IDC 服务商有权随时终止代理协议且不承担违约责任。

(2)全面落实实名注册，确保用户身份的真实性

IDC 服务商应加强用户身份的核验，确保用户身份的真实性，在提供的各项服务中都严格进行身份的核实，必要时可以采取人脸识别等技术性措施。在 IDC 行业中，代理商普遍存在，虽然代理商是与用户订立合约，但代理商不直接提供技术服务，在这种情况下实际提供网络技术服务的 IDC 服务商应当承担对用户的身份核查责任。虽然法律没有明确指明该义务应由谁承担，但从实质的联系来说，如果 IDC 服务商对代理商提供的客户没有履行行政要求上的查验手续，则仍有可能会认为有放任的故意。

(3)对用户的备案情况进行全面的核查

设立专岗专职,负责网站备案、规范网站行为及相关管理工作,专岗专职名单报省通信管理局备案。人员发生变动时要做好工作交接,变化后人员名单及时报省通信管理局备案。

同时,应记录网站主办者的备案信息,对所接入网站主办者的备案信息进行动态核实,保证备案信息的真实、准确。及时停止并督促网站主办者履行备案手续。

IDC服务商应按各地通信管理局的要求采购非法信息监控系统来实现对备案情况的核查,通过系统可以随时发现明显违法内容及域名备案状态,并根据审查结果决定是否断开网络接入。

(4)对高风险网站类别加强监管,甚至安排专人巡查

IDC服务商从技术层面上无法直接接触信息呈现出的最终内容,但随着国家网络监管力度的逐年加强,IDC服务商实际上也被赋予了审查网络内容的义务。IDC服务商服务器数据大多存储的是App或者网站的数据,就App而言,在没有App安装包的情况下,IDC服务商根本无法查看数据内容,若采用特殊技术手段则有可能侵犯用户利益,甚至可能承担刑事责任,但网站则相对容易,只要知道域名,打开链接便可知道网站具体内容。有些IDC服务商会使用监管系统直接导出网站域名,并逐个点击人工筛查内容。

笔者建议,由于近年来网络犯罪中“黄”“赌”案件高发,对于那些无法直接辨别是否明显违法,但又可能被用于违法犯罪的网站——如棋牌类网站——要加强监管,并将其列为高风险。实践中,有些IDC服务商会将棋牌类网站的域名与IP地址报送当地网警备案。报备案后,笔者建议还可以安排专人定期对高风险域名进行巡查,发现明显违法的,应当及时停止服务,避免在客观上为其提供帮助。

(5)积极配合公安查案,并做好记录

在办案机关要求配合调取证据时,IDC服务商应积极配合,履行义务。如果公安机关已查清用户涉嫌违法犯罪,IDC服务商须立即停止提供服务。如果尚

未查清且没有被要求停止服务,则应当做好相应的记录,并主动与公安机关保持沟通,对案件的情况进行跟进,以便及时作出相应的处理,避免被认为有为犯罪提供帮助的故意。

(6)成立负责规范管理的部门,对业务的规范性进行专项的管理

大型 IDC 服务商有必要成立负责规范管理的部门,对公司内部员工进行业务规范方面的培训,形成规范运营的企业文化,让规范意识贯穿于每一项业务,让每一项业务都在规范的轨道上运营。小规模的 IDC 服务商也有必要聘请专业的法务人士,也可以选择聘请法律顾问,定期对公司进行审查,让第三方从法律的角度给出建议。

结　语

以往来说,IDC 服务商只需要履行好相应的行政义务便相安无事,很少有涉及刑事犯罪的情况。但因网络犯罪频发,国家对网络犯罪的打击力度也随之增强,对网络犯罪的全链条进行严厉的排查和打击已是常态。由于技术的专业性导致理解门槛较高,以往办案机关承办类似案件的经验也不足,IDC 服务商涉嫌刑事案件的认定存在诸多争议。如果对该问题不加以重视,可能会影响公司的正常经营发展。因为刑事处罚对一家企业或负责人的打击往往都是很沉重的。笔者认为,IDC 服务商都应该提高规范意识,只有严格遵守以上法律义务,实现规范经营,刑事风险才会降到最低,实现长久稳定的发展。

第二章

开设赌场罪

一、开设赌场罪二审中，改判赌博罪的辩护意见如何被采纳

案号：(2019)新3221刑初595号、(2020)新32刑终87号

关键词：开设赌场罪；二审改判；(聚众型)赌博罪

裁判规则：被告人组织、召集多人进行赌博，并抽头渔利，一审法院认定为开设赌场罪，但参赌人员具有稳定性，赌博场所具有隐蔽性、临时性、短暂性特点的，二审法院可以将被告人罪名改判为赌博罪。

案情要点：

· 2019年1月，常某强等人以营利为目的，先后在李某家中、机电城电器二楼、婷婷商店、鑫源商店、应某家中等地，用扑克牌以斗"牛牛"的方式，多次组织、容留多人进行赌博，并抽头渔利，参赌人员累计超过120人，抽头渔利累计超过12万元。常某强系该案中的组织者且系股东。

· 一审法院认为，常某强等人以营利为目的，结伙开设赌场，召集他人聚众赌博，犯罪事实清楚，证据确实充分，公诉机关指控的开设赌场罪名成立。

· 2019年12月，被告人常某强犯开设赌场罪，被判处有期徒刑4年，没收违法所得19100元，并处罚金4万元。其他主犯均被判处4年以上有期徒刑。

· 判后，被告人常某强认为一审罪名认定有误，应当被判赌博罪，遂提出上诉。

· 2020年2月，二审法院改判常某强犯赌博罪，判处有期徒刑2年(减2年刑期)，没收违法所得19100元，并处罚金4万元。其他主犯刑期均调整至3年以下。

规则分析

2006 年《刑法修正案(六)》将原本与聚众赌博并列的开设赌场的行为独立了出来,单独设置了开设赌场罪,该罪较赌博罪设定了较高的刑期。自此以后,不同罪名认定,有可能对被告人最终刑期的认定产生较大影响。以本案为例,被告人原本被认定构成开设赌场罪,刑期为 4 年,但改判赌博罪后,由于赌博罪最高刑期为 3 年,所以被告人的刑期最终调整至 3 年以下。

二审法院改判的焦点问题是:常某强等人的行为,究竟是聚众赌博,还是开设赌场?司法实践中,聚众赌博与开设赌场在行为方式上有较多的相似之处:行为人都有提供场所的行为;行为人都有组织、招揽他人的行为;行为人常常会从中抽头渔利。但两者之间又有不同,这也正是二审改判的理由。比如,关于场所,聚众赌博的场所常有不确定性,开设赌场的场所具有相对的确定性;关于规模,聚众赌博的规模较小,经常参与的人员较为固定,开设赌场规模相对更大,人员也更加不确定;关于隐蔽性,聚众赌博较开设赌场的隐蔽性更强,因为开设赌场为了招揽更多参赌人员,其赌场信息传播具有开放性;关于控制性,聚众赌博具有零散性,聚众赌博后,再次赌博的时间、地点往往都不能够确定,开设赌场的控制性则相对更强。

所以,并不是只要有组织地、召集多人进行赌博,并抽头渔利的行为,就一定构成开设赌场罪,还要结合其他相关事实予以判断。

辩护攻略

辩护人在二审中,如果选择轻罪辩护,试图说服承办人将开设赌场罪改为(聚众型)赌博罪,可以重点关注相关事实的细节情况。比如,参赌人员之间是否相互认识?每次参赌人员的数量情况如何?赌博场所如何选择?是否具有随机性?参赌人员如何得到参赌信息?赌博场所的更换频率如何?组织者对场所的控制能力如何?通过案件事实的梳理对比,可以有效分辨出行为人的行为是聚众赌博还是开设赌场。值得注意的是,实践中,如果一审认定开设赌场罪,判决的刑期低于3年,二审法院可能会考虑到社会危害性相当,只对罪名予以变更,刑期不予调整。换言之,制定轻罪辩护策略还要根据具体案件具体分析。

法院判决

法院认为,聚众型赌博罪与开设赌场罪在组织、招引他人参与赌博,从中抽头渔利等行为方式上有相同之处,但二者主要区别在于:聚众赌博中参与人员一般具有稳定性,即往往系相互熟悉的一群人之间赌博,或相互介绍朋友参与赌博,而开设赌场中参与人员相对更具开放性,很多参与赌博的人并不一定与开设赌场的人认识熟悉;聚众赌博一般知晓范围小,不对社会公开,而开设赌场则可能扩散到较大的知晓范围;聚众赌博往往场所不具有固定性,不具有经营性,而是具有临时性、短暂性的特点,组织参赌人员在一次赌博结束后,下一次赌博又须再次组织,而开设赌场一般赌博场所相对固定,经营方式相对开放,具有持续性和稳定性的特点,只要在赌场经营时间内、赌博人员来到赌场均能进行赌博活动。

法院对上诉人常某强及其辩护人提出的本案应当认定为赌博罪的意见予以采纳。

相关法律规定

《刑法》(2023年修正)

第三百零三条第一款　【赌博罪】以营利为目的,聚众赌博或者以赌博为业的,处三年以下有期徒刑、拘役或者管制,并处罚金。

第三百零三条第二款　【开设赌场罪】开设赌场的,处五年以下有期徒刑、拘役或者管制,并处罚金;情节严重的,处五年以上十年以下有期徒刑,并处罚金。

类似案例

1. 案号:(2017)豫15刑终676号

法院认为,以营利为目的,为他人赌博提供赌具,组织、招引他人参加赌博,并从中抽头渔利,但参赌人员具有稳定性,且赌博的规模较小,赌博场所较为隐蔽的,应当认定为赌博罪。

2. 案号:(2018)豫15刑终458号

法院认为,聚众型赌博罪与开设赌场罪在组织、招引他人参与赌博,本人从中抽头渔利等行为方式上有相同之处,但二者主要区别在于:聚众赌博中参与人员一般具有稳定性,即往往系相互熟悉的一群人赌博,而开设赌场中参与人员相对更具开放性,很多参与赌博的人并不一定与开设赌场的人认识熟悉;聚众赌博一般知晓范围小,不对社会公开,而开设赌场则可能扩散到较大的知晓范围;聚众赌博往往场所不具有固定性,不具有经营性,而开设赌场一般赌博场所相对固定,经营方式相对开放。

二、用个人账号组织他人网上投注不构成开设赌场罪

案号:(2019)赣07刑终1012号

关键词:开设赌场罪;赌博网站;代理;下级账号

裁判规则:没有建立赌博网站,仅利用赌博网站网址、账户、密码等信息,招揽他人投注赌博,没有发展下线,也没有开设下级账号,不应认定为网站代理,不构成代理型开设赌场罪,应以赌博罪论处。

案情要点:

·2018年3月开始,钟某在新葡京娱乐场网站注册了两个账号,组织人员购买"六合彩"进行赌博。

·2018年5月1日至2019年2月7日,钟某共组织30余人参与赌博,收取参赌人员投注金额120000余元,自己投注80000余元,从中抽头渔利累计13757元。

·原审法院作出判决,被告人钟某犯赌博罪,判处有期徒刑1年6个月,并处罚金10000元;追缴被告人钟某犯罪所得赃款13757元,予以没收,上缴国库。

·判后,检方提起抗诉,认为原审判决适用法律错误,钟某为赌博网站担任代理并接受投注的属于"开设赌场"行为。

·二审法院认为抗诉机关的抗诉理由不能成立,不予采纳,作出驳回抗诉,维持原判的裁定。

规则分析

2010年8月31日公布的最高人民法院、最高人民检察院、公安部《关于办理网络赌博犯罪案件适用法律若干问题的意见》规定,"为赌博网站担任代理并

接受投注的”，属于开设赌场行为；“有证据证明犯罪嫌疑人在赌博网站上的账号设置有下级账号的，应当认定其为赌博网站的代理”。制定该意见的最高人民法院相关负责人明确表示，如果行为人既没有建立赌博网站，也没有担任代理，仅以营利为目，通过自己掌握的网址、账户、密码等信息，组织多人赌博，则不属于开设赌场，应认定为聚众赌博。需要强调的是，此处的账户应当是指会员账户，非代理账户或具有开设下级账户功能的账户，否则行为人仍可以被认定为赌博网站的代理。

司法实践中，为了严厉打击网络赌博行为，部分法院认为，虽然行为人没有发展下线，使用的也是会员账户，但仍属于“实质性代理”，构成开设赌场罪，如胡某、陆某锋开设赌场案［（2018）浙 02 刑终 514 号］；潘某华开设赌场案［（2019）黔 26 刑终 238 号］。是否担任代理只是开设赌场认定的条件之一，因为根据最高人民法院、最高人民检察院、公安部《关于办理网络赌博犯罪案件适用法律若干问题的意见》的规定，为赌博网站担任代理并接受投注的，才属于开设赌场的行为。如果仅担任代理，不接受投注，则不属于开设赌场。制定最高人民法院、最高人民检察院、公安部《关于办理网络赌博犯罪案件适用法律若干问题的意见》的最高人民法院相关负责人表示，“不接受投注”是指没有接受投注的意图。因此，赌博网站的代理认定在实践中仍存在争议，但代理与投注两个条件缺一不可，否则均不构成开设赌场罪。

辩护攻略

虽然赌博网站代理的认定在司法实践中仍然存在争议，但不可否认的是这是辩护的要点之一。辩护方可以关注行为人使用的具体账户类别，是否属于“代理账户”，是否具有“开设子账号”功能，使用的虽然是会员账户，但有没有向上线明确表示过担任代理的意愿。除此以外，辩护方还可以关注投注人员的规模、范围、资金流水及行为人获利情况，用行为所造成的社会危害性较小的结论，使其区别于代理型开设赌场。

法院判决

关于原审被告人钟某的行为定性问题。根据最高人民法院、最高人民检察院、公安部《关于办理网络赌博犯罪案件适用法律若干问题的意见》第 1 条、第 3 条的规定，利用网站接受投注赌博，是否认定为开设赌场，关键是审查行为人究竟是利用掌握的赌博网站的账户、密码招揽他人投注赌博，还是继续发展下线，在赌博网站的账号设置有下级账号，为赌博网站担任代理。经查，本案中原审被告人钟某没有建立赌博网站，也无证据证实钟某在赌博网站上的账号设置有下级账号，仅是在赌博网站注册会员账号，通过利用自己注册的账号、密码等信息，自己投注或在“微信群”中接受他人投注，购买“六合彩”，从事网络赌博活动，不应当认定其为赌博网站担任代理，其行为不属于《刑法》第 303 条第 2 款规定的“开设赌场”。虽然原审被告人钟某通过利用自己在赌博网站注册的账号、密码等信息，在“微信群”中接受他人投注，在一定程度上建立起赌博网站与参赌人员的联系，但该行为所造成的影响范围和危害性远小于通过在赌博网站的账号设置有下级账号、不断发展下家的代理行为。抗诉机关将原审被告人钟某的行为等同于为赌博网站担任代理，认为应当以开设赌场罪追究刑事责任将造成罪责刑不相适应。抗诉机关及出庭检察员提出原审判决适用法律错误，原审被告人钟某构成开设赌场罪的抗诉理由和意见不能成立。

相关法律规定

《刑法》(2023 年修正)

第三百零三条第二款　【开设赌场罪】开设赌场的，处五年以下有期徒刑、拘役或者管制，并处罚金；情节严重的，处五年以上十年以下有期徒刑，并处罚金。

最高人民法院、最高人民检察院《关于办理赌博刑事案件具体应用法律若干问题的解释》(法释〔2005〕3 号)

第二条　以营利为目的，在计算机网络上建立赌博网站，或者为赌博网站担任代理,接受投注的,属于刑法第三百零三条规定的“开设赌场”。

最高人民法院、最高人民检察院、公安部《关于办理网络赌博犯罪案件适用法律若干问题的意见》(公通字〔2010〕40 号)

一、关于网上开设赌场犯罪的定罪量刑标准

利用互联网、移动通讯终端等传输赌博视频、数据,组织赌博活动,具有下列情形之一的,属于刑法第三百零三条第二款规定的“开设赌场”行为:

(一)建立赌博网站并接受投注的;

(二)建立赌博网站并提供给他人组织赌博的;

(三)为赌博网站担任代理并接受投注的;

(四)参与赌博网站利润分成的。

实施前款规定的行为,具有下列情形之一的,应当认定为刑法第三百零三条第二款规定的“情节严重”:

(一)抽头渔利数额累计达到 3 万元以上的;

(二)赌资数额累计达到 30 万元以上的;

(三)参赌人数累计达到 120 人以上的;

(四)建立赌博网站后通过提供给他人组织赌博,违法所得数额在 3 万元以上的;

(五)参与赌博网站利润分成,违法所得数额在 3 万元以上的;

(六)为赌博网站招募下级代理,由下级代理接受投注的;

(七)招揽未成年人参与网络赌博的;

(八)其他情节严重的情形。

三、关于网络赌博犯罪的参赌人数、赌资数额和网站代理的认定

赌博网站的会员账号数可以认定为参赌人数,如果查实一个账号多人使用或者多个账号一人使用的,应当按照实际使用的人数计算参赌人数。

赌资数额可以按照在网络上投注或者赢取的点数乘以每一点实际代表的金额认定。

对于将资金直接或间接兑换为虚拟货币、游戏道具等虚拟物品,并用其作为

筹码投注的，赌资数额按照购买该虚拟物品所需资金数额或者实际支付资金数额认定。

对于开设赌场犯罪中用于接收、流转赌资的银行账户内的资金，犯罪嫌疑人、被告人不能说明合法来源的，可以认定为赌资。向该银行账户转入、转出资金的银行账户数量可以认定为参赌人数。如果查实一个账户多人使用或多个账户一人使用的，应当按照实际使用的人数计算参赌人数。

有证据证明犯罪嫌疑人在赌博网站上的账号设置有下级账号的，应当认定其为赌博网站的代理。

最高人民法院、最高人民检察院、公安部《办理跨境赌博犯罪案件若干问题的意见》(公通字〔2020〕14号)

二、关于跨境赌博犯罪的认定

……

(二)以营利为目的，利用信息网络、通讯终端等传输赌博视频、数据，组织中华人民共和国公民跨境赌博活动，有下列情形之一的，属于刑法第三百零三条第二款规定的“开设赌场”：

……

5. 担任赌博网站、应用程序代理并接受投注的……

类似案例

1. 案号：(2017)闽04刑终154号

法院认为，根据本案现有证据，2015年5月底至6月29日案发，参赌人员卢某、朱某1、黄某、彭某、陆某、赖某多次到杨某生位于沙县高桥镇高桥村的家中，委托杨某生帮忙投注，杨某生使用“申博百家乐”赌博网站提供的账号和密码直接为6名参赌人员在网站上投注，收取投注金额，从中赚取0.8%的返利。现无证据证实杨某生在赌博网站上的账号设置有下级账号，cak0760508的会员账号及密码都是由杨某生掌握，参赌人员仅是把赌资交给杨某生，投注的过程也是由杨某生代为完成。因此,根据上述司法解释,由于没有证据证明杨某生在赌博网站上的账号设置有下级账号,其行为不属于司法解释规定的为赌博网站担任代理,不符合开设赌场罪的构成要件。对于赌博网站给予杨某生0.8%的返利,并非赌博网站后台管理者给予的利润分配,即杨某生不是赌博网站的股东,不参与利润的分配,而是赌博网站对于网站会员参与投注的激励机制,赌博网站系统自动对赌资流水账的返利,符合杨某生"聚众赌博"营利的主观目的。综上,杨某生没有建立赌博网站,也没有为赌博网站担任代理,仅以营利为目的,通过利用自己掌握的赌博网站的网址、账户、密码等信息,组织多人进行网络赌博活动,其行为符合《刑法》规定的"聚众赌博"构成要件,杨某生的行为应认定为赌博犯罪。上诉人杨某生提出其行为构成赌博罪的意见,法院予以采纳。

2. 案号:(2015)衡中法刑二终字第83号

法院认为,上诉人虽以营利为目的,接受投注,但该案中的赌博网站并非上诉人建立,同时没有证据证明上诉人为该赌博网站担任代理,上诉人的赌博网站上的账号无下级账号,亦无权设置下级账号,其单独接受投注的行为和帮助他人联系徐某甲另行新设账户的行为不能认定为赌博网站的代理行为,故上诉人的行为不构成开设赌场罪,应构成赌博罪。

三、棋牌游戏代理商组织他人赌博，软件开发者不构成开设赌场罪

案号：(2019)豫1282刑初430号

关键词：开设赌场；犯意联络；明知；帮助信息网络犯罪活动罪

裁判规则：正规棋牌游戏的代理商组织他人利用软件赌博，但无证据证明软件开发者与代理商有犯意联络，开发者主观上仅可能存在放任他人利用游戏组织赌博的情形，开发者不构成开设赌场罪，仅可能构成帮助信息网络犯罪活动罪。

案情要点：

·2015年5月，深圳市某公司注册成立。2016年以来，被告人熊某作为公司负责人，聘用被告人渠某等组织研发多款棋牌类游戏；聘用被告人陈某和王某等人进行棋牌类等游戏推广，招募代理。

·2017年4月，被告人陈某在陕西省推广上述公司的棋牌游戏，并发展多人为游戏代理，由代理建立微信赌博群，从公司购买虚拟房卡，开设网络房间，组织多人进行赌博。

·经司法会计鉴定，截至2018年9月，公司销售棋牌游戏虚拟房卡收入322353917.57元。被告人熊某从以上收入中获取工资、报销及转账共计9970603.18元。

·法院认为，代理人员开设赌场不是在被告人熊某等人以及公司的领导、指挥等管理之下实施，其具有自主实施、不受限制和控制、赌资收益不受抽拨等特点。故被告人熊某等人只是对明知他人使用其游戏开设赌场，并积极予以协助、配合、提供帮助，该行为完全符合帮助信息网络犯罪活动罪的构成要件，应当构成帮助信息网络犯罪活动罪。

规则分析

随着社会的发展以及网络平台技术的革新,利用网络实施犯罪的案件近年来亦呈指数型增长。在网络开设赌场的案件中,行为人利用技术手段在互联网平台建立赌场。在此经营模式中,由于赌博过程均在网络虚拟空间进行,实施开设赌场行为的犯罪分子若要维持赌博平台的正常运营,必须通过技术人员对平台网站进行运营维护和技术支持。如果互联网专业技术人员明知是赌博网站、赌博软件,还为其提供软件开发、技术支持等服务,根据最高人民法院、最高人民检察院、公安部《关于办理信息网络犯罪案件适用刑事诉讼程序若干问题的意见》之规定,构成开设赌场罪的共同犯罪。

基于上文法律规定与案例的裁判思路可知:技术人员研发的棋牌游戏如果系符合规定的正规游戏,且推广部分已经获得国家批准,则不属于具有社会危害性的赌博游戏,该技术研发行为不应当构成犯罪。提供技术支持本身并不需要与上游开设赌场的犯罪分子具有犯意联络,所以即使他人利用该软件实施了开设赌场行为,也无法推定软件研发人存在明知或应知。在没有证据证明有犯意联络的前提下,即便技术人员承认知道他人利用软件实施犯罪,也仅属于对上游犯罪存在概括性明知,如果将该类人员的技术行为定性为开设赌场罪的共同犯罪并以开设赌场罪定罪量刑的话,即使属于从犯,也仍然会量刑畸重,将开设赌场罪的入罪边界过度扩张,难以达到罪责刑相适应。故于 2015 年《刑法修正案(九)》新增帮助信息网络犯罪活动罪这一罪名:明知他人利用信息网络实施犯罪,为其犯罪提供互联网接入、服务器托管、网络存储、通讯传输等技术支持,或者提供广告推广、支付结算等帮助,情节严重的,处 3 年以下有期徒刑或者拘役,并处或者单处罚金。该规定明确了为网络犯罪提供技术型帮助,但技术人员对他人实施的具体犯罪不存在明知或应知,与上游的犯罪行为也没有犯意联络的情况下,通过增设新罪名的方式,限缩了对被告人的刑事处罚区间,同时将帮助信息网络犯罪活动罪的行为与实施网络犯罪的共同犯罪行为区分开来。

基于笔者查阅到的案例，发现在司法实践中，因为网络开设赌场案件的共同犯罪与帮助信息网络犯罪活动罪在客观行为上均对网络开设赌场平台提供了技术性帮助，故法院认定犯罪人行为性质的根本在于：行为人对上游开设网络赌场是否具有犯意联络以及对上游平台开设赌场的行为与性质是否属于具体明知。依照传统的共犯理论，成立共同犯罪需要满足三个条件："一是主体，必须是两个以上达到刑事责任年龄、具有刑事责任能力的人或单位；二是犯罪的客观方面，二人以上具有共同的犯罪行为；三是犯罪的主观方面，二人以上必须具有共同的犯罪故意。"换言之，这要求每个参与人都以某一核心主体为中心，形成犯罪的意思联络和共同行为。[①] 而在帮助信息网络犯罪活动罪中，实施网络帮助的行为人由于在主观上没有实施开设赌场的共同故意，仅对上游利用信息网络实施犯罪"明知"，并不存在共犯概念的意思联络。故如果实施技术帮助行为人构成开设赌场罪的共犯需要满足以下三个条件：(1)明知上游实施了利用网络开设赌场的行为，且对赌博网站内容，样式等较为了解；(2)明知程度较高，包括上游犯罪业务内容，人员架构等运营具体细节；(3)与上游犯罪存在意思联络，主观上具有共同实施开设赌场犯罪的故意。帮助信息网络犯罪活动罪与开设赌场罪相比，明知程度较低，仅要求对上游犯罪概括性明知，只须对上游服务对象利用信息网络正在实施犯罪即可，不要求当事人了解赌博网站的内容、样式等，也无须与上游开设赌场犯罪具有犯意联络。

综上所述，从主客观相一致的角度出发，该规定有效地建构了信息网络技术研发支持行为的责任体系。这种刑事责任的建构模式，即以明知他人利用信息网络实施犯罪为主观要件，以提供信息网络技术支持、帮助为客观要件，既建立了缜密的犯罪构成体系，又在平衡信息网络犯罪规制和保护技术创新这一刑法的制度功能方面起到了很好的帮助作用。[②]

---

① 参见王肃之：《论为信息网络犯罪活动提供支持行为的正犯性——兼论帮助行为正犯化的边界》，载《刑事法评论》2020 年第 1 期。

② 参见刘宪权：《论信息网络技术滥用行为的刑事责任——〈刑法修正案（九）〉相关条款的理解与适用》，载《政法论坛》2015 年第 6 期。

辩护攻略

网络开设赌场案件中,对于提供技术支持的人员往往以开设赌场罪的共同犯罪或帮助信息网络犯罪活动罪定罪量刑,但由于二罪名构成要件及社会危害性的不同,定罪量刑的程度亦不尽相同。因此在开设赌场案件中,对于被指控为开设赌场罪的提供技术支持的行为人,辩护人可以争取改变定性为帮助信息网络犯罪活动罪作为辩护思路。司法实践中,判断行为人对上游开设网络赌场是否具有犯意联络以及对上游平台开设赌场的行为与性质是否属于具体明知,主要依据在案证据材料,其中包括口供卷宗、技术人员违法所得金额、行为人之间的聊天记录以及提供技术支持人员在开设赌场犯罪中起到的具体作用的客观证据等。辩护人应当仔细审查现有证据材料,如现有证据无法证明技术人员与开设赌场犯罪人存在犯意联络,主观上仅体现出概括明知,辩护人应当就技术人员的行为性质向办案机关提出法律意见,并积极就案件事实针对性地进行沟通,争取办案机关采纳关于帮助信息网络犯罪活动罪的辩护意见,降低技术人员量刑,取得良好的辩护效果。

法院判决

关于指控被告人熊某、陈某、渠某某、刘某、陈某某、凌某明知本公司提供的游戏软件被他人用于赌博,仍积极为游戏提供运营服务,推广游戏传播,被告人均否认明知。部分辩护人认为证实明知的证据不足,部分辩护人认为,即使认定被告人明知,其为游戏提供运营服务,推广游戏传播的行为也不构成开设赌场罪,更符合帮助信息网络犯罪活动罪的构成要件。关于被告人明知的证据,公诉机关提出以下意见:被告人熊某等人在微信群内用研发的游戏进行赌博测试(明知其游戏可以赌博,并进行测试,说明其游戏为赌博服务);技术问题讨论处理中,提到“跑包”问题(这是代理在组织赌博时发生的问题,被告人讨论“跑包”,即可以证实明知代理组织人员赌博,发生问题并进行技术处理)。

法院认为，被告人熊某等人研发的游戏系符合规定的正规游戏，且推广的部分已经获得国家批准，故不属于赌博游戏；被告人熊某等人在推广游戏过程中应当是明知代理组织玩家利用其游戏进行赌博活动；被告人熊某等人对代理组织玩家利用游戏赌博的行为没有制止，并且积极配合，追求该结果发生，其从中获取利益最大化；被告人熊某等人与代理人员没有隶属关系，对代理人员没有辖制，双方是合作关系。

综上，代理人员开设赌场不是在被告人熊某等人以及公司的领导、指挥等管理之下实施，其具有自主实施、不受限制和控制、赌资收益不受抽拨等特点。故被告人熊某等人没有设置赌博网站，没有研发赌博游戏，没有自己开设赌场，也没有与他人共同开设赌场，其只是明知他人使用其游戏开设赌场，并积极予以协助、配合、提供帮助，该行为完全符合帮助信息网络犯罪活动罪的构成要件，应当构成帮助信息网络犯罪活动罪。

相关法律规定

《刑法》（2023 年修正）

第二百八十七条之二　【帮助信息网络犯罪活动罪】明知他人利用信息网络实施犯罪，为其犯罪提供互联网接入、服务器托管、网络存储、通讯传输等技术支持，或者提供广告推广、支付结算等帮助，情节严重的，处三年以下有期徒刑或者拘役，并处或者单处罚金。

单位犯前款罪的，对单位判处罚金，并对其直接负责的主管人员和其他直接责任人员，依照第一款的规定处罚。

有前两款行为，同时构成其他犯罪的，依照处罚较重的规定定罪处罚。

第三百零三条第二款　【开设赌场罪】开设赌场的，处五年以下有期徒刑、拘役或者管制，并处罚金；情节严重的，处五年以上十年以下有期徒刑，并处罚金。

最高人民法院、最高人民检察院、公安部《关于办理网络赌博犯罪案件适用法律若干问题的意见》(公通字〔2010〕40 号)

二、关于网上开设赌场共同犯罪的认定和处罚

明知是赌博网站,而为其提供下列服务或者帮助的,属于开设赌场罪的共同犯罪,依照刑法第三百零三条第二款的规定处罚:

(一)为赌博网站提供互联网接入、服务器托管、网络存储空间、通讯传输通道、投放广告、发展会员、软件开发、技术支持等服务,收取服务费数额在 2 万元以上的;

(二)为赌博网站提供资金支付结算服务,收取服务费数额在 1 万元以上或者帮助收取赌资 20 万元以上的;

(三)为 10 个以上赌博网站投放与网址、赔率等信息有关的广告或者为赌博网站投放广告累计 100 条以上的。

实施前款规定的行为,数量或者数额达到前款规定标准 5 倍以上的,应当认定为刑法第三百零三条第二款规定的"情节严重"。

实施本条第一款规定的行为,具有下列情形之一的,应当认定行为人"明知",但是有证据证明确实不知道的除外:

(一)收到行政主管机关书面等方式的告知后,仍然实施上述行为的;

(二)为赌博网站提供互联网接入、服务器托管、网络存储空间、通讯传输通道、投放广告、软件开发、技术支持、资金支付结算等服务,收取服务费明显异常的;

(三)在执法人员调查时,通过销毁、修改数据、账本等方式故意规避调查或者向犯罪嫌疑人通风报信的;

(四)其他有证据证明行为人明知的。

如果有开设赌场的犯罪嫌疑人尚未到案,但是不影响对已到案共同犯罪嫌疑人、被告人的犯罪事实认定的,可以依法对已到案者定罪处罚。

最高人民法院、最高人民检察院、公安部《办理跨境赌博犯罪案件若干问题的意见》(公通字〔2020〕14号)

三、关于跨境赌博共同犯罪的认定

(一)三人以上为实施开设赌场犯罪而组成的较为固定的犯罪组织,应当依法认定为赌博犯罪集团。对组织、领导犯罪集团的首要分子,按照集团所犯的全部罪行处罚。对犯罪集团中组织、指挥、策划者和骨干分子,应当依法从严惩处。

(二)明知他人实施开设赌场犯罪,为其提供场地、技术支持、资金、资金结算等服务的,以开设赌场罪的共犯论处。

(三)明知是赌博网站、应用程序,有下列情形之一的,以开设赌场罪的共犯论处:

1. 为赌博网站、应用程序提供软件开发、技术支持、互联网接入、服务器托管、网络存储空间、通讯传输通道、广告投放、会员发展、资金支付结算等服务的;

2. 为赌博网站、应用程序担任代理并发展玩家、会员、下线的。

为同一赌博网站、应用程序担任代理,既无上下级关系,又无犯意联络的,不构成共同犯罪。

(四)对受雇佣为赌场从事接送参赌人员、望风看场、发牌坐庄、兑换筹码、发送宣传广告等活动的人员及赌博网站、应用程序中与组织赌博活动无直接关联的一般工作人员,除参与赌场、赌博网站、应用程序利润分成或者领取高额固定工资的外,可以不追究刑事责任,由公安机关依法给予治安管理处罚。

类似案例

案号:(2021)豫1302刑初386号

1. 虽然四被告人供述知晓提供的支付宝、银行卡中的钱是赌博资金,但四被告人对赌博平台的名称、具体操作流程均不知情,均没有与“跑分”平台联系,也没有直接参与赌博平台资金支付结算,所提供的支付宝、银行卡里的资金流转不受本人控制。四被告人主观上虽明知系赌博资金,客观上为“跑分”提供了帮助,但未与赌博平台进行共谋,达不到构成开设赌场共犯的认知程度。

2.“巅峰”App“跑分”平台采取抢单的模式,把抢单资金转给指定账户从而收取佣金,其本质是为他人利用信息网络犯罪活动提供资金支付结算帮助。

3. 我国《刑法》分别设立了“掩饰、隐瞒犯罪所得、犯罪所得收益罪”和“帮助信息网络犯罪活动罪”,二者在提供支付结算方面存在竞合,但帮助信息网络犯罪活动罪特别强调了“信息网络”,《刑法》增设该罪也是为了适应当前网络支付和转移财产泛滥情况,因此以帮助信息网络犯罪活动罪评价行为人利用互联网提供支付结算而转移财产的行为更为恰当。

4. 帮助信息网络犯罪活动罪是帮助犯的正犯化,帮助行为获利远低于正犯的收益,本案中四被告人获利均才数千元,对本案以帮助信息网络犯罪活动罪定罪处罚更能体现罪责刑相适应。

故被告人宋某某、林某某的辩护人提出本案以帮助信息网络犯罪活动罪定罪处罚的辩解和辩护意见成立,法院予以采纳。

四、网络开设赌场案件中，不宜直接将涉案微信、支付宝、银行账户的入账情况作为开设赌场的赌资

案号：（2018）皖0202刑初429号

关键词：开设赌场；赌资认定；赌资流转

裁判规则：在办理网络赌博犯罪案件时，赌资的计算方式不同于实体赌场。网络赌博会出现一笔赌资进行多次投注，如果累加计算投注数额，则不能客观真实反映实际赌资数额，出现重复计算。故法院裁判时，不宜将网络赌场涉案账户的入账情况直接作为开设赌场的赌资。

案情要点：

· 被告人朱某锋、舒某、汪某清、强某、朱某园等人因在他人组建的赌博微信群中赌博而结识，之后便商议也组建类似赌博微信群。

· 被告人朱某锋、舒某、汪某清、强某等人分别在微信中拉参赌人员进群赌博，相关股东又参考其他赌博群制定了群规、赌博玩法及抽头提成比例。被告人张某荣、张某提供赌资收支公共账户。

· 经安徽某会计师事务所对赌资结算账户交易情况进行审计核实，各涉案账户入账总金额为4563.37万元。

· 被告人朱某锋、舒某、汪某清、朱某园、强某、李某1、胡某、李某2利用赌博微信群组织网络赌博抽头渔利30余万元。

· 辩护人提出本案赌资数额有重复计算的意见。不能当然地以涉案账户入账金额认定为赌场赌资。人民法院对辩护人的观点予以采纳。

规则分析

在传统实体赌场中,往往是以查获的赌博场所中所使用的资金作为赌资的计算方式。在单处赌场所查获的赌资,无须计算此赌资在此赌场的流转次数,只需认定查获实体赌场中赌资金额即可。只有在不同的时间、地点才将赌资予以累计计算。

然而网络虚拟赌场与传统实体赌场具有较大差异。微信、支付宝等交易流水只能简单地反映网络赌场的赌资运转情况。在网络赌场中,赌客往往嗜赌成性,一笔赌资不会只进行一个场次的流转,而往往会进行多个场次的流转。仅以涉案账户入账资金作为网络赌博的赌资计算方式,存在参赌人员反复投注,累计下来的数额远远高于传统实体赌场数额的情况,即赌客通常用一个账户充值并反复投注,将赢取的钱财投入下一局之中,累加计算多局投注数额,会出现实际投注金额大于客观充值金额的情况。反复投注存在重复计算问题,不能真实客观地反映实际赌资数额,且以微信红包赌博的方式更具有即时性、连续性,开设赌场的行为人会及时将赌客赢取的赌资返现,形成了"赌客充值—赌场赌博—赌场返点—赌客提现—赌客充值"的循环过程。

最高人民法院、最高人民检察院、公安部联合发布的《关于办理网络赌博犯罪案件适用法律若干问题的意见》主要规定了"渔利数额""赌资数额""参赌人数""违法所得"四个主要量化标准。在量刑时不得机械适用量化标准,在具体适用法律时,应当充分认识网络赌博犯罪的危害性,秉持动态、持续的原则认定网络赌博的赌资数额,进而确立赌资计算的运算规则。仅以网络赌博平台的充值金额认定赌资数额,不能客观反映犯罪行为的危害性。但也需要注意到,赌资是定罪的量化指标之一,也是反映犯罪恶性的重要参考。[①] 根据网络赌博案件中赌资认定的特殊性,在没办法认定具体的赌资金额时,应当遵循案件事实不清

① 参见李新刚、王昭:《网络赌博犯罪中赌资数额的司法认定》,载《中国检察官》2023 年第 10 期。

有利于被告的原则，对不能排除有重复性流转可能的资金额从赌资认定数额中排除，正确认定开设赌场行为所造成的社会危害性。同时，根据《刑法》第 61 条的规定，确定犯罪分子刑罚的时候，应当根据犯罪的事实、犯罪的性质、情节和对于社会的危害程度，依照本法的有关规定判处。因此，虽然被告人开设赌场的行为被认定为"情节严重"，但仍应当根据《刑法》第 61 条的规定充分考虑被告人的"渔利数额""赌资数额""参赌人数""违法所得"四个主要量化标准，充分考虑"赌资数额"的认定情况，在量刑幅度内合理裁判。

辩护攻略

最高人民法院、最高人民检察院、公安部联合发布的《关于办理网络赌博犯罪案件适用法律若干问题的意见》中明确规定了"渔利数额""赌资数额""参赌人数""违法所得"四个主要量化标准。在被告人无自首、立功等积极量刑情节时，可以针对赌资的计算方式、认定方式进行积极辩护。赌资数额的认定，不仅可以降低刑档，避免被办案机关认定为开设赌场"情节严重"的情形，还可以作为法官认定被告人犯罪主观恶性的考量。

法院判决

经查，本案赌场为赌博微信群，其投注方式灵活便利，与一般传统实体赌场有较大差异。经审计的微信、支付宝、银行账户真实反映了赌场入账出账流水，可以证明赌场赌博活动活跃，但是在没有其他证据证明的情况下，不能当然地以该入账金额认定为赌场赌资。故涉案账户的入账情况可以作为考量本案犯罪行为的重要量刑情节，但不宜直接认定为本案开设赌场的赌资。

相关法律规定

《刑法》(2023 年修正)

第三百零三条第一款 【赌博罪】以营利为目的,聚众赌博或者以赌博为业的,处三年以下有期徒刑、拘役或者管制,并处罚金。

第三百零三条第二款 【开设赌场罪】开设赌场的,处五年以下有期徒刑、拘役或者管制,并处罚金;情节严重的,处五年以上十年以下有期徒刑,并处罚金。

最高人民法院、最高人民检察院、公安部《关于办理网络赌博犯罪案件适用法律若干问题的意见》(公通字〔2010〕40 号)

一、关于网上开设赌场犯罪的定罪量刑标准

利用互联网、移动通讯终端等传输赌博视频、数据,组织赌博活动,具有下列情形之一的,属于刑法第三百零三条第二款规定的"开设赌场"行为:

(一)建立赌博网站并接受投注的;

(二)建立赌博网站并提供给他人组织赌博的;

(三)为赌博网站担任代理并接受投注的;

(四)参与赌博网站利润分成的。

实施前款规定的行为,具有下列情形之一的,应当认定为刑法第三百零三条第二款规定的"情节严重":

(一)抽头渔利数额累计达到 3 万元以上的;

(二)赌资数额累计达到 30 万元以上的;

(三)参赌人数累计达到 120 人以上的;

(四)建立赌博网站后通过提供给他人组织赌博,违法所得数额在 3 万元以上的;

(五)参与赌博网站利润分成,违法所得数额在 3 万元以上的;

(六)为赌博网站招募下级代理,由下级代理接受投注的;

（七）招揽未成年人参与网络赌博的；

（八）其他情节严重的情形。

类似案例

案号：（2014）松刑初字第 2055 号

在网络赌博中，由于具体赌博行为与资金最终结算之间存在一定的时间延滞，故原则上可以按照在网络上投注或者赢取的点数认定赌资。但是，在“百家乐”这种较短时间内可以连续多次多局进行的赌博形式中，其网络系统中所显示的投注金额是每一局投注滚动累积而成，而输赢之间该金额相对于赌博额度或者最终结算赌资之间都可能存在一定的重复计算问题，而本案中投注额累计与最终实际输赢额之间的巨大差异，更显示其中重复计算问题必然存在，检察机关简单地以投注额累计金额认定赌资数额，并据此认定被告人构成情节严重依据不足。

五、为测试进行投注的钱款应当从开设赌场的赌资中扣除

案号:(2021)沪 0115 刑初 1985 号

关键词:网络赌博;开设赌场;赌资计算;软件测试

裁判规则:网络赌场中如果有员工为测试系统而进行赌博游戏,由于员工不具有赌客身份,且投注的钱款实为赌场控制,不能实现赌博的目的。因此,即使该部分数据被纳入统计,也应从赌资中扣除。

案情要点:

· 2020 年 10 月底起,胡某等人以营利为目的,明知他人成立海南 A 有限公司,推广带有赌博性质的"××电竞"App 软件,仍组建推广团队,招募吴某 1、吴某 2 等人对该 App 进行推广,以此获利。

· 上海市浦东新区人民检察院指控:被告人胡某招募被告人吴某 1 通过推广该 App 接受多人投注,赌资累计 8 万余元,被告人吴某 2 通过推广该 App 接受多人投注,赌资累计 19.8 万余元。

· 庭审中,胡某辩护人对赌资计算提出辩护意见:不能以投注额认定为犯罪数额,且应当予以扣除员工测试的投注金额。

· 法院认为,员工测试的充值金额应当扣除,对被告人吴某 1、吴某 2 等人的累计投注数千元的赌资数额予以扣除。法院将结合被告人的犯罪时间、违法所得等情况对被告人的犯罪情节予以综合考量,并在量刑时予以体现。

规则分析

在网络开设赌场案中,对于赌资的计算往往是通过赌博网站内账户所投注的金额为对象计算赌资,办案人员会通过对电子数据进行司法鉴定的形式,将赌博软件中所统计出的充值金额直接作为赌资进行认定。但电子数据的鉴定并不能代表完整的法律审查,特别是在流水庞大、人数众多的案件中,统计出来的数据往往存在"一刀切"式计算、重复计算等多种问题。如果对数据的性质不进行甄别可能会造成事实认定的错误。实践中,网络赌场如赌博 App 在开发阶段为测试软件功能存在员工为试用而进行投注的行为,这部分的投注虽然在后台数据中有留痕,但不应当作赌资处理。具体原因如下:

第一,从投注的主体来说,进行投注的人并非赌客。对于赌场而言,赌客属于外部人员,赌客与赌场之间是顾客与商家的关系。而进行测试的主体为赌场内部的员工,其与赌场之间是员工—雇主的关系,员工完成赌博游戏是为了维持赌博软件的正常运行,对于赌场来说其不能算作赌客。

第二,从投注的目的来说,为测试而进行的投注并不以赢取财物为目的。根据法律规定,赌博犯罪中用作赌注的款物、换取筹码的款物和通过赌博赢取的款物属于赌资。在赌场中,赌客希望通过以小博大的游戏获得更多的利益,即以"赢"为目的。但如果是赌场员工进行赌博游戏测试,通常会被要求"输光",即将测试费用用完,此时投注人以"输"为目的,该目的与赌博游戏的本质需求相矛盾。

第三,从投注行为来说,为测试而进行的投注不具有赌博性质。赌场营利模式有两种:一种是为开设赌场者提供场地组织他人赌博,其不亲自参与赌博,仅从他人的赌博游戏中抽头渔利,如网络棋牌室;另一种是为开设赌场者坐庄接受赌客投注,通过获胜概率赢取财物,如竞猜、开箱子等游戏。本案属于第二种情形,赌客充值后进行以小博大的游戏(上分),赌场会根据游戏的输赢情况为赌客进行结算(下分),最终兑付多少由赌博游戏决定,结果的盈亏具有不确定性,赌场对结果也不具有绝对的控制权。但如果是赌场员工进行赌博游戏测试,此时员工账户内的钱款归赌场所有,员工无论输赢这部分钱款均在赌场的控制之下,此时的行为不具有赌博性质,不能认定为赌博行为。

综上,员工测试进行的投注行为不是赌博行为,在计算赌资时应当对该部分资金予以扣除。

辩护攻略

网络赌场与传统的现实赌场不同,由于其以网络环境为载体,初期软件的开发、每一次系统功能的更新都离不开测试。而测试时不可避免地会留下数据,这部分很可能会被作为赌资统计,进而可能会加重行为人的犯罪情节。因此在办理网络开设赌场案件时,面对赌资的审查需要注意鉴定对象的合理性,区分鉴定数据的性质,不能盲目对司法鉴定意见全盘采纳。即使是微小的数量,也有可能对定罪与量刑发挥关键性的作用。

法院判决

关于相关辩护人所提员工测试的充值金额是否应当扣除的问题,经查,根据多名被告人的供述,确实存在员工充值以测试系统的情况,且公司规定对于测试的资金需要以输完为目标,而员工的账户亦是在公司的控制之下,因此,基于平台对赌的模式,员工无论输赢这些钱款均在公司控制之下,故该种模式不具有"赌"的性质,因此在数额上应予扣除。现根据补充鉴定意见及光盘附件,被告人杨某莉本人的累计投注 1110 元,被告人吴某 1 本人的累计投注 2104 元,被告人吴某 2 本人的累计投注 4670 元,被告人吴某 3 本人的累计投注 2176 元,对相关被告人的赌资数额予以扣除,对相关辩护意见法院予以采纳。

相关法律规定

公安部《关于办理赌博违法案件适用法律若干问题的通知》(公通字〔2005〕30号)

五、赌博活动中用作赌注的款物、换取筹码的款物和通过赌博赢取的款物属于赌资。

在利用计算机网络进行的赌博活动中,分赌场、下级庄家或者赌博参与者在组织或者参与赌博前向赌博组织者、上级庄家或者赌博公司交付的押金,应当视为赌资。

最高人民法院、最高人民检察院《关于办理赌博刑事案件具体应用法律若干问题的解释》(法释〔2005〕3号)

第八条第一款　赌博犯罪中用作赌注的款物、换取筹码的款物和通过赌博赢取的款物属于赌资。通过计算机网络实施赌博犯罪的,赌资数额可以按照在计算机网络上投注或者赢取的点数乘以每一点实际代表的金额认定。

最高人民法院、最高人民检察院、公安部《关于办理网络赌博犯罪案件适用法律若干问题的意见》(公通字〔2010〕40号)

一、关于网上开设赌场犯罪的定罪量刑标准

利用互联网、移动通讯终端等传输赌博视频、数据,组织赌博活动,具有下列情形之一的,属于刑法第三百零三条第二款规定的"开设赌场"行为:

(一)建立赌博网站并接受投注的;

(二)建立赌博网站并提供给他人组织赌博的;

(三)为赌博网站担任代理并接受投注的;

(四)参与赌博网站利润分成的。

实施前款规定的行为,具有下列情形之一的,应当认定为刑法第三百零三条第二款规定的"情节严重":

(一)抽头渔利数额累计达到3万元以上的;

（二）赌资数额累计达到30万元以上的；

（三）参赌人数累计达到120人以上的；

（四）建立赌博网站后通过提供给他人组织赌博，违法所得数额在3万元以上的；

（五）参与赌博网站利润分成，违法所得数额在3万元以上的；

（六）为赌博网站招募下级代理，由下级代理接受投注的；

（七）招揽未成年人参与网络赌博的；

（八）其他情节严重的情形。

三、关于网络赌博犯罪的参赌人数、赌资数额和网站代理的认定

赌博网站的会员账号数可以认定为参赌人数，如果查实一个账号多人使用或者多个账号一人使用的，应当按照实际使用的人数计算参赌人数。

赌资数额可以按照在网络上投注或者赢取的点数乘以每一点实际代表的金额认定。

对于将资金直接或间接兑换为虚拟货币、游戏道具等虚拟物品，并用其作为筹码投注的，赌资数额按照购买该虚拟物品所需资金数额或者实际支付资金数额认定。

对于开设赌场犯罪中用于接收、流转赌资的银行账户内的资金，犯罪嫌疑人、被告人不能说明合法来源的，可以认定为赌资。向该银行账户转入、转出资金的银行账户数量可以认定为参赌人数。如果查实一个账户多人使用或多个账户一人使用的，应当按照实际使用的人数计算参赌人数。

有证据证明犯罪嫌疑人在赌博网站上的账号设置有下级账号的，应当认定其为赌博网站的代理。

类似案例

案号：(2021)浙1023刑初8号

关于“乐八电玩城”犯罪数额的认定。根据被告人张某、周某、何某东、张某

雄、张某、蒋某鸿、沈某勇、赵某来的供述及平台账目等证据，证实按照客服所做的账单统计，“乐八电玩城”赌博平台充值金额为1660万元，平台抽头渔利为178万元，根据有利于被告人的原则，就低予以认定，故对公诉机关就该部分事实的指控予以变更。对被告人张某及其辩护人提出网站后台数据包含部分测试数据而虚高的辩解及辩护意见，予以采纳。

六、网络开设赌场案件中，如何计算参赌人数

案号：(2019)浙0922刑初29号

关键词：开设赌场；会员账号；参赌人数

裁判规则：赌博网站的会员账号数可以认定为参赌人数，如果存在账号数量与实际参赌人数不符的情形，应当按照实际使用的人数计算参赌人数。

案情要点：

·2018年1月18日，吴某某通过微信推广，下载安装"九道麻将"App，注册成为推销商，并从推广人处获知其可以通过自己的推广号介绍他人注册，就可以获得他人充值金额40%的返利。吴某某遂开始将该App推荐给微信好友，引导他们用自己的推广号注册，组建了麻将群，实施赌博活动，并在群内以发微信红包的方式支付赌资。

·2018年1月28日开始，吴某某通过网购微信号或者购买手机号码注册微信号的方式获得大量的微信账号，另组了名为"中转站"的群，对群内人员以"实名制+担保人"的方式进行登记，并在群内发布了群规，对群进行管理，并按赌客赌博数额大小，又分别建立了多个临时赌博群，将这些群名片发至"中转站"，"中转站"中的赌客根据自身喜好进入临时群进行赌博。

·截至2019年3月15日，通过被告人吴某某"九道麻将"App推广号注册的人数达313人。被告人吴某某等人使用数个微信号管理麻将群，建立"中转站"和各临时赌博群，各群中的人数达108人至144人不等，且在这些群中参与赌博并以发红包方式支付赌资2次以上的赌客微信号超过140个。截至案发，被告人吴某某抽头渔利7000余元。

·公诉机关认为，被告人吴某某以非法牟利为目的，开设赌场，组织参赌人员达120余人，情节严重，应当以开设赌场罪追究刑事责任。

·被告人吴某某的辩护人提出，公诉机关指控被告人吴某某组织参赌人员达120余人，属于情节严重，因指控的人数是以参赌微信号的个数作为计算标准，实际上存在一人

使用多个微信号的情况，故不能以此认定。

·法院认为，赌博网站的会员账号数可以认定为参赌人数，如果查实一个账号多人使用或者多个账号一人使用的，应当按照实际使用的人数计算参赌人数，辩护人提交的二位证人实际使用他人微信账号参与赌博，在认定人数中应予扣除。

规则分析

网络赌场与现实赌场存在共通性，同时具有自身的独特属性，这些属性使网络赌场在信息时代占据了优势，但是这也给开设赌场行为的界定以及何种情况属于开设赌场情节严重的界定带来全新的挑战。针对开设赌场罪情节严重的具体认定，最高人民法院、最高人民检察院、公安部发布的《关于办理网络赌博犯罪案件适用法律若干问题的意见》主要规定了"渔利数额""赌资数额""参赌人数""违法所得"四个主要量化标准，这四个量化标准直接影响网络开设赌场的社会危害性评价，进而影响法官定罪量刑幅度。

其中，"参赌人数"作为判断网络开设赌场犯罪中社会危害性大小的重要指标，是开设赌场罪中，对被告人是否适用情节严重加重法定刑的主要参考因素。根据最高人民法院、最高人民检察院、公安部《关于办理网络赌博犯罪案件适用法律若干问题的意见》第 1 条的规定，参赌人数累计达到 120 人以上的，应当认定为《刑法》第 303 条第 2 款即开设赌场罪规定的"情节严重"。网络开设赌场案件中，由于网络身份的虚拟性，导致了在实务中可能出现一人使用多个账号或者"僵尸"账号的情况。赌博代理为了提升自己代理的权限等级，或者为了增加本人提成的比例，会让现实中的朋友来注册账号或者自己通过特殊渠道购买非实名制账号，但实际上并没有真实的投注，更没有实际参与线上赌博，账号受代理控制，属于多个账号供一人使用的情形；或者是赌博代理在网上发展会员，通过打广告的方式转发相关赌博网站链接，网友注册网站账户，但并没有进行任何投注，后续也没有在网站上参与赌博的行为，属于"僵尸"账号。以上及类似的情形，法院在审判过程中如果仅将赌博网站中会员账号数量机械累计，计算参赌人数，可能会使真实参赌人数无法体现，影响法院定罪量刑，从而加重被告刑罚，产生罪责刑不相适应的法律后果。

根据最高人民法院、最高人民检察院、公安部《关于办理网络赌博犯罪案件适用法律若干问题的意见》第3条关于网络赌博犯罪的参赌人数认定的规定，如果查实一个账号多人使用或者多个账号一人使用，应当按照实际使用的人数计算参赌人数。此条文明确了应当以实际参与人数确定参赌人数的裁判规则，在多个账号一人使用以及存在"僵尸"账号等网站数据显示参赌人数多于实际参赌人数的情况下，应当对相应多余人数予以减免。对于犯罪嫌疑人而言，如果存在参赌账户数量高于实际参赌人的情况，则此条规定可以在司法裁判过程中进一步减少参赌人数的认定，甚至可能将参赌人数减少至不满足开设赌场罪情节严重的量刑区间，达到减轻处罚的法律效果。

综上所述，在网络开设赌场案件中，赌博网站会员账号数量认定是法院审判中认定情节严重与否以及准确定罪量刑的重要依据，最高人民法院、最高人民检察院、公安部《关于办理网络赌博犯罪案件适用法律若干问题的意见》第3条的相关规定明确了以实际赌博人数确定参赌人数，是办案机关在办理网络赌博犯罪案件中以事实为依据的具体表现，对法院准确定罪量刑，犯罪嫌疑人得到公平公正的裁判结果具有重要意义。

辩护攻略

对于该条裁判规则，实务中可能出现两种情况：(1)在网络赌博犯罪案件办理中查实存在一人使用多个账号以及仅开通账号而未使用账号进行赌博的"僵尸"账号；(2)由于网络账号的虚拟性，无法查实参赌人员真实身份，导致参赌人数存疑。此种情况很可能导致定罪量刑时以言词证据为主、电子证据相佐证的证据特点。①

① 参见郑蝉、石学成：《网络型开设赌场案件办理难点及处理建议》，载《中国检察官》2023年第18期。

针对第一种情况，辩护人在辩护过程中应当积极搜集相关账号在注册后未实际参与赌博的事实，以及一名赌客使用多个非实名账号实际参与赌博的事实作为证据，使法院对参赌人数的认定予以相应减免，以降低犯罪嫌疑人量刑幅度；针对第二种情况，辩护人应当从公诉机关提交的关于参赌人数账号的证据入手，通过对电子账号数据的真实性、合法性、关联性的细致分析，将无法查实相关账号是否为参赌账号的事实积极与检察机关以及承办法官沟通，坚持存疑时有利于被告人原则，争取做到公诉机关将相关账号数量不纳入"参赌人数"或者法院在定罪量刑时将相关账号从参赌人数中予以减免，从而取得良好的辩护效果。

法院判决

本案中，辩护人提出公诉机关指控被告人吴某某组织参赌人员达 120 余人，属于情节严重，该指控人数实际是以使用的微信号作为计算标准，因存在一人使用多个微信号的情况，故不能以此认定的辩护意见。经查，根据最高人民法院、最高人民检察院、公安部《关于办理网络赌博犯罪案件适用法律若干问题的意见》的规定，赌博网站的会员账号数可以认定为参赌人数，如果查实一个账号多人使用或者多个账号一人使用，应当按照实际使用的人数计算参赌人数，故辩护人提交的二位证人实际使用他人微信账号参与赌博，在认定人数时法院应予扣除。

相关法律规定

《刑法》(2023 年修正)

第三百零三条第一款　【赌博罪】以营利为目的，聚众赌博或者以赌博为业的，处三年以下有期徒刑、拘役或者管制，并处罚金。

第三百零三条第二款　【开设赌场罪】开设赌场的，处五年以下有期徒刑、拘役或者管制，并处罚金；情节严重的，处五年以上十年以下有期徒刑，并处罚金。

最高人民法院、最高人民检察院、公安部《关于办理网络赌博犯罪案件适用法律若干问题的意见》(公通字〔2010〕40号)

一、关于网上开设赌场犯罪的定罪量刑标准

利用互联网、移动通讯终端等传输赌博视频、数据,组织赌博活动,具有下列情形之一的,属于刑法第三百零三条第二款规定的“开设赌场”行为:

(一)建立赌博网站并接受投注的;

(二)建立赌博网站并提供给他人组织赌博的;

(三)为赌博网站担任代理并接受投注的;

(四)参与赌博网站利润分成的。

实施前款规定的行为,具有下列情形之一的,应当认定为刑法第三百零三条第二款规定的“情节严重”:

(一)抽头渔利数额累计达到3万元以上的;

(二)赌资数额累计达到30万元以上的;

(三)参赌人数累计达到120人以上的;

(四)建立赌博网站后通过提供给他人组织赌博,违法所得数额在3万元以上的;

(五)参与赌博网站利润分成,违法所得数额在3万元以上的;

(六)为赌博网站招募下级代理,由下级代理接受投注的;

(七)招揽未成年人参与网络赌博的;

(八)其他情节严重的情形。

三、关于网络赌博犯罪的参赌人数、赌资数额和网站代理的认定

赌博网站的会员账号数可以认定为参赌人数,如果查实一个账号多人使用或者多个账号一人使用的,应当按照实际使用的人数计算参赌人数。

赌资数额可以按照在网络上投注或者赢取的点数乘以每一点实际代表的金额认定。

对于将资金直接或间接兑换为虚拟货币、游戏道具等虚拟物品,并用其作为筹码投注的,赌资数额按照购买该虚拟物品所需资金数额或者实际支付资金数

额认定。

对于开设赌场犯罪中用于接收、流转赌资的银行账户内的资金，犯罪嫌疑人、被告人不能说明合法来源的，可以认定为赌资。向该银行账户转入、转出资金的银行账户数量可以认定为参赌人数。如果查实一个账户多人使用或多个账户一人使用的，应当按照实际使用的人数计算参赌人数。

有证据证明犯罪嫌疑人在赌博网站上的账号设置有下级账号的，应当认定其为赌博网站的代理。

类似案例

案号：(2017)闽0583刑初1526号

被告人黄某1主张实际参赌人数二十几人，被告人黄某2主张实际参赌人数30人左右，被告人黄某3主张实际参赌人数三十几人，被告人徐某主张实际参赌人数十几人，被告人许某主张实际参赌人数二十几人，被告人黄某主张实际参赌人数二三十人，因案件在侦查过程中，南安市公安局向深圳市财付通支付科技有限公司调取了涉案人员所使用的微信账号交易记录，并出具了呈请补充侦查报告书，称因技术手段限制，微信群无ID账号，向深圳市财付通支付科技有限公司调取的涉案所使用的微信账号，只能针对涉案人员所使用的微信账号有发生资金往来的所有交易记录，无法界定参赌部分、获取每日参与微信赌博人数及金额。按照存疑时有利于被告人的原则，法院认为本案只能凭借各被告人的供述来确定实际参赌人数，综合六被告人的供述，法院认为实际参赌人数应认定为30人左右为宜。

七、赌场投资人是开设赌场罪的主犯还是从犯

案号:(2018)湘04刑终280号

关键词:开设赌场罪;犯意提起者;赌客纠集者;赌场主要管理者;主犯

裁判规则:在开设赌场的共同犯罪中,犯意提起者同时是参赌人员的纠集者或赌场的主要管理者,属于起主要作用的主犯。反之,仅在赌场中占有股份,但不是犯意提起者和赌场的主要管理者,属于起次要作用的从犯。

案情要点:

· 2017年10月5日,熊某与他人在饭店吃饭时,有人提议开设赌场,股东每人一股,以"扒船"的方式纠集人员进行赌博,并通过抽"水子钱"获利,大家均表示同意。

· 一审法院认为,被告人熊某等人均已构成开设赌场罪。在共同犯罪中,被告人熊某是主犯。一审法院判熊某犯开设赌场罪,判处有期徒刑2年,并处罚金35000元。

· 判后,熊某提出上诉。熊某认为其是从犯,原判量刑过重,应从轻处罚,并适用缓刑。

· 二审法院认为,熊某虽然是股东,但起次要作用,是从犯,依法均可从轻处罚。原判对熊某在共同犯罪中的作用和地位划分不当,依法应予纠正。二审法院对熊某维持定罪部分原判,对量刑部分改判为有期徒刑1年6个月(减6个月刑期),缓刑2年(原判实刑),并处罚金20000元。

规则分析

共同犯罪,是指二人以上共同故意犯罪。按照在犯罪中所起到的作用大小,共同犯罪人可以分为主犯、从犯和胁从犯,据此可以划定各共同犯罪人的地位高低和最终承担的刑事责任范围。在一起刑事案件中,共犯一般来说总是有主有

从,从犯在共同犯罪中起到辅助、次要作用。如何判断是否起到辅助、次要作用?这应综合考虑行为人在共同犯罪中所处的地位、参与程度、犯罪情节以及对造成危害结果产生作用的大小等各方面的因素来确定。

从审判实践来看,主犯一般在事前提出犯意,担当导演角色,纠集、邀约他人,出谋划策;实施犯罪时积极参加,担当主角,往往还指挥、协调他人的行动,所犯罪行较重,或者直接造成严重的危害后果;有的事后还有策划掩盖罪行、毁灭罪证、逃避处罚的行为。而从犯在客观上担当配角,不直接实施具体犯罪构成客观要件的行为,帮助准备、实施犯罪,为共同犯罪创造有利条件和环境,或者虽然直接参与实施了犯罪行为,但罪行较轻,没有直接造成危害后果或者危害后果并不严重;在主观上,犯罪时与其他共同犯罪人具有共同的犯罪故意,但听从主犯的安排、授意和指挥,主观恶性较小。[①]

一审法院认为,本案中的股东均是主犯,这实际上是混淆了主犯的构成标准。构成主犯的法律标准是行为人在犯罪中所起的作用较大。反之,即使行为人属于股东,但是如果其在犯罪中所起的作用较小,则应当被认定从犯,应当从轻、减轻或者免除处罚。首先,被告人熊某不是设立赌场的提议人,他只是为了牟取不法利益追随他人入股。其次,他也不是赌场经营的管理者,只是听从他人的调遣参与维持赌场运行的日常事务。最后,他在事后也没有实施干扰司法机关调查取证、掩饰隐瞒罪行的突出行为。可见,其自身的行为对犯罪的贡献较小,影响力较弱,造成的危害后果并不严重,是开设赌场罪的配角,应当以从犯论处。

综上,在开设赌场的共同犯罪中,区分主从犯的法律界限是行为人在犯罪中所起到的作用。相较于开设赌场的提议发起人、运营赌场的组织管理者,仅提供资金支持、可被任意调遣、贡献很小的股东,其犯罪参与程度较低,行为危害性较小,主观恶性较小,在犯罪中起次要作用,应当认定为从犯,从轻或者减轻处罚。

---

① 参见中华人民共和国最高人民法院刑事审判第一、二、三、四、五庭主办:《刑事审判参考》2006 年第 2 集(总第 49 集),法律出版社 2006 年版,第 17~25 页。

辩护攻略

在开设赌场罪中，如果从不同的阶段、范围出发，行为人可能被评价得出不同的主、从犯结果。首先，辩护人应当以犯罪的全过程为立足点，在犯意提出到犯罪实施、犯罪实施到犯罪结束、犯罪结束后这三个时间段内综合考察被告人的作用。其次，在各时间段内，着重审查客观方面的内容，区分不同身份行为的类别和性质，尤其是排除具有发起、组织、领导犯罪的行为。最后，综合对比全案共同犯罪人的行为及作用，论证己方当事人罪行较轻，没有直接造成危害后果或者危害后果并不严重，从而争取适用从犯的规定获取较为满意的辩护效果。

法院判决

上诉人刘某某、熊某及原审被告人邓某、邓某山以营利为目的，提供场所供他人进行赌博，其行为均已构成开设赌场罪。在共同犯罪中，刘某某、邓某是犯意的提起者，且刘某某是祁阳籍参赌人员的纠集者，邓某是赌场的主要管理者，均起主要作用，均是主犯。熊某、邓某山虽然在赌场占有股份，但不是犯意提起者和赌场的主要管理者，均起次要作用，均是从犯，依法均可从轻处罚。原判对熊某和邓某山在共同犯罪中的作用和地位划分不当，依法应予纠正。刘某某及其辩护人提出“刘某某在共同犯罪中的作用小于邓某，请求从轻处罚”。经查，刘某某在本案中的作用相对小于邓某，但亦是主犯，原判综合全案量刑情节对刘某某量刑适当。故该上诉理由不成立，法院不予采纳。熊某及其辩护人提出“熊某是从犯”的上诉理由成立，法院予以采纳。

相关法律规定

《刑法》(2023 年修正)

第二十五条第一款　【共同犯罪的概念】共同犯罪是指二人以上共同故意

犯罪。

第二十六条第一款　【主犯】组织、领导犯罪集团进行犯罪活动的或者在共同犯罪中起主要作用的,是主犯。

第二十六条第四款　对于第三款规定以外的主犯,应当按照其所参与的或者组织、指挥的全部犯罪处罚。

第二十七条　【从犯】在共同犯罪中起次要或者辅助作用的,是从犯。

对于从犯,应当从轻、减轻处罚或者免除处罚。

第三百零三条第二款　【开设赌场罪】开设赌场的,处五年以下有期徒刑、拘役或者管制,并处罚金;情节严重的,处五年以上十年以下有期徒刑,并处罚金。

类似案例

案号:(2022)皖0422刑初455号

法院认为,被告人郑某祥为非法牟利,多次开设流动赌场组织人员赌博,被告人邓某帮助在现场抽头渔利,抽头渔利数额累计在1万元以上,被告人夏某梅多次在郑某祥设的赌场内提供资金,非法获利,3名被告人的行为触犯了《刑法》第303条第3款,构成开设赌场罪,公诉机关指控罪名成立,法院予以支持。被告人郑某祥、邓某、夏某梅系共同犯罪,郑某祥在共同犯罪中起主要作用,系主犯;邓某、夏某梅系从犯,应当从轻或减轻处罚。

八、开设赌场罪中，犯罪行为跨越2021年3月1日的，有可能获得轻判

案号：(2021)湘0224刑初238号

关键词：开设赌场；跨法犯；从轻处罚

裁判规则：被告人涉嫌开设赌场的行为发生在《刑法修正案(十一)》实施之前，该犯罪行为状态一直持续至《刑法修正案(十一)》实施之后，属于继续犯，应当适用修正后的《刑法》，但可以酌情从轻处罚。

案情要点：

·2018年7月，被告人刘某利用微信平台，使用某手机游戏软件组建赌博微信群聊，召集赌博人员进行赌博。每盘游戏结束后，被告人刘某向大赢家抽取3~4元不等。

·2020年2月和3月，其他被告人加入刘某创建的游戏俱乐部中，成为刘某的下级合伙人，刘某根据系统设置的返还比例分取房费，还从下级合伙人按照大赢家个数抽取房费，以此获利。

·2021年5月案发时，被告人刘某非法获利约17万元。

·公诉机关认为，被告人刘某以营利为目的，利用互联网开设赌场的行为，已触犯2021年3月1日经《刑法修正案(十一)》修正的《刑法》第303条第2款的规定。

·被告人刘某的辩护人提出，刘某开设赌场的行为有部分发生在《刑法修正案(十一)》实施之前，有部分发生在该修正案实施之后，由于《刑法修正案(十一)》调高了开设赌场罪的刑期，根据从旧兼从轻的原则，应当以《刑法修正案(十一)》实施之日即2021年3月1日为节点，对发生在此之前、之后的开设赌场行为分别适用《刑法修正案(十一)》实施之前、之后关于开设赌场罪的法律条款。

·法院认为，本案被告人刘某开设赌场的行为适用《刑法修正案(十一)》实施之后的《刑法》，但可酌情从轻处罚。

规则分析

近年来，为了实现“完善中国特色社会主义法律体系”的总目标，为了适应市场和时代的发展，立法机关加快了法律修改工作的进度。刑法也不例外。随着社会的发展，其修订也跟上了时代的脚步。这时候，就经常出现行为人的行为开始于新刑法生效前而终结于新刑法生效后的情况。这种犯罪过程覆盖新旧刑法交替期间的犯罪形态在刑法理论上被称为“跨法犯”。[①] 跨越新旧刑法之间的犯罪主要是继续犯和连续犯。针对“跨法犯”的刑法适用，学界存在几种不同的观点：(1)“跨法犯”涉及新旧刑法的适用，应采用从旧兼从轻原则。(2)“跨法犯”的行为始于旧刑法有效期，终于新刑法生效后。从行为的阶段性看，一般应分别适用旧刑法和新刑法。(3)对“跨法犯”应一律适用新《刑法》。[②]

学界百家争鸣，但在司法实务中，对于“跨法犯”的处理已有定论。在1998年，最高人民检察院《关于对跨越修订刑法施行日期的继续犯罪、连续犯罪以及其他同种数罪应如何具体适用刑法问题的批复》作出了规定：“对于开始于1997年9月30日以前，连续到1997年10月1日以后的连续犯罪，或者在1997年10月1日前后分别实施同种类数罪，其中罪名、构成要件、情节以及法定刑均没有变化的，应当适用修订刑法，一并进行追诉；罪名、构成要件、情节以及法定刑已经变化的，也应当适用修订刑法，一并进行追诉。”至此确定了对“跨法犯”采用“一律从新”的规则，该司法解释至今有效。该处理规则在我国刑法中也能找到对应，《刑法》第89条第1款规定：“追诉期限从犯罪之日起计算；犯罪行为有连续或者继续状态的，从犯罪行为终了之日起计算。”对于“跨法犯”的处理从本质上来说就是根据犯罪行为终了之日正在实施的刑法进行适用。因此，从体系解释的角度来看，对于“跨法犯”的处理也遵循了保持刑法条文相互之间协调统一的要求。

---

① 参见刘方：《跨法犯刑法适用若干问题研究》，载《中国法学》2010年第2期。

② 参见刘宪权：《我国刑法中溯及力相关问题探论》，载《政治与法律》2007年第3期。

但由于我国《刑法》在总则中对时效问题采用了“从旧兼从轻”的原则，也就是说，原则上适用行为发生时的旧法，但是如果适用新法对行为人有利，就要适用新法。所以，虽然对“跨法犯”一律从新的处理是“从旧兼从轻”的例外，但在“从旧兼从轻”总原则的影响之下，在该规定中也有例外之例外，即“但是修订刑法比原刑法所规定的构成要件和情节较为严格，或者法定刑较重的，在提起公诉时应当提出酌情从轻处理意见”。换言之，对于“跨法犯”的处理，虽然采用从新的做法，但如果新法比旧法的规定更严时，应当酌情从轻处理。

总之，该规定从犯罪行为本身出发，对其连续或者继续状态进行了全面的规制，满足了刑法打击犯罪的目标，也考虑了刑法关于溯及力从旧兼从轻原则的影响，在新法比旧法的规定更严的情况下对行为人进行了从轻的处理。该规定是刑法坚持罪刑法定原则的结果。

辩护攻略

近年来刑法修正频率较快，每隔 3 年左右都会颁布新的刑法修正案，因此那些有继续、持续状态的犯罪很容易就成了“跨法犯”。开设赌场通常来说是一个长期的持续行为，且开设赌场罪在 2021 年 3 月 1 日实施的《刑法修正案（十一）》中进行了一次修正，提高了刑档。因此，近年来所办理的开设赌场案中很有可能出现“跨法犯”的问题。辩护人可以根据事实情况采用对“跨法犯”处理的特殊原则，为当事人争取从轻处罚的空间。

法院判决

《刑法修正案（十一）》调高了开设赌场罪的刑期，而本案被告人刘某、陈某红、谭某芳开设赌场的行为发生在《刑法修正案（十一）》实施之前，该犯罪行为状态一直持续至《刑法修正案（十一）》实施之后，属继续犯，且根据《刑法修正案（十一）》实施之前、之后的《刑法》，上述开设赌场的行为均可认定构成开设赌场罪，根据最高人民检察院《关于对跨越修订刑法施行日期的继续犯罪、连续犯罪以及其他同种数罪应如何具体适用刑法问题的批复》对跨越修订《刑法》施行日期前后的连续、继续犯罪、同种数罪应适用修订《刑法》予以追诉的规定，故对被告人刘某、陈某红、谭某芳开设赌场的行为适用《刑法修正案（十一）》实施之后的《刑法》，但可酌情从轻处罚。

相关法律规定

《刑法修正案（十一）》

三十六、将刑法第三百零三条修改为："以营利为目的，聚众赌博或者以赌博为业的，处三年以下有期徒刑、拘役或者管制，并处罚金。

"开设赌场的，处五年以下有期徒刑、拘役或者管制，并处罚金；情节严重的，处五年以上十年以下有期徒刑，并处罚金。

"组织中华人民共和国公民参与国（境）外赌博，数额巨大或者有其他严重情节的，依照前款的规定处罚。"

最高人民检察院《关于对跨越修订刑法施行日期的继续犯罪、连续犯罪以及其他同种数罪应如何具体适用刑法问题的批复》（高检发释字〔1998〕6号）

二、对于开始于1997年9月30日以前，连续到1997年10月1日以后的连续犯罪，或者在1997年10月1日前后分别实施同种类数罪，其中罪名、构成要件、情节以及法定刑均没有变化的，应当适用修订刑法，一并进行追诉；罪名、构成要件、情节以及法定刑已经变化的，也应当适用修订刑法，一并进行追诉，但是修订刑法比原刑法所规定的构成要件和情节较为严格，或者法定刑较重的，在提起公诉时应当提出酌情从轻处理意见。

类似案例

案号：（2021）苏0413刑初410号

经查，被告人史某于2021年1月至4月开设赌场的行为是持续性的行为，根据最高人民检察院《关于对跨越修订刑法施行日期的继续犯罪、连续犯罪以及其他同种数罪应如何具体适用刑法问题的批复》,应当适用修正后的《刑法》,故对辩护人提出的该部分辩护意见,法院不予采纳,但在量刑时可予以酌情从轻处罚。

九、开设赌场案中应注意区分主犯和作用相对较小的主犯

案号:(2016)湘01刑终1186号

关键词:开设赌场罪;主犯;酌情从轻

裁判规则:开设赌场案中,主犯所实施的行为是在他人的授意下完成的,未参与实质性管理,且没有按比例从中抽水获得分红,而仅领取工资或者奖金的,可以认定为作用相对较小的主犯,对其应酌情从轻处罚。

案情要点:

·2016年1月至7月,被告人刘某水受聘在某开设赌场的游戏室负责经营管理工作,按约定每月3000元工资加提成负责管理店内员工。

·一审法院认为,被告人刘某水伙同同案人以营利为目的,利用具有赌博功能的电子游戏设备开设赌场,其行为已构成开设赌场罪。被告人刘某水系与他人共同犯罪,在共同犯罪中受雇参与经营管理并分成,起主要作用,系主犯,判处有期徒刑7个月,并处罚金8000元。

·判决后,原审被告人刘某水上诉称:其在共同犯罪中所起的作用较小,请求二审法院对其从轻处罚并适用缓刑。

·二审法院认为,上诉人刘某水虽然在共同犯罪中系主犯,但应认定为作用相对较小的主犯,可对其酌情从轻处罚,改判拘役5个月,并处罚金6000元。

规则分析

在罪责刑相适应的基本原则之下,我国刑法将共同犯罪的行为人分为主犯、从犯、胁从犯、教唆犯四种,犯罪行为人在共同犯罪中的作用不同,定罪量刑也有

所不同。虽然刑法只对该四种角色作出了区分，但这并不代表共同犯罪中量刑只有这四种幅度。量刑不仅要考虑法定情节，还要考虑酌定情节。酌定量刑情节是刑法没有明确的规定，按照刑事政策和审判经验，由法官根据每个案件的具体情况予以掌握的情节。[①] 虽然许多酌定情节不似法定情节那样被明确规定，但在量刑规范化改革的背景之下，许多高级人民法院都出具了相应的量刑指导意见。在司法审判中，也肯定了对于作用相对较小的主犯酌情从轻处罚的情节。这就为辩护人的量刑辩护提供了更大的空间。

在主犯人数较多的情况下，法院区分主犯之间的作用大小，同样须考虑共同犯罪中各主犯所处的地位、实际参与程度、对危害结果的影响、对赃物的控制程度等，这种精细化的区分才能体现罪刑的均衡。在开设赌场的案件中，如果主犯人数较多，其内部分工可能会有所不同。如果某主犯是在他人授意之下实施行为，且领取的工资相对较少，未参与抽水分红，则其在共同犯罪中所起的作用相对较小，可以酌情从轻处罚。

辩护攻略

酌定量刑情节在量刑中具有十分重要的地位和作用，虽然目前最高人民法院、最高人民检察院公布的《关于常见犯罪的量刑指导意见（试行）》中没有列举出作用相对较小的主犯这一酌定量刑情节，但在地方司法文件和裁判文书中，该酌定情节已被大量采纳。辩护人可以对各地实施的量刑指导意见以及司法判例给予更多的关注，根据实际情况，从酌定情节出发，为当事人争取更有利的结果。

法院判决

法院认为，上诉人刘某水受他人雇佣，在他人设置了赌博机的游戏厅内从事日常管理工作，在赌场的经营中起到了一定的作用，但其受他人雇佣，所实施的

---

① 参见刘宪权：《中国刑法学讲演录》，人民出版社 2011 年版，第 442 页。

犯罪行为是在他人的授意下完成的；其虽然自称每月报酬由工资和分红提成两部分构成，但其不参与算账，所获得的分红提成也完全由老板确定，并不是按照一定比例从盈利中分成，更类似于奖金性质。综上，上诉人刘某水虽然在共同犯罪中系主犯，但应认定为作用相对较小的主犯，可对其酌情从轻处罚。

相关法律规定

最高人民法院、最高人民检察院《关于常见犯罪的量刑指导意见（试行）》（法发〔2021〕21 号）

三、常见量刑情节的适用

量刑时应当充分考虑各种法定和酌定量刑情节，根据案件的全部犯罪事实以及量刑情节的不同情形，依法确定量刑情节的适用及其调节比例。对黑恶势力犯罪、严重暴力犯罪、毒品犯罪、性侵未成年人犯罪等危害严重的犯罪，在确定从宽的幅度时，应当从严掌握；对犯罪情节较轻的犯罪，应当充分体现从宽。具体确定各个量刑情节的调节比例时，应当综合平衡调节幅度与实际增减刑罚量的关系，确保罪责刑相适应。

（一）对于未成年人犯罪，综合考虑未成年人对犯罪的认知能力、实施犯罪行为的动机和目的、犯罪时的年龄、是否初犯、偶犯、悔罪表现、个人成长经历和一贯表现等情况，应当予以从宽处罚。

1. 已满十二周岁不满十六周岁的未成年人犯罪，减少基准刑的 30% - 60%；

2. 已满十六周岁不满十八周岁的未成年人犯罪，减少基准刑的 10% - 50%。

（二）对于已满七十五周岁的老年人故意犯罪，综合考虑犯罪的性质、情节、后果等情况，可以减少基准刑的 40% 以下；过失犯罪的，减少基准刑的 20% - 50%。

（三）对于又聋又哑的人或者盲人犯罪，综合考虑犯罪性质、情节、后果以及聋哑人或者盲人犯罪时的控制能力等情况，可以减少基准刑的50%以下；犯罪较轻的，可以减少基准刑的50%以上或者依法免除处罚。

（四）对于未遂犯，综合考虑犯罪行为的实行程度、造成损害的大小、犯罪未得逞的原因等情况，可以比照既遂犯减少基准刑的50%以下。

（五）对于从犯，综合考虑其在共同犯罪中的地位、作用等情况，应当予以从宽处罚，减少基准刑的20%－50%；犯罪较轻的，减少基准刑的50%以上或者依法免除处罚。

（六）对于自首情节，综合考虑自首的动机、时间、方式、罪行轻重、如实供述罪行的程度以及悔罪表现等情况，可以减少基准刑的40%以下；犯罪较轻的，可以减少基准刑的40%以上或者依法免除处罚。恶意利用自首规避法律制裁等不足以从宽处罚的除外。

（七）对于坦白情节，综合考虑如实供述罪行的阶段、程度、罪行轻重以及悔罪表现等情况，确定从宽的幅度。

1. 如实供述自己罪行的，可以减少基准刑的20%以下；

2. 如实供述司法机关尚未掌握的同种较重罪行的，可以减少基准刑的10%－30%；

3. 因如实供述自己罪行，避免特别严重后果发生的，可以减少基准刑的30%－50%。

（八）对于当庭自愿认罪的，根据犯罪的性质、罪行的轻重、认罪程度以及悔罪表现等情况，可以减少基准刑的10%以下。依法认定自首、坦白的除外。

（九）对于立功情节，综合考虑立功的大小、次数、内容、来源、效果以及罪行轻重等情况，确定从宽的幅度。

1. 一般立功的，可以减少基准刑的20%以下；

2. 重大立功的，可以减少基准刑的20%－50%；犯罪较轻的，减少基准刑的50%以上或者依法免除处罚。

（十）对于退赃、退赔的，综合考虑犯罪性质，退赃、退赔行为对损害结果所能弥补的程度，退赃、退赔的数额及主动程度等情况，可以减少基准刑的30%以下;对抢劫等严重危害社会治安犯罪的,应当从严掌握。

(十一)对于积极赔偿被害人经济损失并取得谅解的,综合考虑犯罪性质、赔偿数额、赔偿能力以及认罪悔罪表现等情况,可以减少基准刑的40%以下;积极赔偿但没有取得谅解的,可以减少基准刑的30%以下;尽管没有赔偿,但取得谅解的,可以减少基准刑的20%以下。对抢劫、强奸等严重危害社会治安犯罪的,应当从严掌握。

(十二)对于当事人根据刑事诉讼法第二百八十八条达成刑事和解协议的,综合考虑犯罪性质、赔偿数额、赔礼道歉以及真诚悔罪等情况,可以减少基准刑的50%以下;犯罪较轻的,可以减少基准刑的50%以上或者依法免除处罚。

(十三)对于被告人在羁押期间表现好的,可以减少基准刑的10%以下。

(十四)对于被告人认罪认罚的,综合考虑犯罪的性质、罪行的轻重、认罪认罚的阶段、程度、价值、悔罪表现等情况,可以减少基准刑的30%以下;具有自首、重大坦白、退赃退赔、赔偿谅解、刑事和解等情节的,可以减少基准刑的60%以下,犯罪较轻的,可以减少基准刑的60%以上或者依法免除处罚。认罪认罚与自首、坦白、当庭自愿认罪、退赃退赔、赔偿谅解、刑事和解、羁押期间表现好等量刑情节不作重复评价。

(十五)对于累犯,综合考虑前后罪的性质、刑罚执行完毕或赦免以后至再犯罪时间的长短以及前后罪罪行轻重等情况,应当增加基准刑的10% -40%,一般不少于3个月。

(十六)对于有前科的,综合考虑前科的性质、时间间隔长短、次数、处罚轻重等情况,可以增加基准刑的10%以下。前科犯罪为过失犯罪和未成年人犯罪的除外。

(十七)对于犯罪对象为未成年人、老年人、残疾人、孕妇等弱势人员的,综合考虑犯罪的性质、犯罪的严重程度等情况,可以增加基准刑的20%以下。

(十八)对于在重大自然灾害、预防、控制突发传染病疫情等灾害期间故意犯罪的,根据案件的具体情况,可以增加基准刑的20%以下。

最高人民法院、最高人民检察院、公安部、国家安全部、司法部《关于规范量刑程序若干问题的意见》(法发〔2020〕38 号)

第十七条　在法庭调查中,人民法院应当查明对被告人适用具体法定刑幅度的犯罪事实以及法定或者酌定量刑情节。

山西省高级人民法院《〈关于常见犯罪的量刑指导意见〉实施细则》(2014 年 6 月 1 日)

三、常见量刑情节的适用

……

8. 对于共同犯罪,综合考虑被告人在共同犯罪中的作用、是否实施犯罪实行行为等情况,确定量刑情节及其具体调节的幅度。

(1)对于作用相对较小的主犯,减少基准刑的 20% 以下;

(2)对于从犯,减少基准刑的 20% －50%;犯罪较轻的,减少基准刑的 50% 以上或者依法免除处罚;

(3)教唆不满十八周岁的人犯罪的,增加基准刑的 10% －30%;教唆限制行为能力人犯罪的,增加基准刑的 20% 以下;被教唆的人未犯被教唆之罪的,减少基准刑的 50% 以下;在共同犯罪中作用较小的教唆犯,按照第(1)项和第(2)项的规定确定从宽的幅度。

(4)对于胁从犯,应当结合犯罪的性质、被胁迫的程度等情况,减少基准刑的 50% 以上或者依法免除处罚。

上海市高级人民法院《〈关于常见犯罪的量刑指导意见〉实施细则》[沪高法(审)〔2014〕2 号]

八、对于共同犯罪,应当根据各被告人在共同犯罪中的地位、作用以及是否直接实施犯罪实行行为等情况,确定适当的刑罚,体现量刑轻重的相对合理性和协调性。一般情况下,未直接实施犯罪实行行为的要轻于直接实施了犯罪实行行为的;未直接造成危害后果的要轻于直接造成危害后果的。对共同犯罪的被告人在适用同一量刑情节时,应注意因基准刑高低不同而造成同一情节所对应的实际量刑幅度的差异,并通过合理选择量刑调节幅度,保持量刑相对均衡。

1. 对于作用相对较小的主犯,可以作用最大主犯的基准刑为参照,以10%为幅度递减,按其在共同犯罪中的地位作用等情况,酌情从轻处罚,但一般不得低于作用最大主犯基准刑的70%……

类似案例

案号:(2017)皖1322刑初481号

在网络赌博的过程中,被告人廖某远、廖某灿均在网上开设赌场时积极参与,相互配合,对该网络赌场正常运转起到了主要作用,系主犯,但考虑被告人廖某灿没有提供作案工具、资金和租赁房屋,在运营过程中受被告人廖某远的管理,无权管理赌场,只是帮助被告人廖某远发赌博广告链接、拉人进群,充当"托"的角色,未分得利润,仅领取了工资,其作用相对被告人廖某远的作用较小,系作用相对较小的主犯,可对其酌定从轻处罚。

十、开设赌场案中，符合条件的民营企业负责人可适用缓刑

案号：(2021)陕07刑终58号

关键词：开设赌场罪；民营企业；社会贡献；缓刑认定

裁判规则：在办理涉民营经济人士的刑事案件时，为了将贯彻宽严相济的刑事政策与推动民营经济发展壮大相结合，除法定情节外，法院还可以综合考虑被告人对民营经济发展作出的贡献、产生的社会福祉、过往表现等，符合法定条件的，可以对被告人宣告缓刑。

案情要点：

· 被告人席某通过上级代理人潘某某的邀请，参与网络赌博，发展赌客16人注册38个账号，为赌客上分以及下分，以抽水的方式渔利。

· 经查证，被告人席某成为大亨互娱网站代理后，通过微信、支付宝接受16名赌客投注资金共计77.0356万元，后为赌客兑换58.1790万元。

· 经查证，被告人席某同李某乙以小盘村农产品加工销售专业合作社的名义与城固县某村民委员会签订了10年场地租赁合同，自建厂房开办苔藓(绿化用品)收购销售加工厂，方便30余户贫困村民产品销售，并解决贫困户6人进场务工。

· 辩护人提出本案被告人席某符合宣告缓刑条件的意见，被告人为涉民营经济人士，带动贫困人口促进就业，应当综合考虑被告人对社会发展的贡献、过往表现等情节。人民法院对辩护人的观点予以采纳(3年有期徒刑实刑改判为缓刑)。

规则分析

最高人民法院、最高人民检察院、公安部联合发布的《关于办理网络赌博犯

罪案件适用法律若干问题的意见》主要规定了“渔利数额”“赌资数额”“参赌人数”“违法所得”四个主要量化标准。在此案件中，采用“赌资数额”量化标准，被告人席某赌资累计 77 万余元，情节严重，其行为已构成开设赌场罪。席某到案后，积极供述犯罪事实，且能自愿认罪认罚，还能积极缴纳罚金，故一审法院判处席某 3 年有期徒刑。

在司法实践中，法官常考虑被告人认罪认罚悔罪情况、积极退赔情况、主观恶性、犯罪情节以及被害人谅解情况等，以认定被告人是否具有社会危险性而决定是否适用缓刑。缓刑条件需要被告人在认识到自身过错的基础上进一步争取。故律师在为被告人争取适用缓刑时，可以从被告人存在自首情节、成立犯罪中止、认罪认罚且有悔罪表现、无前科系初犯偶犯等方面提出辩护意见。在本案中，辩护律师除从以上角度进行辩护外，还可以从被告人作为涉民营经济人士对社会发展的贡献出发为被告人作出积极有效的辩护。

本案审判阶段正处于脱贫攻坚的关键阶段，2021 年 2 月 25 日我国宣布“脱贫攻坚战”取得了全面胜利。在“增进民生福祉，提高人民生活品质”的大背景下，席某开办加工厂，解决了 30 余户贫困户的产品销售问题，并安排贫困户 6 人进厂务工。在这场重大的历史成就中，席某的民营企业也贡献了一份力量。从而为争取缓刑提供了积极的条件。

2023 年 9 月，最高人民法院发布的《关于优化法治环境　促进民营经济发展壮大的指导意见》第 9 条第 2 款指出：“严格规范采取刑事强制措施的法律程序，切实保障民营企业家的诉讼权利。对被告人采取限制或剥夺人身自由的强制措施时，应当综合考虑被诉犯罪事实、被告人主观恶性、悔罪表现等情况、可能判处的刑罚和有无再危害社会的危险等因素。”我国的民营企业通常具有人合性，民营企业家就是企业的核心和灵魂。所以，民营企业家个人是否自由直接决定着整个企业的生死存亡。本案中，被告人作为涉民营经济人士，对解决贫困人口就业难题、带动当地经济发展具有一定的社会贡献，故综合考虑被告人的犯罪事实和情节、过往表现以及社会贡献等酌定情节，依法对被告人宣告缓刑。此外，最高人民法院《关于优化法治环境　促进民营经济发展壮大的指导意见》的发布,也为涉民营企业相关的个人以及单位犯罪的辩护提供了新的思路。在办理涉民营经济人士以及民营企业相关案件过程中,辩护律师应当充分考虑民营经济的特点,准确把握经济违法行为的入刑标准,厘清罪与非罪的界限,综合考虑特殊量刑情节,为涉民营经济人士作出积极辩护。民营经济作为市场经济的重要组成部分,在增加就业机会、缓解就业形势等方面都功不可没。故此,从社会民生福祉方面为民营企业家辩护,也是一种积极的辩护策略。

不仅在法院审判阶段,在整个刑事诉讼中,辩护人都应以保护民营企业家的人身自由为重心。最高人民检察院《关于充分发挥检察职能服务保障"六稳""六保"的意见》中也指出,"六稳""六保"最重要的是稳就业、保就业,关键在于保企业,努力落实让企业"活下来""留得住""经营得好"的目标。在涉及民营企业家的刑事案件中,企业家人身自由的诉求往往比实现公正的诉求更具有紧迫性。这是由民营企业家的社会角色决定的,因为民营企业家的人身自由关系着企业的生死存亡。因此,作为辩护人,在依法维护其合法权益的基础上,应将尽快使民营企业家获得人身自由作为辩护的重心。诉前阶段,在适用认罪认罚制度的基础上,应当在不捕不诉、相对不诉等方面为涉民营经济人士争取积极结果,同时应当在取保候审、审判程序选择以及量刑上争取积极结果。

辩护攻略

在被告人无自首、立功等其他积极量刑情节,而案件本身社会危害性小,被告人是初犯、偶犯,再犯可能性小时,辩护人可以针对被告人作为涉民营经济人士对经济发展的特殊贡献进行积极辩护。社会贡献的认定可以作为法官认定被告人社会危险性以及主观恶性的考量。认定社会贡献可以结合案件的时代背景、国内的形势政策、中央的指导方针等多种因素,在被告人积极响应时代号召、缓和就业形势、增进民生福祉等大背景之下,作出积极有效的辩护。

此外,在认罪认罚制度下,律师应当在取保候审、审查逮捕、不捕不诉、相对不诉、审判程序选择以及量刑上取得对涉民营经济人士有利的因素,将尽快使涉民营经济人士获得人身自由作为辩护的重心。

法院判决

法院综合考虑上诉人席某的犯罪事实、情节、后果，及其能如实供述自己的罪行，构成坦白的法定从轻情节，并结合开办苔藓（绿化用品）收购销售加工厂，方便30余户贫困村民产品销售，并解决贫困户6人进厂务工的酌定情节，以及其过往表现，认为上诉人席某符合宣告缓刑的条件，社区矫正机关也同意对席某进行社区矫正。对上诉人席某及其辩护人提出请求适用缓刑的上诉请求和辩护意见，予以采纳，依法对上诉人席某宣告缓刑。

相关法律规定

《刑法》（2023年修正）

第三百零三条第一款　【赌博罪】以营利为目的，聚众赌博或者以赌博为业的，处三年以下有期徒刑、拘役或者管制，并处罚金。

第三百零三条第二款　【开设赌场罪】开设赌场的，处五年以下有期徒刑、拘役或者管制，并处罚金；情节严重的，处五年以上十年以下有期徒刑，并处罚金。

最高人民法院《关于优化法治环境　促进民营经济发展壮大的指导意见》（法发〔2023〕15号）

二、依法保护民营企业产权和企业家合法权益

……

3. 严格区分经济纠纷与违法犯罪。严格落实罪刑法定、疑罪从无等刑法原则，全面贯彻宽严相济刑事政策，该严则严，当宽则宽。依法认定民营企业正当融资与非法集资、合同纠纷与合同诈骗、参与兼并重组与恶意侵占国有资产等罪与非罪的界限，严格区分经济纠纷、行政违法与刑事犯罪，坚决防止和纠正利用行政或者刑事手段干预经济纠纷，坚决防止和纠正地方保护主义，坚决防止和纠

正把经济纠纷认定为刑事犯罪、把民事责任认定为刑事责任。

严格规范采取刑事强制措施的法律程序，切实保障民营企业家的诉讼权利。对被告人采取限制或剥夺人身自由的强制措施时，应当综合考虑被诉犯罪事实、被告人主观恶性、悔罪表现等情况、可能判处的刑罚和有无再危害社会的危险等因素；措施不当的，人民法院应当依法及时撤销或者变更。对涉案财产采取强制措施时，应当加强财产甄别，严格区分违法所得与合法财产、涉案人员个人财产与家庭成员财产等，对与案件无关的财物，应当依法及时解除；对于经营性涉案财物，在保证案件审理的情况下，一般应当允许有关当事人继续合理使用，最大限度减少因案件办理对企业正常办公和生产经营的影响；对于依法不应交由涉案企业保管使用的财物，查封扣押部门要采取合理的保管保值措施，防止财产价值贬损。

……

最高人民检察院《关于充分发挥检察职能服务保障“六稳”“六保”的意见》（高检发〔2020〕10号）

……

3. 依法保护企业正常生产经营活动。深刻认识“六稳”“六保”最重要的是稳就业、保就业，关键在于保企业，努力落实让企业“活下来”“留得住”“经营得好”的目标。一是加大力度惩治各类侵犯企业财产、损害企业利益的犯罪。依法严格追诉职务侵占、非国家工作人员受贿和挪用资金犯罪，根据犯罪数额和情节，综合考虑犯罪行为对民营企业经营发展、商业信誉、内部治理、外部环境的影响程度，精准提出量刑建议。对提起公诉前退还挪用资金或者具有其他情节轻微情形的，可以依法不起诉；对数额特别巨大拒不退还或者具有其他情节特别严重情形的，依法从严追诉。二是依法慎重处理贷款类犯罪案件。在办理骗取贷款等犯罪案件时，充分考虑企业“融资难”“融资贵”的实际情况，注意从借款人采取的欺骗手段是否属于明显虚构事实或者隐瞒真相，是否与银行工作人员合谋、受其指使，是否非法影响银行放贷决策、危及信贷资金安全，是否造成重大损失等方面，合理判断其行为危害性，不苛求企业等借款人。对于借款人因生产经营需要,在贷款过程中虽有违规行为,但未造成实际损失的,一般不作为犯罪处理。对于借款人采取欺骗手段获取贷款,虽给银行造成损失,但证据不足以认定借款人有非法占有目的的,不能以贷款诈骗罪定性处理。三是依法慎重处理拒不支付劳动报酬犯罪案件。充分考虑企业生产经营实际,注意把握企业因资金周转困难拖欠劳动报酬与恶意欠薪的界限,灵活采取检察建议、督促履行、协调追欠追赃垫付等形式,既有效维护劳动者权益,又保障企业生产经营。对恶意欠薪涉嫌犯罪,但在提起公诉前支付劳动报酬,并依法承担相应赔偿责任的,可以依法不起诉。四是严格把握涉企业生产经营、创新创业的新类型案件的法律政策界限。对于企业创新产品与现有国家标准难以对应的,应当深入调查,进行实质性评估,加强请示报告,准确认定产品属性和质量,防止简单化"对号入座",以生产、销售伪劣产品定罪处罚。

……

9.落实"少捕""少押""慎诉"的司法理念。适应新时期犯罪形势变化,在保持对少数严重暴力犯罪和恶性犯罪从严打击绝不放过的同时,对认罪认罚、轻刑犯罪充分适用依法从宽的刑事政策,促进社会综合治理。一是坚持依法能不捕的不捕。审查批捕环节,注重将犯罪嫌疑人认罪认罚积极复工复产、开展生产自救、努力保就业岗位作为审查判断有无社会危险性的重要考量因素。二是积极探索总结非羁押性强制措施适用经验。推动完善取保候审制度,进一步探索使用电子手铐、赔偿保证金等措施,积极推广适用电子监控措施执行监视居住。认真履行羁押必要性审查职责,减少不必要的羁押。三是坚持依法能不诉的不诉。依法行使不起诉裁量权,逐步扩大酌定不起诉在认罪认罚案件中的适用,鼓励和促使更多的犯罪嫌疑人、被告人认罪服法,化解社会矛盾,减少社会对抗,提升司法效率,确保办案效果。四是综合运用刑事追诉和行政处罚、经济处罚措施。依法作出酌定不起诉决定的,要根据案件情况,对被不起诉人予以训诫或者责令具结悔过、赔礼道歉、赔偿损失。需要给予行政处罚的,提出检察意见移送有关主管机关处理,防止不起诉后一放了之。

类似案例

案号:(2021)甘0524刑初75号

被告单位的行为已构成单位行贿罪,被告人蒋某民作为被告单位直接负责的主管人员,依法应对单位的犯罪行为承担刑事责任。公诉机关的指控成立。但被告单位甘肃某房地产开发有限公司自愿认罪认罚,主动预缴罚金,认罪、悔罪态度较好,多年依法纳税,解决当地就业,对社会有一定的贡献,可以酌定从轻处理。同时,蒋某民是4家民营企业的实际控制人,多年来为社会解决了大量人员的就业问题,为国家缴纳了大量税款,对社会有一定的贡献,根据蒋某民犯罪情节、悔罪态度、社会危害程度等情形,依法可适用缓刑。

十一、仅为赌博网站提供推广服务，可认定为从犯

案号：(2020)赣02刑终62号

关键词：网络开设赌场；推广服务；从犯

裁判规则：在网络开设赌场的共同犯罪中，行为人仅提供投放广告等推广服务，并非赌博网站代理且未接受投注的，其在共同犯罪中处于次要地位，属于从犯，应当从轻、减轻处罚或者免除处罚。

案情要点：

· 2018年4月至案发，被告人李某炎在王某凯工作室，通过QQ为网上至少50个赌博平台的代理玩家做宣传广告，并从中收取报酬，获利2万余元。

· 一审法院认为，被告人李某炎明知是赌博网站还为赌博网站做宣传广告，情节严重；被告人李某炎犯开设赌场罪，判处有期徒刑3年，并处罚金30000元。

· 判后，李某炎提出上诉。上诉人李某炎及其辩护人提出，作为主犯的王某凯被判处有期徒刑3年，而李某炎作为从犯亦被判处有期徒刑3年，一审法院量刑过重。

· 二审法院认为，上诉人李某炎在王某凯的工作室帮助王某凯投放赌博网站广告，在共同犯罪中起帮助作用，系从犯，应予减轻处罚，一审法院对其判处有期徒刑3年量刑过重，应予以纠正。改判上诉人李某炎犯开设赌场罪，判处有期徒刑1年6个月，并处罚金15000元。

规则分析

在网上开设赌场的有关司法解释中，对共同犯罪的情形有明确的规定。最高人民法院、最高人民检察院、公安部《关于办理网络赌博犯罪案件适用法律若

干问题的意见》就根据赌博网站的运营的不同环节即信息流、资金流、人员流，将网上开设赌场的共同犯罪分成了三种情形。其中，信息流环节指赌博网站的程序开发和网络接入；资金流环节指赌资的支付结算；推广环节通常指赌博网站雇佣他人在其他网站上刊登宣传赌博网站的广告、提供赌博网站的链接或者雇佣他人发展会员。

作为赌博网站的推广人员，其被雇用为赌博网站发展会员，但本人并不参与赌博网站的发展和运营。与代理人不同，其不接受赌资的投注，与参赌人员和赌资没有直接的接触，仅为网络赌场提供了类似"引流"的帮助，且仅通过为赌博网站发展会员的方式获取非法利益。而作为赌博网站的代理人，他们拥有一个代理账号，就如拥有一张赌桌，利用账号来发展会员，从而吸引会员来赌博，并接受他们的投注，能实施完整的赌博行为，该行为的危害性显然要比推广行为更严重。最高人民法院、最高人民检察院、公安部《关于办理网络赌博犯罪案件适用法律若干问题的意见》已明确将这种行为列为"开设赌场"的行为。

我国《刑法》第 27 条明确规定，"在共同犯罪中起次要或者辅助作用的，是从犯。对于从犯，应当从轻、减轻处罚或者免除处罚"。可见，从犯有两种：一是在共同犯罪中起次要作用的犯罪分子，即对共同犯意的形成与共同犯罪行为的实施、完成起次于主犯作用的犯罪分子；二是在共同犯罪中起辅助作用的犯罪分子，即为共同犯罪提供方便、帮助创造条件的犯罪分子，主要是指帮助犯。因此，在本案中，李某炎为赌博网站做宣传广告，从地位上来说，李某炎并非赌博网站的代理人，不属于赌博链条中的核心人物；从作用上来说，其不直接为赌客提供投注等赌博服务，仅为赌博网站在推广方面提供了辅助性的帮助。李某炎的推广行为属于为开设网络赌场提供帮助服务的行为，系从犯。而王某凯作为赌博平台的代理人发展赌博会员参与赌博，并从中抽取返水获利，在本案中属于主犯，应受到比从犯更重的处罚。根据量刑均衡原则，二审法院对李某炎从轻处罚。

辩护攻略

在实践中，网络赌博网站为了吸引赌客和扩大客源，往往吸纳推广人员发展下线。在这个模式中，有的推广人员兼具代理人的身份，有的仅做推广工作。因此，对于网络赌场中的推广人员的责任认定需要查清其在赌场中的真实角色，区分其与代理人等其他人员的作用，正确认定刑事责任，保证罪责刑相适应。

法院判决

关于上诉人李某炎及其辩护人提出，作为主犯的王某凯被判处有期徒刑3年，而李某炎作为从犯亦被判处有期徒刑3年，一审法院量刑过重的意见。经查，上诉人李某炎在王某凯的工作室帮助王某凯投放赌博网站广告，在共同犯罪中起帮助作用，系从犯，应予减轻处罚，一审法院对其判处有期徒刑3年量刑过重，应予以纠正。上诉人李某炎及其辩护人的意见成立，予以采纳。

相关法律规定

《刑法》(2023年修正)

第二十七条　【从犯】在共同犯罪中起次要或者辅助作用的，是从犯。

对于从犯，应当从轻、减轻处罚或者免除处罚。

最高人民法院、最高人民检察院、公安部《关于办理网络赌博犯罪案件适用法律若干问题的意见》(公通字〔2010〕40号)

一、关于网上开设赌场犯罪的定罪量刑标准

利用互联网、移动通讯终端等传输赌博视频、数据，组织赌博活动，具有下列情形之一的，属于刑法第三百零三条第二款规定的“开设赌场”行为：

(一)建立赌博网站并接受投注的；

(二)建立赌博网站并提供给他人组织赌博的；

（三）为赌博网站担任代理并接受投注的；

（四）参与赌博网站利润分成的。

实施前款规定的行为，具有下列情形之一的，应当认定为刑法第三百零三条第二款规定的“情节严重”：

（一）抽头渔利数额累计达到3万元以上的；

（二）赌资数额累计达到30万元以上的；

（三）参赌人数累计达到120人以上的；

（四）建立赌博网站后通过提供给他人组织赌博，违法所得数额在3万元以上的；

（五）参与赌博网站利润分成，违法所得数额在3万元以上的；

（六）为赌博网站招募下级代理，由下级代理接受投注的；

（七）招揽未成年人参与网络赌博的；

（八）其他情节严重的情形。

二、关于网上开设赌场共同犯罪的认定和处罚

明知是赌博网站，而为其提供下列服务或者帮助的，属于开设赌场罪的共同犯罪，依照刑法第三百零三条第二款的规定处罚：

（一）为赌博网站提供互联网接入、服务器托管、网络存储空间、通讯传输通道、投放广告、发展会员、软件开发、技术支持等服务，收取服务费数额在2万元以上的；

（二）为赌博网站提供资金支付结算服务，收取服务费数额在1万元以上或者帮助收取赌资20万元以上的；

（三）为10个以上赌博网站投放与网址、赔率等信息有关的广告或者为赌博网站投放广告累计100条以上的。

实施前款规定的行为，数量或者数额达到前款规定标准5倍以上的，应当认定为刑法第三百零三条第二款规定的“情节严重”。

实施本条第一款规定的行为，具有下列情形之一的，应当认定行为人“明知”，但是有证据证明确实不知道的除外：

（一）收到行政主管机关书面等方式的告知后，仍然实施上述行为的；

（二）为赌博网站提供互联网接入、服务器托管、网络存储空间、通讯传输通道、投放广告、软件开发、技术支持、资金支付结算等服务，收取服务费明显异常的；

（三）在执法人员调查时，通过销毁、修改数据、账本等方式故意规避调查或者向犯罪嫌疑人通风报信的；

（四）其他有证据证明行为人明知的。

如果有开设赌场的犯罪嫌疑人尚未到案，但是不影响对已到案共同犯罪嫌疑人、被告人的犯罪事实认定的，可以依法对已到案者定罪处罚。

最高人民法院、最高人民检察院、公安部《办理跨境赌博犯罪案件若干问题的意见》（公通字〔2020〕14号）

三、关于跨境赌博共同犯罪的认定

……

（二）明知他人实施开设赌场犯罪，为其提供场地、技术支持、资金、资金结算等服务的，以开设赌场罪的共犯论处。

（三）明知是赌博网站、应用程序，有下列情形之一的，以开设赌场罪的共犯论处：

1. 为赌博网站、应用程序提供软件开发、技术支持、互联网接入、服务器托管、网络存储空间、通讯传输通道、广告投放、会员发展、资金支付结算等服务的；

2. 为赌博网站、应用程序担任代理并发展玩家、会员、下线的。

为同一赌博网站、应用程序担任代理，既无上下级关系，又无犯意联络的，不构成共同犯罪。

……

类似案例

案号:(2018)赣0104刑初8号

被告人苏某涛伙同他人为赌博网站投放广告、发展会员、收取服务费,情节严重,其行为属于开设赌场罪的共同犯罪,公诉机关指控的罪名成立。被告人苏某涛并非赌博网站的投资者或参股人,不参与赌博网站的日常管理,对赌博网站的资金运作、管理和分成无决定权,其在共同犯罪中处于次要地位,系从犯,依法减轻处罚。被告人苏某涛犯开设赌场罪,判处有期徒刑2年,并处罚金5万元。

十二、代理型网络开设赌场案中低级代理可认定为从犯

案号：(2021)粤01刑终922号

关键词：开设赌场罪；代理；从犯认定

裁判规则：在代理型网络开设赌场案件中，部分低级代理人对整个网络赌场不存在管理、控制行为，其在开设赌场中起较小的帮助作用，应当认定为从犯。

案情要点：

· 被告人陈某菊注册了某麻将App账户，成为该赌博网站的代理。在担任代理期间，被告人陈某菊通过发展新玩家并以50%的比例参与赌博网站的利润分成，共获利40400元。

· 一审法院认定被告人陈某菊犯开设赌场罪，判处有期徒刑3年，并处罚金3000元。

· 判后，陈某菊提出上诉，其辩护人提出：根据陈某菊在犯罪过程中所处的角色和作用，其系从犯，且没有积极主动地发展下线。陈某菊到案后供述一致、稳定，认罪态度好，且已退赃，应从轻处罚。

· 二审法院根据上诉人陈某菊的具体犯罪事实、情节及对社会的危害程度，结合其认罪、悔罪态度，认定上诉人陈某菊在犯罪中起次要作用，应认定为从犯，对其减轻处罚。最终撤销对被告人陈某菊量刑的主刑部分，即判处有期徒刑3年，改判为有期徒刑2年，并处罚金3000元(减少1年有期徒刑)。

规则分析

在网络开设赌场案件中，赌博网站往往为了开拓市场，吸引赌客，从而寻找

代理人,并设置代理人可以通过新赌客的注册、投注等行为抽取一定比例的代理费用的返点规则。因此,“代理型”开设赌场往往会形成金字塔结构的纵向代理犯罪模式,一级代理人发展二级代理人,以此类推。在这种纵向代理型开设赌场的案件中,是否每一级每一位代理人都单独构成开设赌场罪,而没有可能获得从犯认定的机会?答案是否定的。在代理型网络开设赌场案件中只有高层级的代理人才对整个犯罪活动起到当然的组织作用,大部分底层代理人仅是从中抽取一点点佣金,作为他们的代理费,扮演一种中介的角色,对整个网络赌场不存在管理、控制行为,起到的是开设赌场的帮助作用,因此并不能将所有代理人一律认定为主犯。

首先,关于担任赌博网站、应用程序代理并接受投注的立法规定。最高人民法院、最高人民检察院、公安部《关于办理网络赌博犯罪案件适用法律若干问题的意见》第 1 条规定了为赌博网站担任代理并接受投注的属于开设赌场罪实行行为,故为赌博网站担任代理并直接接受投注的,构成开设赌场罪。

其次,关于为赌博网站、应用程序担任代理并发展玩家、会员、下线的相关规定,最高人民法院、最高人民检察院、公安部《办理跨境赌博犯罪案件若干问题的意见》第 3 条规定了“关于跨境赌博共同犯罪的认定”,其中第 3 款规定:“明知是赌博网站、应用程序,有下列情形之一的,以开设赌场罪的共犯论处:……为赌博网站、应用程序担任代理并发展玩家、会员、下线的。为同一赌博网站、应用程序担任代理,既无上下级关系,又无犯意联络的,不构成共同犯罪。”

根据上述规定,可以看出在对有关“代理型”开设赌场罪的规定上,根据参与行为类型的不同而采取了区分正犯与共犯的解释方法,但这种区分只是正犯和共犯的区分,并不能因此认定为是代理行为主从犯的认定标准,代理行为主从犯的认定标准应当根据网络赌场代理人在共同犯罪中所起作用的大小而区分主犯与从犯。在不同的代理开设赌场共同犯罪案件中,处于顶端的代理人的权限更大,获利更多,对于整个赌博网站的运行起到支配性的作用,应该认定为主犯,但越处于底端的代理人,尤其是最底端、直接面向会员的代理人,其权限更小,获利数额也更小,应该认定为从犯。

如果把网络赌博网站以及纵向的上下级代理人看成一个连锁共同犯罪，在连锁共同犯罪整体中，必须根据赌博网站的建立者、经营者与纵向上下级代理人的不同层级、权限大小、发展下线代理人数或者会员人数、获利金额以及是否享有赌博网站的股份或者分红等作用因素，判断其在整个共同犯罪中所起作用的大小从而区分为主从犯。[1] 因此，对于区分在赌博网站中担任代理为主从犯的标准，应当根据他的地位、作用大小来进行认定，不能仅根据他在开设赌场中充当的角色进行定罪量刑。本案中，陈某菊作为赌博 App 的代理，实施了发展下线参赌人员、拉人提供信用担保等帮助行为，应当认定为开设赌场罪的共同犯罪，由于陈某菊在共同犯罪中属于被指挥的地位，是协助性的、从属性的，在主观恶性、社会危害性以及人身危险性方面，与组织者、领导者、运营者具有明显的区别，因此应当认定为从犯。

辩护攻略

对于为赌博网站担任代理、被指控开设赌场罪的案件，辩护人可以争取从犯的积极量刑情节。

辩护人可以证明被告人的代理行为只是在开设赌场案件中扮演中介的角色，是协助性的、从属性的，对整个网络赌场不存在管理、控制行为。相较于开设赌场的组织者、领导者、运营者具有明显的区别，以证明被告人在网络开设赌场案件中仅起到较小的帮助作用，以期达到从犯的认定。

法院判决

上诉人陈某菊违反国家的法律规定，与赌博网站合作，为赌博网站担任代理并接受投注，且参与赌博网站利润分成，违法所得 40400 元，与赌博网站构成共同犯罪。根据上诉人陈某菊的具体犯罪事实及在犯罪中所起的作用，应认定其

---

① 参见吴情树:《网络赌场中“代理人”的主从犯认定》,载《警学研究》2023 年第 5 期。

构成从犯。法院对上诉人陈某菊及其辩护人所提“应认定陈某菊系从犯”的理由及意见予以采纳,并在量刑时对该情节予以考量。法院根据上诉人陈某菊的具体犯罪事实、情节及对社会的危害程度,结合其认罪、悔罪态度,对其减轻处罚。

相关法律规定

《刑法》(2023 年修正)

第三百零三条第二款 【开设赌场罪】开设赌场的,处五年以下有期徒刑、拘役或者管制,并处罚金;情节严重的,处五年以上十年以下有期徒刑,并处罚金。

最高人民法院、最高人民检察院、公安部《关于办理网络赌博犯罪案件适用法律若干问题的意见》(公通字〔2010〕40 号)

一、关于网上开设赌场犯罪的定罪量刑标准

利用互联网、移动通讯终端等传输赌博视频、数据,组织赌博活动,具有下列情形之一的,属于刑法第三百零三条第二款规定的“开设赌场”行为:

(一)建立赌博网站并接受投注的;

(二)建立赌博网站并提供给他人组织赌博的;

(三)为赌博网站担任代理并接受投注的;

(四)参与赌博网站利润分成的。

实施前款规定的行为,具有下列情形之一的,应当认定为刑法第三百零三条第二款规定的“情节严重”:

(一)抽头渔利数额累计达到 3 万元以上的;

(二)赌资数额累计达到 30 万元以上的;

(三)参赌人数累计达到 120 人以上的;

(四)建立赌博网站后通过提供给他人组织赌博,违法所得数额在 3 万元以上的;

（五）参与赌博网站利润分成，违法所得数额在3万元以上的；

（六）为赌博网站招募下级代理，由下级代理接受投注的；

（七）招揽未成年人参与网络赌博的；

（八）其他情节严重的情形。

二、关于网上开设赌场共同犯罪的认定和处罚

明知是赌博网站，而为其提供下列服务或者帮助的，属于开设赌场罪的共同犯罪，依照刑法第三百零三条第二款的规定处罚：

（一）为赌博网站提供互联网接入、服务器托管、网络存储空间、通讯传输通道、投放广告、发展会员、软件开发、技术支持等服务，收取服务费数额在2万元以上的；

（二）为赌博网站提供资金支付结算服务，收取服务费数额在1万元以上或者帮助收取赌资20万元以上的；

（三）为10个以上赌博网站投放与网址、赔率等信息有关的广告或者为赌博网站投放广告累计100条以上的。

实施前款规定的行为，数量或者数额达到前款规定标准5倍以上的，应当认定为刑法第三百零三条第二款规定的“情节严重”。

实施本条第一款规定的行为，具有下列情形之一的，应当认定行为人“明知”，但是有证据证明确实不知道的除外：

（一）收到行政主管机关书面等方式的告知后，仍然实施上述行为的；

（二）为赌博网站提供互联网接入、服务器托管、网络存储空间、通讯传输通道、投放广告、软件开发、技术支持、资金支付结算等服务，收取服务费明显异常的；

（三）在执法人员调查时，通过销毁、修改数据、账本等方式故意规避调查或者向犯罪嫌疑人通风报信的；

（四）其他有证据证明行为人明知的。

如果有开设赌场的犯罪嫌疑人尚未到案，但是不影响对已到案共同犯罪嫌疑人、被告人的犯罪事实认定的，可以依法对已到案者定罪处罚。

最高人民法院、最高人民检察院、公安部《办理跨境赌博犯罪案件若干问题的意见》(公通字〔2020〕14号)

三、关于跨境赌博共同犯罪的认定

……

(三)明知是赌博网站、应用程序,有下列情形之一的,以开设赌场罪的共犯论处:

1. 为赌博网站、应用程序提供软件开发、技术支持、互联网接入、服务器托管、网络存储空间、通讯传输通道、广告投放、会员发展、资金支付结算等服务的;

2. 为赌博网站、应用程序担任代理并发展玩家、会员、下线的。

为同一赌博网站、应用程序担任代理,既无上下级关系,又无犯意联络的,不构成共同犯罪。

……

类似案例

案号:(2022)粤18刑终49号

法院认为,上诉人何某军以营利为目的,为境外赌博网站担任代理,为网站发展下线进行赌博。其在某体育赌博网站注册会员和代理,并吸收他人成为其代理账号下的会员,其发展的下级会员至少56人,赚取30%~35%赌客投注返佣金,累计赌资金额共计5130511.01元。鉴于上诉人何某军在开设赌场犯罪中起辅助作用,是从犯,且具有自首情节,综合衡量,法院决定对上诉人何某军减轻处罚。二审减少1年有期徒刑。

扩展阅读

001. 网络赌博赌资数额的认定——由两则开设赌场案例引发的思考

1. 问题的提出——两则矛盾的案例

案例一:2019年3月,被告人练某某以营利为目的,在“环球娱乐”App中注册账户参与赌博，并通过发送邀请码的方式，让尹某、马某等人在其账户下设立子账户进行赌博，并收取1%的“返水”钱。一审法院认为，被告人练某某犯开设赌场罪，涉案赌资累计在200万元以上，属于情节严重，判处练某某有期徒刑4年，并处罚金3万元。一审后，练某某提出上诉，其辩护人认为原判认定的赌资数额系账户反复多次投注的数字重复计算所得，该数额明显过高，与事实不符。二审法院采纳了练某某及其辩护人的意见，并结合App注册账户的输赢额，根据注册账户的累计充值金额16.5万元来计算赌资数额，认为练某某犯开设赌场罪，但不属于情节严重，判处练某某有期徒刑1年6个月，并处罚金2万元。

案例二：2019年年初，被告人陈某某成为亚博体育赌博网站代理，并将推广链接发给金某等人发展下线并从中获利。经查，2019年4月至2020年12月，陈某某接受下线总投注金额为27337573.19元。一审法院认为陈某某构成开设赌场罪，且属于情节严重，判处陈某某有期徒刑5年，并处罚金50万元。陈某某及辩护人认为，原判将接受下线总投注金额27337573.19元认定为赌资额不当，实际其下线的投注额很少，不应该重复计算反复投注数额，同时应剔除自己的投注。二审法院听取了相关意见，但仍认为根据司法解释，陈某某涉案赌资数额累计达到30万元以上，应当认定为情节严重，原判符合法律规定。陈某某所提认定赌资数额不当的意见，理据不足，不予采纳，并最终驳回上诉，维持原判。

在上述两个案例中，争议焦点在于是否应当以累计投注额认定赌资数额。对此，辩方均以“投注额系反复投注重复计算所得，不应以此作为赌资”提出抗辩，但两个案例中司法机关却作出了截然相反的回应。赌资数额作为反映赌博犯罪危害性及赌场规模大小最为直观的标准，有必要对其准确认定进行讨论。

2. 实践中的两种观点

上述矛盾的案例并非偶然，对于这一问题的处理意见实践中形成了两种观点。

第一种观点持肯定说，以累计投注额认定赌资数额。支持这一观点的司法实务人员认为，参赌人员网络赌博时将赢取的点数重复用于下注，也等同于以现金投注，按照下注的点数累计计算赌资符合相关规定，也能更准确地反映出网络赌场实际运营情况和社会危害程度。

第二种观点持否定说，不以反复多次投注金额认定赌资数额。支持这一观点的司法实务人员认为，反复多次投注滚动叠加的投注额，存在重复计算问题，不能真实客观反映涉案赌资数额，且如果依据该条解释认定赌资很容易导致网络赌博赌资虚高，适用"情节严重"案件的比例偏高。

此外，还有人认为将同一笔资金反复多次进行投注，涉及重复认定的问题，但在目前司法解释有明确规定的情况下，仍应按照相关规定以累计投注额认定赌资数额。就赌资认定的结果而言，这一观点仍属于肯定说的范畴。

笔者赞成否定说。

3. 累计投注额不应当认定为赌资数额

想要厘清是否应当以累计投注额认定赌资数额，首先需要充分了解网络赌博的投注机制。一般来说，在网络赌博中参赌人员并非直接使用资金进行投注，而是先向网络赌场账户充值资金并转换为相应"点数"，再使用该账户内的"点数"进行投注。赌博网站系统会将参赌人员每次的投注予以记录，同时账户内"点数"会随参赌人员在赌博中输赢而增减，只要账户内还有剩余"点数"，就可以使用该"点数"进行反复投注。这样的赌博机制下，以累计投注额认定赌资数额会导致以下问题。

(1) 累计投注额远高于实际赌资数额

实践中，参赌人员在充值后往往不止进行一次赌局，若按照累计投注额计算赌资数额，将导致这一数额远高于实际赌资数额，极大地加重了刑罚。举例而言，假设参赌人员向账户充值 10 万元，然后连续 10 次都以"All In"的方式投注，且每次投注都没有任何输赢。那么 10 次投注后，累计投注额将会达到 100 万元。然而自始至终，参赌人员都仅以起始充值的 10 万元进行赌博，并没有以 100 万元进行赌博的意图。这仅是进行 10 次赌局后带来的差距，若将赌局次数进一步增加，累计投注额与实际赌资数额的差距将会更大，这显然是不合理的。

(2) 累计投注额受赌博技术及运气影响较大

我们再进一步假设，A 和 B 都向账户内充值 10 万元，每次也都以"All In"

的方式投注。但A每次赌局都会输掉1万元，而B每次赌局都会赢取1万元。10次赌局后，将A和B的投注额分别累计相加，A的累计投注额为55万元，而B的累计投注额为145万元。此时，A与B充值金额相同，参与赌局次数相同，而两人之间最终认定的赌资数额差距如此之大，显然是不合情理的，也不符合《刑法》罪责刑相适应的要求。同时，若赌资数额的计算，抑或说量刑的轻重，与赌博技术或运气扯上关系，将是一个荒谬的结论。

(3)累计投注额导致评价不一致

无论是网络赌博还是传统赌博，都是对社会的善良风俗的侵害，对于二者的评价标准应当相同。如前所述，赌博网站系统会将参赌人员每次赌局的投注数额予以记录，可以对每次赌局的投注额准确累计计算。而在传统赌博中，对每次赌局投注额的记录既无必要也没有操作上的可行性，实践中对于传统赌博赌资数额的认定，是以在赌场起获的全部用于赌博的资金为准，具体来说赌博现场台面上的现金、筹码等都被认定为赌资，但对于每次赌局的投注额并不累计计算。此时，若以累计投注额认定赌资，将会导致即使经历相同的赌博过程，网络赌博与传统赌博之间赌资数额的差距仍然悬殊，这对于网络赌博的参赌人员是极不公平的。

(4)累计投注额将导致司法解释无法正常适用

2005年，最高人民法院、最高人民检察院发布了《关于办理赌博刑事案件具体应用法律若干问题的解释》，其中第8条第2款规定“赌资应当依法予以追缴”。若以累计投注额认定赌资数额，将可能造成网络赌资数额巨大而根本无从追缴的情况——因为行为人根本不具有数额如此巨大的财产。而当累计投注额过于巨大时，特别是当行为人开设网络赌场时，这一累计投注额甚至会突破亿元，显然不具有追缴的可能性。为保证这一条款的正确适用，也不应当以累计投注额认定赌资数额。

综上所述，不应当以累计投注额认定赌资数额。

4. 赌资数额认定方式的再选择

根据以上论述，以累计投注额认定赌资数额不具有合理性，应当重新选择赌资数额的认定方式。

2010 年及 2020 年，最高人民法院、最高人民检察院、公安部分别发布了《关于办理网络赌博犯罪案件适用法律若干问题的意见》和《办理跨境赌博犯罪案件若干问题的意见》，都就网络赌资的计算方式进行了深化和丰富。有学者认为，虽然目前司法解释规定了许多关于赌资数额的计算方式，但仍存在适用上的困难，尤其是赌资数额是否应当每局单独计算（投注额累计计算——笔者注），虚拟财产的价值认定标准以及司法解释中使用“可以”而不是“应当”带来的选择适用问题，都会影响赌资数额的认定，进而认为应当对现有司法解释进行修改。

笔者认为，实际上无须对司法解释进行修改，在现有规定下，同样能够合理认定赌资数额。具体来说，就是要回到司法解释对赌资的定义上——“赌博犯罪中用作赌注的款物、换取筹码的款物和通过赌博赢取的款物属于赌资”。在网络赌博中，参赌人员将资金充值进网络赌场账户，兑换成相应“点数”，实际上就是一种换取筹码的行为，而用于充值的资金也就是参赌人员用作赌注的款物。此时，只需要对参赌人员每次向赌场账户充值的金额累积计算即可得到赌资数额，而无须再对每次赌博的投注额累计计算。这样，通过参赌人员充值金额大小，能够反映其行为危害程度及赌场规模大小，仅对参赌人员向网络赌场账户充值金额进行累计计算，与现实情况更加符合，能够排除赌博技术及运气对赌资数额计算的影响，网络赌博与传统赌博的赌资数额认定标准也更加趋向一致，司法解释也得以正常适用。

结　语

不可否认，目前司法解释关于网络赌资数额的认定方式确实还存在一些问题亟待解决，实践中也存在“同案不同判”或“类案不同判”现象。在没有出台新的司法解释对网络赌资数额的认定进行重新规定的前提下，笔者认为应当回归赌资的定义，以参赌人员向网络赌场账户充值金额累计计算的方式认定赌资数额，从网络赌博的整体上准确把握赌资数额的大小。

002. 开设赌场案件违法所得认定系列问题研究

开设赌场案件中，把握刑事犯罪“违法所得”的概念以及在实务中如何认定是司法实践中亟须解决的问题。我国现阶段刑事法律及司法解释并未对开设赌场罪中嫌疑人违法所得的认定及划分作出明确阐述与解读。有的案件中，办案机关在认定违法所得时对是否需要扣除犯罪成本把握不准，以及在同一案件中分别确定罚金数额和没收财产范围时对是否坚持同一“违法所得”的概念和认定标准存在疑问，故有必要研究。[①] 本文将从开设赌场案件违法所得概念的解释和开设赌场的行为模式简析入手，通过对立法及司法活动中开设赌场案件违法所得认定与划分现状的解读，进一步提出我国开设赌场案件中违法所得认定不清导致的问题及针对系列问题如何进行优化的思考。

1. 概念的厘清及开设赌场犯罪行为模式简析

论证开设赌场案件嫌疑人违法所得的计算要点前，应当对刑法上的违法所得的概念进行释明。广义的违法所得，即行为人违反法律获得的财产性利益，“违法”包括民法、刑法、行政法、治安管理处罚法等部门法。在刑法法域中，违法所得中的“违法”仅指违反刑法，其中包括《刑法》、《刑法》相关的司法解释以及其他涉及刑事内容的法律等。故刑法中的违法所得是指犯罪嫌疑人在实施犯罪行为时获得的财产、财产性利益及其孳息。

嫌疑人实施开设赌场行为获取的违法所得应当具有物质经济价值、刑事违法性与法定性，只有同时满足以上特征，对嫌疑人开设赌场的违法所得才能进行刑法上的评价，嫌疑人开设赌场的违法所得成为法院定罪量刑的依据。明确开设赌场罪中违法所得的认定标准，对于司法实务中提供定罪量刑处罚依据、明确追缴与责令退赔财产范围以及罚金刑的适用具有重要意义。

开设赌场案件犯罪人行为模式包括开设普通赌场以及网络赌场，具体如下：

第一，开设传统赌场的，行为人以营利为目的，提供赌场的场所、工具与服

---

① 参见刘晓虎、赵靓：《“违法所得”概念的界定和司法认定》，载《人民法院报》2018年7月4日，第6版。

务，通过庄家坐庄的方式，吸引赌客支付赌资，以获胜概率上的差异获取多数参与者的财物，犯罪术语为“抽水”。

第二，开设网络赌场的，行为人通过建立赌博网站或者应用平台，聘请互联网专业技术人员操盘，并在互联网上招募总代理，再由其发展线下代理及会员参赌，在此基础上可能继续发展下线代理并接受投注，赌客基于代理或平台支付渠道进行投注并游玩平台设置的概率性游戏“上分”，存在实体金钱流动并有概率获取大额财物，以小博大，即“下分”。平台基于赌客支付的赌资进行利润分成，具体的模式有“房卡模式”“金币模式”“传销模式”“红包模式”“期权交易型赌博”等，属于网络开设赌场的犯罪行为。而通过开设赌场的行为获取经济利益及收益的，即开设赌场案件中的违法所得。

2. 司法实践中开设赌场案件违法所得认定现状及问题

笔者通过查阅相关法律法规以及案例，发现我国现有法律及司法解释并未对开设赌场案件中违法所得的具体认定问题有明确的规定或解释，也没有统一的认定标准，仅在部分司法解释中对某一罪名的违法所得作出概括性规定，如最高人民法院、最高人民检察院、公安部《关于办理非法集资刑事案件适用法律若干问题的意见》规定，向社会公众非法吸收的资金属于违法所得。以吸收的资金向集资参与人支付的利息、分红等回报，以及向帮助吸收资金人员支付的代理费、好处费、返点费、佣金、提成等费用，应当依法追缴。

最高人民法院、最高人民检察院《关于办理内幕交易、泄露内幕信息刑事案件具体应用法律若干问题的解释》第 10 条规定，《刑法》第 180 条第 1 款规定的“违法所得”，是指通过内幕交易行为所获利益或者避免的损失。

最高人民法院研究室《关于非法经营罪中“违法所得”认定问题的研究意见》规定，非法经营罪中的“违法所得”，应是指获利数额，即以行为人违法生产、销售商品或者提供服务所获得的全部收入（非法经营数额），扣除其直接用于经营活动的合理支出部分后剩余的数额等。

从以上条文的规定不难发现，不同罪名中违法所得的认定及扣缴规则并不统一，而针对开设赌场罪甚至没有相关法律或司法解释对该罪名的违法所得认定及扣缴作出具体性的规定，这也导致了司法实践中对于同一罪名裁判标准不统一的问题，笔者整理相关开设赌场案例及法院意见如下。

第一，付某泽等人开设赌场案判决书：[①]前期的犯罪成本不应当进行扣除。

法院意见：本案被告人制作“99舟山棋牌”软件的目的即为赌博人员赌博提供条件，营利手段亦是依靠下级代理增加参与赌博人员数量消耗更多“房卡”进行获利，故公诉机关将“99舟山棋牌”后台全部充值金额指控为违法所得，并无明显不当。被告人辩称的前期软件开发为测试而充值的房卡费用和对代理商的现金返利数额系犯罪成本，不应在违法所得数额中予以扣除。

第二，薛某、经某斌、蒋某等开设赌场罪一审刑事判决书：[②]营业额并不属于实际获利，违法所得的认定应当以实际获利为准。

辩护人认为：游戏平台只是对玩家的赌博存在放任的态度，与典型意义上的开设赌场有所区别。公诉机关指控被告人获利174万余元，这个数额是营业额，而不是获利，其中包含赠送房卡的数量，还有纯粹打麻将即不赌博的房卡数量，后台数据中的销售房卡数额174万余张不能全部认定为违法所得。法院认为：辩护人提出游戏平台只是对玩家的赌博存在放任的态度，与典型意义上的开设赌场有所区别，后台数据中的销售房卡数额174万余张不能全部认定为违法所得，建议对被告人薛某从轻处罚的辩护意见，予以采纳。

第三，杨某珑开设赌场罪、赌博罪刑事一审判决书：[③]违法所得的认定应当扣除办公开支。

法院认为：从被告人杨某珑及其妻子王某英的银行转账流水可以看出，从2017年2月起，运营天乐红中麻将App的公司通过陈某、李某1等人的银行卡以及第三方支付平台汇付宝向被告人杨某珑共计转账5797208.5元，扣除被告人杨某珑转给其他技术人员伏某等人的工资外，尚余5095308.5元，其中包含了

① 参见付某泽等人开设赌场案，浙江省岱山县人民法院（2019）浙0921刑初138号刑事判决书。

② 参见薛某、经某斌、蒋某等开设赌场案，浙江省义乌市人民法院（2019）浙0782刑初101号刑事判决书。

③ 参见杨某珑开设赌场案、赌博案，湖南省平江县人民法院（2021）湘0626刑初94号刑事判决书。

被告人杨某珑的工资、股份分红、开支等。结合被告人杨某珑的供述以及微信聊天记录中确有开支报销等内容,除去办公开支等,认定为470万元。

第四,肖某祺、郭某亭开设赌场罪刑事一审判决书:[①]被告人为参赌人员提供的服务支出,不应在其非法获利中扣除。

法院认为:经审理查明,2019年4月至2020年5月,被告人肖某祺、郭某亭经共同商议,先后在遂川县××镇××社区××、遂川县××期××栋××单元××室、鄱阳县××栋××单元××室等地,通过在“城信”交友App聊天平台组建“小娱乐”聊天赌博群,招募工作人员和中介手拉手,招揽赌客在上述平台赌博群内以“埋雷”抢红包的方式进行赌博。其间,收取赌客赌资650万余元,扣除平时维持赌博群运转的开支外,二被告人非法获利近100万元。其中,被告人肖某祺非法获利660379.32元,被告人郭某亭非法获利334791.16元。

第五,金某花开设赌场罪刑事一审判决书:[②]服务支出并不能在非法获利中扣除。

法院认为:被告人金某花以营利为目的开设赌场,其行为已构成开设赌场罪,公诉机关指控罪名成立。被告人金某花为参赌人员提供的服务支出,不应在其非法获利中扣除,不影响对其非法获利数额的认定。

从以上法律法规及案例检索情况来看,除了有几项罪名已有专门的司法解释明确指出犯罪违法所得内涵外,大部分的罪名并未对违法所得的内涵与认定标准作出明确规定,仅依据《刑法》第64条进行笼统划分。正是由于我国刑法及相关司法解释对违法所得的界定不明确,且出现了不同罪名对违法所得的界定不一致的情况,以及某些罪名没有司法解释明确规定的情形,导致实务机关在处理相关案件时无法可依,不太恰当地行使自由裁量权,这也是上述案例针对违法所得判决结果不一致的根本原因。

在开设赌场案件中,由于没有明确的司法解释对开设赌场这一具体罪名进行违法所得认定的规定,导致对同类案件的司法适用不一致,案涉财物中哪些财

---

① 参见肖某祺、郭某亭开设赌场案,江西省遂川县人民法院(2022)赣0827刑初152号刑事判决书。

② 参见金某花开设赌场案,安徽省休宁县人民法院(2022)皖1022刑初75号刑事判决书。

物是违法所得、是否应当扣除犯罪成本、违法所得获利的违法收益的认定、追缴与责令退赔应当如何适用等问题均没有明确而统一的规定，导致实务机关理解不清、适用不明，从而进一步演变成在实务中各机关之间的权责界分不明，公检法等在处理赃款赃物的过程中存在诸多“随意”，其随意追“赃”、处“赃”的行为，不仅使被害人的财产权利得不到应有的保护和弥补，还收缴了犯罪嫌疑人、被告人、被害人、善意第三人等的合法财产，且立法上没有明确规定及时有效的救济途径，刑事案件涉案人的合法财产权利得不到保障。① 长此以往还会导致社会公众的质疑，削弱刑法的公正性和权威性。

3. 开设赌场罪中违法所得认定系列问题之思路

要解决开设赌场案件中违法所得认定的一系列问题，首先，在概念上应当明晰刑法违法所得的内涵，规范刑事法律中“违法所得”的用语表述，这样在实务上就能够准确理解其概念并适用。

对于违法所得的理解与适用出现问题的原因主要有以下两点：

一是由于“违法所得”这一概念并不仅是刑事法领域的独有概念，在民法、行政法等其他部门法中均出现了“违法所得”这一法律名词，且由于各个法律所保护的社会关系的不同，违法所得的内涵和外延虽然有重合的部分，但其中的不同还是占大多数。

二是办案机关对于《刑法》第 64 条在实务中适用混乱，很大程度上是将刑法领域的违法所得的内涵与其他部门法违法所得的内涵混淆，认为只要是违反法律获取的财物都是刑事违法所得，殊不知这已经违背了刑法法定性与谦抑性的基本原则。故笔者认为，要完善刑法中违法所得的认定路径，对于概念的准确理解应当走在最前面，与其说是“违法所得”，不如将其称为“犯罪所得”更为贴切，即嫌疑人实施的某一特定犯罪行为所获取的具有经济价值的财物或者财产性利益及收益。而开设赌场罪的违法所得，应当是实施了开设赌场行为的犯罪嫌疑人，在实施开设赌场特定犯罪行为的过程中获得的财产、财产性

① 参见林美玲：《刑法中的“违法所得”界定研究》，华侨大学 2016 年硕士学位论文，第 22 页。

利益及收益。

其次，由于各个罪名构成要件的不同，对于违法所得的认定亦存在区别。针对此问题应当通过具体的立法及司法解释，对特定罪名违法所得如何认定以及在不同的阶段对违法所得的处置措施作出详细规定。而针对开设赌场案件违法所得认定的一系列问题，笔者以违法所得制度确立背后的根本目的及在不同阶段认定违法所得的不同作用为出发点，建议如下：

在定罪量刑层面，根据最高人民法院、最高人民检察院、公安部《关于办理网络赌博犯罪案件适用法律若干问题的意见》第1条第2款的规定：抽头渔利数额累计达到3万元以上的或者建立赌博网站后通过提供给他人组织赌博，违法所得数额在3万元以上的，应当认定为《刑法》第303条第2款规定的“情节严重”。对于开设赌场案件，“赌资数额”“参赌人数”“违法所得”作为主要的量化标准，其直接反映了犯罪嫌疑人实施开设赌场的社会危害性，开设赌场行为的违法所得数额大小直接决定了犯罪嫌疑人定罪量刑的轻重。所以在认定时不应机械适用量化标准，应当秉持动态、持续的原则认定违法所得。

对于司法机关确实查明的犯罪嫌疑人直接通过开设赌场的犯罪行为获利的部分自然应纳入违法所得的定罪量刑范围，自不待言。实务中较多出现的问题有：(1)在认定过程中违法所得和合法收入认定不清；(2)刑事违法所得带来的违法所得收益是否应当纳入定罪量刑的考量范围，如何计算违法所得收益；(3)在定罪量刑时是否应当将犯罪成本从违法所得计算中扣除。

针对第一个问题，办案机关坚持违法所得与犯罪嫌疑人开设赌场行为具有直接、密切联系的，才能认定为该罪的违法所得。这其中应当包括犯罪嫌疑人实施犯罪行为获得的财物以及利用该财物带来的直接收益，供犯罪所用的本人财物以及犯罪嫌疑人与犯罪无关的个人合法财产不应当纳入违法所得的范畴。

针对第二个问题，开设赌场案件中往往出现对违法所得收益数额的扩大化认定，其不仅在适用法律上存在问题，在认定程序以及认定方法上也不满足罪责刑相适应的要求。如对违法所得收益的认定没有一个明确的范围上的限制，则刑罚扩大化在定罪量刑中将成为必然。

针对该问题,笔者意见如下:(1)如果犯罪嫌疑人将违法所得分成多个部分进行投资,一是在来源上应当查明该财产系违法所得,二是在收益层面,如果不同的投资经营各有盈亏,应当以总体的盈利数额确定违法所得收益,如果多个投资的总盈利甚至少于亏损,则不应当以违法所得部分盈利为由将其纳入犯罪嫌疑人定罪量刑范畴。如甲实施开设赌场获利200万元,使用这笔钱分别进行炒股和投资房产,炒股亏损50万元,投资房产获利60万元,应当认定其违法所得收益为10万元。如果炒股亏损50万元,投资房产获利40万元,共计亏损10万元,则不应当以甲投资房产部分获益为由增加其违法所得收益的计算。(2)如果通过实施开设赌场的违法所得从事经营行为获利,再使用所获利益继续进行投资经营行为获利,以此类推,断然不应当将其所有的获益均认定为违法所得收益。由于资金财产的流动性与易传递性,如果按照此种方法进行认定,不仅增加办案机关的认定难度,耗费司法资源,也违背了违法所得与犯罪应当直接关联的认定思路,导致刑罚加重,达不到罪责刑相适应。基于此,笔者认为应当计算犯罪嫌疑人首次将违法所得投入经营活动的收益,而不计算此后再利用其收益继续经营获得的利益。例如,乙实施开设赌场行为获利100万元,用这笔钱投资饭店获利20万元,后又用这20万元投资其他项目,以此类推至案发时共获利200万元,则认定乙开设赌场收益时应当只认定初次投资获利的20万元而非此后的200万元。(3)如果犯罪嫌疑人存在将违法所得与合法所得同时投入经营并获益的情况,在认定犯罪嫌疑人财产属于违法所得还是合法所得存疑时,应当坚持存疑时有利于被告人的原则,不能将该部分财产及其收益直接认定为违法所得。

针对第三个问题,在开设赌场案件违法所得的认定中,是否应当扣除犯罪嫌疑人的犯罪成本在我国的理论以及实务界均没有统一的定论,支持扣除犯罪成本的做法学术界称为“纯利说”,不支持扣除犯罪成本的做法学术界称为“毛利说”。在定罪量刑层面,基于笔者前文所述的相关案例,发现普遍来说行为人在犯罪过程中的成本无论多少以及无论是否合理均无须扣除。但也有司法人员指出,对于犯罪成本所对应的行为具有独立性,且单独评价难以认定为非法的,犯罪成本应予扣除。

结合上文案例来看,也存在判决中扣除一部分犯罪成本的情况。基于此,笔者认为在开设赌场案件违法所得认定中,机械地扣除全部犯罪成本抑或完全不扣除犯罪成本均不可取,办案机关在认定过程中应当针对具体案件辩证分析,针对案件的实际情况,对不同类型的犯罪成本以及其在犯罪中起到的作用大小进行分类,综合全案情况认定是否应当扣除。

辩护人在承办此类案件时也应当就案件实际情况,就被告人犯罪所得实际投入及在案件中具体作用的客观情况积极整理相关证据材料,并与办案单位持续沟通,将其中与犯罪实际危害关联不大但投入资金较多的相应成本予以扣除,从而取得良好的辩护效果。

在违法所得的追缴层面,据笔者查阅的法院判决中关于追缴的内容,发现人民法院关于开设赌场罪的判决书中均写明了对违法所得予以追缴。但是判决中均未列明违法所得是犯罪嫌疑人现阶段占有的哪些财物,导致大部分的追缴在实际操作时出现了两个极端化问题:

(1)由于办案机关文书中对犯罪嫌疑人的违法所得没有作出细致性的界定,办案机关查封、扣押、冻结的犯罪嫌疑人的疑似违法所得财产无法进行分类,导致执行财产的范围扩大化,被告人合法财产的权利无法得到保障,甚至影响家属的正常生活。

(2)如办案机关没有对犯罪嫌疑人的疑似财产完全采取强制措施,判决书中亦未对违法所得的具体财物以及如何追缴进行明确,最终的结果就是判决书中的内容无法实际执行,被害人的财产权无法保障。笔者认为,上述问题应当从追缴在开设赌场罪中起到的实际功能入手,根据不同的处置措施,对案涉违法所得进行具体的区分。追缴应当包括犯罪分子实施开设赌场的犯罪行为取得的一切财物及通过财物获得的直接收益,其目的主要是禁止犯罪分子从实施开设赌场的行为中获利。

由于有关规定对违法所得追缴主体的规定为:对已经被查封、扣押、冻结的财产由占有机关执行处理，执行完毕后将执行回单送回人民法院。故一旦判决书中没有对违法所得、追缴进行详细阐述，往往会导致执行过程中主体不清、权责不明，法院、检察院、公安机关在实际追缴层面就可能出现问题。笔者认为，人民法院作为审判机关，对案件的结果具有最终决定权，应当在追缴层面起到领导、协调公安机关和检察机关的作用。在判决书的内容中明确被告人实施开设赌场如何获利，将具体实施犯罪行为的获利金额转化为可视化的数字、特定物在判决书中进行明确以及为何认为其是违法所得的原因进行说理释明，使办案机关在追缴的执行中有判决可依。

在追缴的实际操作层面，由于案件的实际情况不同，一件案件追缴，公安机关、检察机关与法院可能分别执行甚至同时执行。笔者认为，法院应当在执行层面对开设赌场案件的违法所得追缴起到领导作用，同时受到公安机关、检察机关的制约与监督。公安机关、检察机关承担开设赌场案件违法所得的追缴职能的，应当严格遵守人民法院的判决并向法院反馈执行结果，环环相扣。最终达到在合理追缴开设赌场罪被告人违法所得，保护被害人利益的同时对被告人合法财产进行保护，使得法律的天平达到实质性的公正。

在财产刑的适用上，刑法中主要规定了罚金刑与没收财产刑。在开设赌场罪中，由于该罪名特有的社会危害性以及其对应刑罚的严重程度，司法实务中一般以适用罚金刑为主。开设赌场案件中，在对被告判处主刑时，往往会对其并处罚金。

如何认定被告的违法所得数额从而适用正确的罚金刑，在实务中争议较大。笔者认为，罚金刑确立的根本目的是使犯罪人基于其实施的犯罪所获得的利益受到经济上的“惩罚”，从而削弱犯罪人的经济实力，降低其再犯罪的危险，同时发挥刑罚的威慑功能。

据笔者查阅到的相关数据，虽然刑事判决中适用罚金刑的比例非常高，但是在执行层面却非常困难。我国部分地区判决罚金的案件中止执行率达到85%以上，我国罚金的执结率甚至低于1%。除犯罪分子不愿缴纳罚金之外，最重要的原因是判决的罚金刑是在犯罪嫌疑人的违法所得已经被追缴和责令退赔的基础上继续缴纳,超过了其自身的经济承受能力,失去了履行罚金刑的实际可能性,使罚金刑成为一纸空谈。这显然违背了并处罚金的立法目的。笔者认为,在开设赌场案件中,罚金刑的适用不仅要依照法条计算,司法机关也应当充分发挥其自由裁量权,在确定罚金刑的数额时,不仅要考虑被告人的犯罪情节及后果,还要考虑在被告人的违法所得已经经过追缴和责令退赔之后,有没有继续承担罚金的可能性。

罚金刑的适用仍然要以主刑量刑的违法所得的认定数额为主要依据,同时充分考虑到犯罪人的经济状况,在坚持以追缴和责令退赔为主,优先保护被害人财产权益的前提下,合理确定罚金数额,达到罚金刑立法作用与可操作性的统一,避免罚金刑成为一纸空谈。

结　语

开设赌场案件违法所得的认定以及后续的一系列问题,均是目前理论界与实务界的研究重点。笔者认为,刑事案件中违法所得的认定以及如何进行实务操作不仅是办理开设赌场案件的重点,更是所有涉经济刑事案件的重点。由于不同罪名构成要件的不同以及社会不断发展,针对违法所得认定相关问题,笔者坚持认为,如要解决法律适用的痛点,应当以其立法目的为出发点,具体问题具体分析。结合本文,笔者认为应当在刑法中对违法所得的问题作出原则性规定,不同的罪名可以通过司法解释进行针对性的具体阐述。故本书从开设赌场罪中的行为模式入手,阐述了开设赌场案件违法所得的概念,立法与实务中存在的认定困境及衍生的一系列问题,最后提出了如何解决开设赌场案件违法所得认定系列问题的一些建议。诚然,司法实践与理论设想仍有差异,但笔者相信,积土成山、百川成海,随着刑法体系的完善以及法律职业共同体的持续努力,开设赌场案件违法所得认定的系列问题必将得到解决,同时希望本文的观点可以给读者带来一些启发。

003. 直播平台为何频频爆雷,往后又该何去何从

近来,笔者所在的律师团队接待了许多关于"网络直播平台涉刑"案件的咨

询,并提供了相应的法律服务。直播平台涉刑案件大规模爆发尚属首次,网传行业翘楚某平台涉嫌"开设赌场"更让许多未涉案平台人心惶惶,部分平台咨询时表示难以理解办案机关的逻辑,正常经营为何会身陷囹圄?笔者总结自己所在的律师团队在司法实践中的经验,分析直播平台爆雷原因,合理界定直播平台的服务行为,以促进直播平台良好发展、办案机关准确办案。

1. 直播平台爆雷现状

网络直播飞速发展,助推网络经济水平不断提高。与此同时,社会中出现了大量与网络直播相关联的违法犯罪行为,严重破坏网络秩序以及社会安定。

自 2022 年 4 月中央网信办会同相关部门开展"清朗 · 整治网络直播、短视频领域乱象"专项活动以来,网络直播领域一直保持着高压严管态势。仅在专项活动开展 3 个月内,网信部门对集纳赌博、传播色情淫秽等违法信息的葡萄××直播、雪×直播、萌×直播等 106 个直播、短视频平台,依法予以下架。①

在 2022 年 6 月一个月内,又有近 20 家语聊直播平台下架关停,其中许多平台运营人员因涉嫌刑事犯罪被抓,语聊直播产品集中爆雷。据了解,这类直播平台涉刑问题集中在开设赌场,帮助掩饰、隐瞒犯罪所得。

平台为什么会涉嫌开设赌场,帮助掩饰、隐瞒犯罪所得呢?因为大部分平台均有概率游戏及直播间礼物打赏运营模式。而将概率游戏玩法的抽奖机制和直播间礼物打赏相结合,则可能产生两种犯罪路径:一是用户把从以小博大的概率游戏中抽取的礼物打赏给主播,主播根据礼物价值按比例返现给用户;二是用户将违法所得购买礼物打赏,主播通过在直播间接受打赏的方式收取赃款,并通过提现、转账等方式洗兑打赏资金,以此为用户清洗和转移赃款,主播由此可以从中收取部分佣金作为报酬(详见图 2-1)。

---

① 参见《网信部门重拳整治网络直播、短视频领域乱象》,载中央网信办网,http://www.cac.gov.cn/2022-07/30/c_1660803704161344.htm。

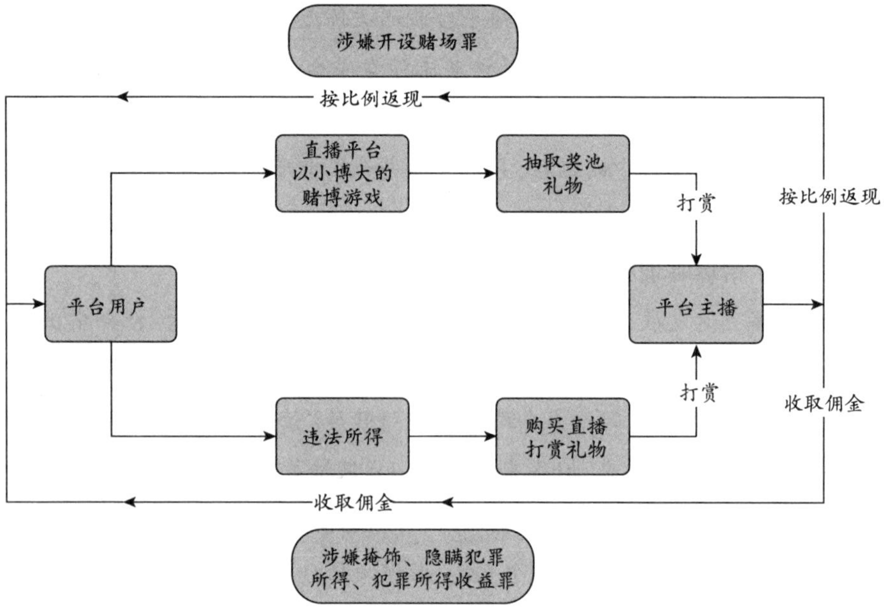

图 2-1 平台涉嫌开设赌场罪和掩饰、隐瞒犯罪所得收益罪的路径

2. 直播平台爆雷分析

笔者认为，直播平台爆雷的原因是多样的，笔者根据办理案件的实务经验，总结出以下原因。

(1) 直播平台容易被众多犯罪分子利用，成为网络犯罪新型犯罪工具

互联网技术的进步为新型网络犯罪的实施提供了极大的便利，与传统形式的犯罪相比，通过互联网实施犯罪行为更加隐蔽，不容易被追查。网络直播平台作为新兴社交产品，逐步扩大了人们的社交圈，构成了庞杂的社交网络。个别直播平台正是被利用了互联网信息高速传输的独特优势和其隐蔽性、熟人社交到生人社交的社交模式来聚集大量被害人以实施犯罪活动。

尤其是自原中国银行保险监督管理委员会进一步加强对信用卡的管理，规范信用卡开卡、使用的业务行为；中国人民银行统筹建立跨银行业金融机构、非银行支付机构的反洗钱统一监测系统；《反电信网络诈骗法》明确了办理电话卡不得超出国家有关规定限制的数量，全面落实电话用户真实身份信息登记。犯

罪分子不得不寻找新的犯罪方法和犯罪工具，而网络直播平台快速发展中的漏洞和乱象给他们提供了可乘之机。

就开设赌场而言，利用网络开设线上赌场早已不再新鲜，原先的犯罪分子利用微信群摇骰子、随机红包组织赌博是否构成开设赌场还有过争议，随着微信软件监管的加强和司法实践认识的统一，这种过去的新型犯罪也成了传统，但直播业的大力兴起，有心之人便将赌博场所瞄准了直播平台。

直播平台内的概率游戏可以以小博大。司法实践中，利用网络直播开设赌场的方式主要是通过以小博大的赌博游戏，如砸金蛋、大转盘、开箱子、赌球等射幸游戏，平台用户抽取大额礼物后，主播帮助平台用户“下分”，主播和平台从中牟利。直播间内的直播内容具有相对隐蔽性，尤其语音直播的内容更为隐蔽，涉嫌犯罪的平台中以语音平台居多，真人秀直播内容的监管相对容易，部分平台对“僵尸”直播间出现异常打赏情况可以做到及时制止。

就掩饰隐瞒犯罪所得而言，由于部分平台管理不力，主播注册的门槛较低，普通用户的账号管理混乱，一个人可以拥有多个账号，甚至还存在倒卖用户、主播账号的现象。这些也是直播领域快速发展所带来的乱象，任何一个平台的普通用户和主播动辄上万人，甚至几十万人，在发展初期管理十分不便。在笔者所在的律师团队接待的咨询中，某头部平台的普通用户账号也有未实名的情况，此类账号被用于转卖实施“洗钱”行为。

具体而言，用户与部分平台主播勾结，将犯罪所得兑换成相应的虚拟币购买礼物打赏给事先约定的主播，主播扣除约定比例后将现金从平台转出交付给用户，如此一来，当用户账号存在倒卖现象时则难以通过账号确定实际犯罪嫌疑人，而主播将涉案资金分批次转出，可以帮助犯罪分子避免受到银行卡提现金额的限制。直播平台因资金流动性大、监管较为放松，很难引起银行风控预警。通过“蚂蚁搬家”式的打赏回流行为，将涉案资金成功“洗白”。在笔者所在的律师团队接待的咨询中，就有过打赏账号未实名、一天充值几千万元、有几百名主播帮助“洗钱”的情况。

网络直播为新型赌博、洗钱犯罪提供了途径，使其成为缺少大众认识、缺乏有效监管、能够逃避侦查的新型犯罪方式。

(2)部分直播平台在快速发展中丧失初心,最终演变成犯罪平台

网络直播平台逐渐成了人们眼中"来钱快"的代名词,平台每日资金流水就如"印钞机",源源不断地流入平台账户。因此,投资人也盯上了这台"印钞机",直播平台如雨后春笋般大量涌现。各大直播平台也铆足了劲,试图在市场上站稳脚跟。但是,以传统的唱跳、歌舞、带货等方式难以快速抢占市场,直播平台"孵化"一位头牌主播需要投入大量资金、时间,以常规模式"孵化"主播也不一定出现"白天鹅"。孵化一位头牌主播需要较长的周期,其他竞业平台难免在此期间孵化出"黑天鹅"。因此,在前期大量资金、时间的投入却不一定得到较好的收益,平台为了牟取更大的利益,不惜刀尖上舔血,铤而走险,走上了犯罪的道路。

网络直播平台为追求快速发展,违背"满足人民日益增长的美好生活需要"的初心,积极利用或是放纵他人利用平台实施犯罪。网络直播平台在整个直播体系中处于绝对核心的位置,以网络直播平台为主体的犯罪行为包括两种类型:一种是网络平台本身就用于实施违法犯罪活动,行为人开设网络直播公司,积极主动利用直播平台实施不法行为,牟取非法利益;另一种是直播平台以作为或不作为的形式帮助网络主播或用户实施不法行为,为他们的犯罪行为提供便利条件,明知他人犯罪而提供帮助。①

网络直播平台的经济收益与用户打赏呈正相关。为了带动直播平台的活跃度,通常每个直播间都需要完成每周、每月的任务。经营人员为了完成KPI得到运营提成,主动与主播沆瀣一气,由此产生了赌博游戏抑或洗钱行为。赌博游戏、洗钱等充值行为,为网络直播平台带来了大量的用户、充值行为,产生了大量的资金流水,正中直播平台的下怀。直播平台为了抢占市场,对于非法资金的流入采取睁一只眼闭一只眼的态度,最终使得网络直播平台沦为犯罪的"温床"。

① 参见陈清荣:《网络直播行为的刑法规制》,西南政法大学2021年硕士学位论文,第32页。

(3) 国家治理网络犯罪的决心

网络直播平台是一把“双刃剑”，不仅丰富了人们的日常生活，也增加了社会风险。由此产生的网络赌博直播平台中的赌博游戏会让人逐渐失去理智，深陷泥潭而不能自拔，只需要动动手指即可享受输赢的刺激快感。同样基于网络而生的网贷，与网络赌博相辅相成，最后就会形成“直播赌博—网贷—直播赌博—网贷”的怪圈，导致赌客人财两空。网络洗钱直播平台也是如此，帮助犯罪分子转移资金，助长更大规模的犯罪活动。

国家一直都高度重视网络安全秩序的维护。从《刑法修正案(九)》对网络犯罪方面增订的罪名已经可以感受到国家打击网络犯罪的决心，其新增的“帮助信息网络犯罪活动罪”等罪名，将网络帮助行为正犯化、预备行为实行化，充分体现了打击网络犯罪的必要性。《刑法修正案(十一)》也将“开设赌场罪”的量刑起点由原来的3年以下有期徒刑调整为5年以下有期徒刑。国家大力开展“清朗行动”净化网络环境、大力倡导直播平台业务规范发展、健全网络直播平台监管体系等。以上这些措施，都是针对网络直播领域中一些风险性畸高的行为进行提前规制，采取积极预防和必要处罚的刑法理念以实现对法益的有效保护。

以前、现在，乃至以后，国家对于网络平台的监管都不可能松懈，以期网络直播犯罪态势能够得到遏制，营造良性健康的网络直播环境。所以，那些抱着侥幸心理、法不责众的心理开设的网络直播平台，那些认为可以瞒天过海的非法直播平台，在快速发展的过程中会受到国家的高压态势打压，自然会形成爆雷。

3. 办理直播平台涉刑案件注意要点

网络直播行业正值上升期，各大平台都期待能在市场上有一席之地。虽然近来直播平台频频爆雷，但并非所有平台均在实施犯罪，应当具体问题具体分析。

(1) 办理开设赌场类案件注意要点

①直播平台是否为赌博犯罪而创立

绝大多数直播平台是为了从事互联网服务行业，并非为进行违法活动而设立。这是区分合法直播平台和赌博直播平台的关键。最高人民法院、最高人民检察院、公安部发布的《关于办理网络赌博犯罪案件适用法律若干问题的意见》

(公通字〔2010〕40 号)第 1 条第 1 款规定的“开设赌场”行为主要有以下 4 种:建立赌博网站并接受投注的;建立赌博网站并提供给他人组织赌博的;为赌博网站担任代理并接受投注的;参与赌博网站利润分成的。

正规合法的直播平台本身是排除为赌博行为接受投注、提供组织赌博、接受赌博代理的,如果平台管理人员为追求个人利益而擅自开发具有赌博属性的游戏或者用于直播赌博的配套软件,则应当追究相关自然人的刑事责任,直播平台作为其中的受害者,不应当被追究刑事责任。直播平台在并非明知的情况下,被赌徒当成犯罪工具,利用直播平台的概率游戏“下分”,直播平台当然不成立开设赌场罪。

②直播平台的概率游戏不是原罪

直播平台为了提供多样化的服务,会开发棋牌类等射幸游戏,通过游戏和打赏增加直播趣味,故游戏本身一般并不存在涉赌行为。但直播平台一旦将娱乐游戏博彩化,并为赌客提供“下分”手段,则很有可能涉嫌开设赌场罪。认定是否涉赌的关键在于直播平台将游戏积分反向货币化的程序,用户充值后经过随机玩法以小博大,通过游戏积分交易、兑换或以“虚拟货币”等方式变相兑换现金、财物,由此平台涉嫌开设赌场。

如果平台已经做了提现限制,但是用户采取利用直播平台内部概率游戏的输赢邀请用户下注,约定抽水但不从直播平台分账,而是利用其他平台进行结算,则闭环的形成不在直播平台本身,直播平台不应该被追责。

③直播平台是否尽到监管义务

最高人民法院、最高人民检察院、公安部《关于办理网络赌博犯罪案件适用法律若干问题的意见》规定了“推定明知”的情形,其中包括“收到行政主管机关书面等方式的告知后,仍然开设赌场行为的”。在直播平台接收到行政机关告知后,直播平台未进行相应的封号、清退处理,可以推定直播平台具有开设赌场的间接故意,判断“明知”即成为直播平台罪与非罪的分水岭。

直播平台作为娱乐服务提供者,对主播、用户的正常充值、提现行为应当进行主动监管。直播平台的初心并不是犯罪,只要平台尽最大努力进行监管,就不应当苛责直播平台，更不应断然认定其具有开设赌场的犯罪故意。直播平台具有积极监管的义务，直播平台运营者在明知他人利用游戏组织赌博但并未采取措施积极阻止，有可能被认定具有开设赌场的主观故意。

(2)掩饰、隐瞒犯罪所得、犯罪所得收益类案件注意要点

直播平台为了提升用户充值的便利性，往往会设置多个充值通道，以供用户随时可以进行充值获得虚拟币，并购买礼物打赏主播，其中提供二维码给用户"扫码充值"成为最为便捷的充值方式。部分直播平台为了防止支付二维码或支付链接被非法利用，一般情况下会设置二维码、链接的失效时间，二维码、链接一旦超过给定的充值时间就会自动失效，关闭此次充值通道。有的直播平台尚在发展初期，未做此类技术限制。

上游犯罪分子正是看中了部分直播平台资金流水大、充值便捷、对用户及主播管理松散的特点，往往会将支付二维码或支付链接保存，直接提供给受害者，让对方扫码充值，以达到"转移支付"的目的，并通过与主播私下交易的方式，实现赃款最终"洗白"。

在此种情形下，平台给定的支付通道只是一种便利平台用户充值的技术手段，并非便利犯罪分子转移财产的帮助行为。平台主播为了博得更多流量、赚取更多外快，会与诈骗分子沆瀣一气，将涉案资金"洗白"。直播平台在整个上游犯罪过程中，即在掩饰、隐瞒犯罪所得的过程中并未提供任何技术支持，反而直播平台也是受害者，大量非法资金的流入，严重影响企业的正常经营和企业声誉。况且，被害人是通过平台的支付渠道正常将钱款充值，并非利用平台漏洞增加账户资金。通过"正常渠道充值—有相应资金入账—打赏主播"的模式，平台没有能力去核实每一笔充值资金是否为"违法所得"，因而也难以做到相应监管。因此，不得断然认定直播平台具有帮助上游犯罪将非法所得"洗白"的犯罪故意，也难以推定直播平台构成犯罪。

(3)对直播平台爆雷期间的案件，仍然要坚持宽严相济的刑事政策

近期对网络直播平台的监管更加收紧，部分直播平台因涉刑事案件而关停，各个直播平台或将重新洗牌、整合。

直播行业所带来的经济效益不容小觑,对于今后,针对民营企业应当多加扶持。对于此类新型案件,仍应把握宽严相济的刑事政策。

4. 直播发展前景大好,各正规运营的平台仍应对未来发展充满信心

目前,我国网络直播行业处于高速发展期,其未来发展前景良好。根据中国演出行业协会发布的《网络表演(直播与短视频)行业发展报告(2022-2023)》,我国网络表演(直播与短视频)行业有超1.5亿网络直播账号、超10亿内容创作者账号、近2000亿元市场营收、直接或间接提供就业超1亿人次。网络表演呈现韧性强、弹性大、潜力足的增长特点,其致力于助力构建新发展格局,推动高质量发展。在可预见的未来,直播行业将进一步在经济发展中发挥重要作用。

近年来,国家出台了多部涉及网络直播平台的政策文件,划定准入门槛、建立"黑名单"、筑牢规范底线,政策在调整更新中向全局化发展。除国家层面的监管外,各个直播平台也纷纷开展了平台内部的有关管理活动,对自身提出了更严格的要求。例如,"某音"直播平台根据国家互联网信息办公室等7部门联合发布的《关于加强网络直播规范管理工作的指导意见》,制定了全新的直播账号健康分类管理制度,采取阶梯式管理措施,于2021年2月9日正式施行。头部直播平台要设置更加严格的管理模式,积极响应相关部门的指导意见。该意见作为首个分级分类管理举措,树立了行业榜样,其他直播平台定会陆续跟进,找准自身定位,建立绿色健康的互联网直播服务平台。

国家政策的强力监管、办案机关的严谨办案、直播平台自身的严格要求,会让直播行业会越来越规范,刑事案件会逐渐减少,直播领域在不久的将来会重回正轨,发挥其在社会主义市场经济中的应有作用。

网络直播打破了传统媒体的局限,让网络文化更加多样化。网络直播相关从业者应当强化价值引领,克服网络直播行业粗放发展带来的消极社会影响,及时制止网络直播行业中的不良现象,促进网络直播行业的良性健康发展。

004. 网络游戏运营不小心成了开设赌场

从《2020年中国游戏产业报告》公布的数据来看,网络游戏行业依然保持着高速增长。但近年来，常有新闻报道警方破获利用网络游戏开设赌场的案件。网络游戏的运营者，在此类案件中是否会构成开设赌场罪？又如何降低涉罪风险？笔者在下文将通过对比4个开设赌场罪案件对这个问题进行初步分析。

1. 网络游戏涉赌案例

案例一：2016年11月至2018年11月，被告人田某等人合谋采用房间模式，开发具有积分统计功能的“大新疆麻将”网络棋牌游戏App。田某等人将房卡销售给会员，供会员在游戏内消耗开房，并以此牟利。会员依据每局麻将结束后的积分数额在微信内进行赌资结算。田某明知游戏代理利用“大新疆麻将”组织赌博并在微信内进行结算，但未采取任何阻止措施。经查，田某非法所得120万余元。

案例二：2012年9月至12月，被告人孙某公开在网上招揽参赌人员，并接受投注，利用QQ斗地主输赢分数，按照事先约定的赌注大小决定输赢数额，并通过财付通和银行卡收取赌资。经核实，被告人孙某收取赌资共计540万余元。

案例三：2016年上半年起，被告人沈某组建团队研发“巅峰捕鱼”游戏软件，申请了软件著作权、游戏版号并上线运营。2018年3月至2019年3月，被告人沈某与他人约定在游戏内组建公会，采用出租账号、出售道具、充值等方式接受赌徒投注，采用回收道具等方式向赌徒兑现筹码。经查，沈某等人通过出租账号、买卖道具等方式收取赌客赌资计1919万余元。

案例四：2018年11月至2019年5月，被告人廖某出资组建“大神工作室”，利用网络游戏“波克捕鱼”搭建的虚拟场景，采用出租账号、出售道具等方式接受投注，采用回购道具的方式向赌徒兑现现金，以此开设赌场非法牟利。经查，廖某累计接受投注19万余元，向赌徒兑现筹码11万余元，非法获利7万余元。

为便于区别，笔者通过列表展现以上案例（详见表2-1）。

表 2－1　网络游戏涉赌案例

案件具体要素	案例一	案例二	案例三	案例四
游戏类别	网络棋牌游戏	网络棋牌游戏	网络捕鱼游戏	网络捕鱼游戏
角色分工	田某等：研发、运营游戏 刘某等：技术支持 倪某等：宣传推介 雷某：客服	马某：组织 李某：提供“打手”“鼠标”服务	沈某：研发、运营游戏 张某等：技术帮助 何某等：宣传推介 叶某等：客服	廖某1：组织 廖某2：客服
游戏名称	大新疆麻将	QQ 斗地主	巅峰捕鱼	波克捕鱼
筹码形式	积分	分数	虚拟金币、道具	虚拟金币、道具
运营者担责	是	否	是	否
被判罪名	开设赌场罪	开设赌场罪	开设赌场罪	开设赌场罪
判决文书号	(2020)新 02 刑终 13 号	(2013)莒刑一初字第 432 号	(2020)沪 02 刑终 222 号	(2019)沪 0114 刑初 1961 号

通过表 2－1 内容，我们发现案例一至案例四的游戏运营者被认定犯开设赌场罪且需担责，所以网络游戏运营者可能构成开设赌场罪，需要承担刑事责任。

又通过对比发现，同种网络游戏的运营者命运截然不同。案例一与案例二的游戏类型均为棋牌类，但仅案例一中的运营者需要承担刑事责任。案例三与案例四的游戏类型均为捕鱼类，但仅案例三中游戏运营者需要承担刑事责任。是什么造成了完全不同的结果？

2. 为什么有的网络游戏运营者会构成开设赌场罪

开设赌场罪，是指开设以行为人为中心，在其支配下供他人赌博的场所的行为。①

根据上述案例，在司法实践中，棋牌游戏、捕鱼游戏已能被评价为刑法意义上的赌场。

因此，当游戏运营者主观上有开设赌场的故意，客观上实施了开设行为，就

① 参见张明楷：《刑法学》（下）（第 5 版），法律出版社 2016 年版，第 1079 页。

可能构成开设赌场罪。

(1)运营者对开设赌场具有直接故意

直接故意,是指游戏运营者需要对开设赌场的行为有理解能力,明知其后果而实施开设行为。案例三中,沈某作为网络游戏“巅峰捕鱼”的开发运营者主动搭识他人,约定由他人负责在游戏内采用出租账号、出售道具、充值等方式接受赌徒投注,采用回收道具等方式向赌徒兑现筹码,积极追求开设赌场的结果,因此,具有直接故意。案例四中,某科技股份有限公司是网络游戏“波克捕鱼”的运营商,该游戏本身并不具有赌博功能,如果有玩家利用游戏赌博,公司将封停账号并报警。此案中,某科技股份有限公司对廖某等人开设赌场的行为并不明知,并且极力反对此种行为的发生,因此,某科技股份有限公司并无犯罪故意。需说明的是,开设赌场罪中未规定单位犯罪,即使某科技股份有限公司实施了开设赌场的行为,也应当由组织、策划、实施的人承担责任。

因此,虽然沈某与某科技股份有限公司都运营网络捕鱼游戏,但由于沈某与某科技股份有限公司在主观上对开设赌场的行为是截然相反的态度,所以他们的结果自然也不同。

(2)运营者明知且放任他人组织赌博

案例一中,田某等人是网络游戏“大新疆麻将”的开发运营者,田某虽然没有与赌博组织者共谋开设赌场,但出于牟利的目的,在知道他人利用游戏组织赌博后,没有采取有效措施阻止犯罪,放任游戏继续被用于组织赌博。据此,法院认定其与赌博组织者具有逐利上的主观趋同性和附和性。

因此,游戏运营者在明知他人利用游戏组织赌博但并未采取措施积极阻止,也有可能会被认定具有开设赌场的主观故意。

(3)游戏运营者客观上实施了开设行为

最高人民法院、最高人民检察院、公安部《关于办理网络赌博犯罪案件适用法律若干问题的意见》将网络赌博中的开设赌场行为具体分为四种:第一,建立赌博网站并接受投注的;第二,建立赌博网站并提供给他人组织赌博的;第三,为赌博网站担任代理并接受投注的;第四,参与赌博网站利润分成的。

在案例一中,田某等人研发了“大新疆麻将”,其行为符合“建立”的要求。田某等人在明知他人利用“大新疆麻将”组织赌博的情况下,还对组织者放任并据此牟利,其行为客观上为他人组织赌博提供了便利,因此法院将田某等人行为认定为“提供给他人组织赌博”。

在案例三中,沈某等人研发了“巅峰捕鱼”游戏,也符合“建立”的行为要求。沈某等人采用出租账号、出售道具、充值等方式接受玩家投注,又采用回购方式向玩家兑换现金,其行为明显属于“建立赌博网站并接受投注”。

因此,田某与沈某的行为符合最高人民法院、最高人民检察院、公安部《关于办理网络赌博犯罪案件适用法律若干问题的意见》中规定的开设赌场行为,应当受到刑罚处罚,反观案例二及案例四中的游戏运营者,并未实施开设行为,因此并不构成开设赌场罪。

(4)运营者为玩家提供了兑现服务

当游戏内的虚拟财产可以实现与现金的双向转换时,这些虚拟财产极易成为赌资。因此,公安部、原信息产业部、原文化部、原新闻出版总署《关于规范网络游戏经营秩序查禁利用网络游戏赌博的通知》明确指出,网络游戏内虚拟财产能够直接或间接(币商)兑换为法定货币或实物的,涉嫌网络赌博的风险较高。

正如案例三中,虽然“巅峰捕鱼”游戏申请了软件著作权、游戏版号,形式上具有合法性,但由于运营者向玩家回购虚拟道具,用现金兑换虚拟金币,使得虚拟财产直接变成了赌博筹码,因此最终仍然被认定构成犯罪。

3. 运营者如何避免游戏涉赌

案例中,部分游戏运营者主动开设网络赌场牟利构成开设赌场罪,理应承担相应的刑事责任。但普通网络游戏运营者如何才能够避免被动涉赌,降低游戏运营的刑事风险呢? 特别是博输赢的棋牌类游戏,以及以小博大带有博彩性质的捕鱼游戏。

笔者认为,网络游戏运营者虽然服务对象众多,但可以从玩家监管、代理控制、规则设定三个角度入手。

(1)对普通玩家加强宣传引导,对异常玩家加强监管

具体而言,游戏运营者应当在游戏内的显眼处频繁发布相关引导内容,引导普通玩家遵守游戏规则,维护良好的娱乐氛围。对充值额度及充值频率明显高于普通玩家的异常玩家要提升监管力度,有违规操作的,及时采取查封账号的措施,存在赌博行为的,尽早报警处理。

(2)谨慎选择游戏代理

"大新疆麻将"的运营者售卖房卡牟利,当游戏代理组织赌博使得房卡销售增加时,如果运营者没有及时制止,选择了放任以牟取不正当利益,那么游戏代理的违法行为会提升游戏运营的刑事风险。

游戏运营者在有条件的情况下,应尽量选择正规的游戏代理发展玩家,并在签订协议时明确禁止代理利用游戏组织赌博。对一级代理发展下级代理的权限加强监管,谨慎采用多级代理,避免部分个人代理组织赌博的行为脱管。

(3)游戏禁止兑换法定货币

是否能够兑换法定货币,已经成为网络游戏与网络赌博之间质的区别。

原文化部、商务部《关于加强网络游戏虚拟货币管理工作的通知》,公安部、原信息产业部、原文化部、原新闻出版总署《关于规范网络游戏经营秩序查禁利用网络游戏赌博的通知》等文件均明确规定,网络游戏运营者不得提供网络游戏虚拟货币直接或间接兑换现金、财物的服务。承前所述,这种服务会使得虚拟财产极易成为赌资。运营者也不得通过第三方提供的服务实现兑换法定货币,因为无论是从何种渠道进行兑换,其本质上都是一种兑换赌博筹码的行为。

(4)谨慎提供"大转盘"玩法

"大转盘"被誉为网游企业"印钞机",是一种通过随机抽取的方式提供虚拟道具的玩法。

2016 年 12 月 1 日,文化部公布《关于规范网络游戏运营加强事中事后监管工作的通知》(已废止),规定网络游戏运营企业应当公示可能抽取或者合成的所有虚拟道具和增值服务的名称、性能、内容、数量及抽取或者合成概率。如果抽中道具的概率不定,容易造成玩家沉迷,也有可能超过娱乐的范畴,有涉及赌

博的可能。

结 语

近年来,国内网络游戏业务发展迅猛,并已经向境外拓展,网络游戏运营者开始为全球玩家提供服务。在此背景下,有的运营者牟取不正当利益,身陷囹圄。笔者提醒,游戏运营者应当坚守初心,重视游戏运营的规范性,远离涉罪风险,牢牢把握机会,努力开发出经久不衰的经典游戏。

第三章

其他破坏社会主义市场经济秩序罪

一、仅知软件可能用于网络犯罪的，行为人不构成诈骗罪

案号：（2018）皖0603刑初139号、（2019）皖06刑终278号

关键词：集资诈骗罪；共同犯罪故意；明知；二审改判；帮助信息网络犯罪活动罪

裁判规则：被告人为同案犯开发网站，该网站被用于实施集资诈骗，一审法院认定被告人构成集资诈骗罪共犯，但被告人与同案犯没有集资诈骗的共同故意，仅明知开发的软件"可能用于实施网络犯罪"，一审法院定性错误，二审法院应当将被告人罪名改判为帮助信息网络犯罪活动罪。

案情要点：

· 2017年年初，被告人唐某虎找到厦门某科技有限公司被告人郭某理，商谈由郭某理设计开发"长某众筹"（后更名为"某某家园"）网络平台。

· 2017年5月，郑某夫等人依靠口尊酒业为实体，宣传"某某家园"平台，以高额利息为诱饵，使用虚假宣传、线下推介等方式面向不特定人员非法集资，将新入会员的资金匹配到之前投资到期的老会员账户。网络平台运行期间由郭某理、庄某伟等人运营维护。郭某理收取设计开发及维护网络平台的费用36.75万元。

· 2017年7月，资金链断裂，唐某虎指使郭某理关闭平台并将数据删除。至案发，涉案金额4999万余元，损失金额3157万余元。

· 2018年5月，安徽省淮北市相山区人民检察院提起公诉，指控郑某夫、唐某虎、郭某理、庄某伟等人以非法占有为目的，使用诈骗方法非法集资，数额特别巨大，已构成集资诈骗罪。

· 2019年9月，安徽省淮北市相山区人民法院判决，被告人郭某理、庄某伟明知被告人郑某夫、唐某虎等人实施集资诈骗而为其搭建平台，提供技术支持并在关闭平台之际删除数据，其行为亦构成集资诈骗罪，公诉机关指控罪名成立，依法予以支持，被告人

郭某理犯集资诈骗罪，判处有期徒刑4年6个月，并处罚金10万元；被告人庄某伟犯集资诈骗罪，判处有期徒刑3年3个月，并处罚金7万元；对被害人损失予以退赔。

· 郭某理、庄某伟不服，认为与郑某夫、唐某虎等人没有共同犯罪的故意，一审法院认定事实错误，提出上诉。

· 安徽省淮北市中级人民法院二审开庭审理，改判郭某理犯帮助信息网络犯罪活动罪，判处有期徒刑2年5个月(减2年1个月刑期)，并处罚金5万元(减5万元罚金)；庄某伟犯帮助信息网络犯罪活动罪，判处有期徒刑10个月(减2年5个月刑期)，并处罚金2万元(减5万元罚金)。

规则分析

二审法院改判的主要依据是郭某理、庄某伟不明知其他同案犯使用网络平台实施集资诈骗行为的事实，与其他同案犯并没有集资诈骗的共同故意，但两人明知同案犯可能实施网络犯罪，仍提供技术服务，所以构成帮助信息网络犯罪活动罪。《刑法》第25条将"共同故意"规定为共同犯罪主观上的必要条件。所谓共同故意，是指明知自己和他人配合，且明知会发生危害社会的结果，持希望或放任的心理态度。本案中，郭某理、庄某伟不明知他人实施集资诈骗行为，没有形成意思联络，不存在共同故意，所以不是集资诈骗罪的共犯。但《刑法》第287条之二规定明知他人利用信息网络实施犯罪，为其提供相应技术支持的可能构成帮助信息网络犯罪活动罪。根据郭某理、庄某伟的供述，两人对同案犯利用平台可能实施网络犯罪系明知，提供了技术服务并获得了报酬。二审法院依法改判两人构成帮助信息网络犯罪活动罪。

帮助信息网络犯罪活动罪中关于被告人"是否明知""明知到何种程度"的认定常常是焦点问题。关于本案郭某理明知的问题，笔者认为郭某理有删除数据的行为，符合最高人民法院、最高人民检察院发布的《关于办理非法利用信息网络、帮助信息网络犯罪活动等刑事案件适用法律若干问题的解释》第11条第6项规定的"为他人逃避监管或者规避调查提供技术支持、帮助的"情形，可以认定其主观“明知”。二审法院依据两人明知他人“可能实施犯罪”的明知程度定罪与部分学者观点及地方规定内容相符。有学者认为,帮助信息网络犯罪活动罪中明知他人实施“犯罪”,这里的“犯罪”应当理解为客观方面的危害行为而非犯罪结构意义上的犯罪。2020 年,浙江省高级人民法院、浙江省人民检察院、浙江省公安厅发布《关于办理电信网络诈骗犯罪案件若干问题的解答》,文件明确“对于帮助者明知的内容和程度,一般只要有证据能够印证其认识到对方可能实施诈骗犯罪行为即可”。2021 年,重庆市高级人民法院、重庆市人民检察院、重庆市公安局发布《关于办理电信网络诈骗及其关联犯罪案件法律适用问题的会议纪要》,明确“一般要求证据能够证实行为人认识到他人可能实施犯罪即可”。

从最终效果来看,由于帮助信息网络犯罪活动罪的最高量刑为 3 年有期徒刑,两人原本高于 3 年有期徒刑的量刑在更改罪名后得到了大幅的调整,罚金也相应减少。同时,因为两人不构成集资诈骗罪,所以不需要再分担 3000 万余元的退赔总额,退回收取的 36.75 万元的费用即可,因此也减轻了很大的经济负担。综上,二审辩护效果很好,此案例值得借鉴。

辩护攻略

在部分涉案金额较大的诈骗罪、集资诈骗罪案件中,即使被告人被认定为从犯,依然要承受较重的量刑结果。但帮助信息网络犯罪活动罪与这类罪名相比,最高量刑仅 3 年,是轻罪。如果辩护人在二审辩护中发现存在被告人与同案犯就重罪的意思联络事实不清的情况,可以进行深入的调查研究,争取将重罪改判为轻罪,也许也能够获得如本案一样较好的辩护效果。笔者建议,好的辩护意见应当尽可能提前。本案一审判决书内容显示,一审过程中,郭某理与其辩护人提到了定性错误,但未提出变更轻罪的辩护意见,庄某伟及其辩护人则直接认可定性。由于二审改判的概率较低,笔者建议,变更轻罪的意见可以根据实际情况在一审甚至更早的阶段就提出来。

2021 年 6 月 17 日,最高人民法院、最高人民检察院、公安部《关于办理电信网络诈骗等刑事案件适用法律若干问题的意见(二)》颁布施行,体现出严厉惩治此类网络犯罪的决心。网络公司在承揽软件、网站开发之类的业务时,应当慎之又慎,不应当再抱有“拿钱办事,其他与我无关”的消极心态,否则很容易涉嫌犯罪。本案中,用于集资的“某某家园”网站是由厦门某科技有限公司开发,被告人郭某理是该公司负责人。根据公开资料,该公司成立于2016年,注册资本100万元,经营范围包括软件开发、信息系统集成服务等,目前已被注销,经营期间未有任何诉讼纠纷。根据郭某理、庄某伟两人的供述,两人对网络平台运营模式的不合理之处是明知的,但仍然提供了相关服务。二审法院认为,郭某理、庄某伟有义务要求同案犯事先提供相应的资质,在知晓网络平台利用高利息发展会员的不正当模式后应当拒绝继续提供技术服务。

君子爱财,取之有道。笔者认为,网络公司承接金融网站、软件的开发业务必须慎之又慎,应采取必要的审查措施,如审查委托单位或使用单位是否具备相关业务的资质、业务运行模式是否符合相关规定等。如果公司对此类专业知识不了解,应当提前咨询相关领域的律师,或提前聘请法律顾问,为公司的发展保驾护航。

法院判决

郭某理、庄某伟明知郑某夫、唐某虎等人要求设计开发的平台用于金融活动,未要求提供资质,且平台具有高额利息、发展会员获取动态收益、手工匹配会员投资等运行模式,可能用于实施网络犯罪,仍设计开发平台并进行安全维护,后帮助关闭平台及删除相关数据,其行为均符合帮助信息网络犯罪活动罪的犯罪构成要件,二上诉人的行为构成帮助信息网络犯罪活动罪,原判对二人行为定性不当,法院依法予以纠正。对出庭检察员关于二人应认定为帮助信息网络犯罪活动罪的意见,二上诉人及辩护人关于二人不构成集资诈骗罪的共犯,构成帮助信息网络犯罪活动罪的相关上诉理由、辩护意见法院予以采纳。

相关法律规定

《刑法》(2023 年修正)

第二十五条第一款　【共同犯罪的概念】共同犯罪是指二人以上共同故意犯罪。

最高人民法院、最高人民检察院《关于办理非法利用信息网络、帮助信息网络犯罪活动等刑事案件适用法律若干问题的解释》(法释〔2019〕15 号)

第十一条　为他人实施犯罪提供技术支持或者帮助,具有下列情形之一的,可以认定行为人明知他人利用信息网络实施犯罪,但是有相反证据的除外:

……

(六)为他人逃避监管或者规避调查提供技术支持、帮助的;

……

浙江省高级人民法院、浙江省人民检察院、浙江省公安厅《印发〈关于办理电信网络诈骗犯罪案件若干问题的解答〉的通知》(浙高法〔2020〕44 号)

10. 问:对于提供帮助的犯罪分子,一般如何审查其主观是否具有“明知”?

答:应重点审查其与实施电信网络诈骗的犯罪嫌疑人之间是否存在共谋,或者虽无共谋但是否系明知他人实施犯罪等内容。对于帮助者明知的内容和程度,一般只要有证据能够印证其认识到对方可能实施诈骗犯罪行为即可,并不要求其认识到对方实施犯罪的具体情况。除前一款提到的证据外,还要综合考虑其认知能力、既往经历、行为次数和手段、与实行犯的关系、获利情况、是否曾因电信网络诈骗受过处罚以及是否故意规避调查等情况。

重庆市高级人民法院、重庆市人民检察院、重庆市公安局《关于办理电信网络诈骗及其关联犯罪案件法律适用问题的会议纪要》(渝检会〔2021〕7 号)

11. 帮助信息网络犯罪活动罪的主观明知

“明知他人利用信息网络实施犯罪”,一般要求证据能够证实行为人认识到他人可能实施犯罪即可,并不要求行为人认识到他人实施犯罪的具体情况。关于“明知他人利用信息网络实施犯罪”的认定，不能仅凭行为人的供述认定，应当结合其认知能力、既往经历、生活环境、交易对象、交易方式等证据情况进行综合认定。

类似案例

1. 案号：(2020)浙10刑终531号

虽有被害人指证被告人出售信用卡用于电信网络诈骗，但诈骗团伙仍未抓获，诈骗数额还未查清，且被告人对诈骗不知情的供述有一定合理性，所以证明被告人明知信用卡被用于诈骗的证据不足。

法院认为，关于各被告人主观上是否明知售卡对象为诈骗团伙且信用卡会被用于诈骗的问题，经二审审理认为，三被告人因在境外赌博输钱而无钱回国。被告人陈某财主观明知境外犯罪团伙因赌博犯罪所得网上转账需求而办理和出售信用卡；被告人张某辉主观明知境外犯罪团伙因网络赌博犯罪转账需求而办理和出售信用卡；被告人邓某主观明知境外犯罪团伙因网络犯罪所得网上转账需求而办理和出售信用卡，并均分别协助该犯罪集团赃款转账进行网上刷脸认证。综上，三被告人明知他人实施信息网络犯罪，仍出售信用卡帮助犯罪实施的事实清楚。三被告人因在境外赌博输钱，受赌场认识的犯罪分子诱惑，而出售信用卡并协助网上刷脸转账，现境外犯罪团伙还未抓获，虽有部分被害人指证三被告人出售的信用卡被境外犯罪团伙用于电信网络诈骗，但三被告人所出售的信用卡转账数额是否均为信息网络诈骗的事实还未查清，鉴于赌场这一特定环境，三被告人对出售信用卡给犯罪团伙网络赌博或网络犯罪所得转账用途的供述有一定的合理性，原判认定三被告人明知出售的银行信用卡会被用于诈骗的证据不足。关于被告人陈某财及其辩护人认为被告人陈某财未参与电信网络诈骗、卖卡时主观上不具有诈骗的认知因素的理由予以采纳。

2. 案号：(2021)湘05刑终137号

被告人与境外电信诈骗人员互不相识，始终没有犯意联络，没有参与诈骗金额分配，不构成诈骗共同犯罪。

法院认为，王某超、贺某云与境外电信诈骗的人员互不相识，双方在事前、事中、事后没有诈骗犯意联络，客观上王某超、贺某云只贩卖“多某宝”“络某宝”账号获利，而没有参与诈骗金额的分配，其行为不构成诈骗共同犯罪，根据查证的犯罪事实，王某超、贺某云的行为均符合最高人民法院、最高人民检察院《关于办理非法利用信息网络、帮助信息网络犯罪活动等刑事案件适用法律若干问题的解释》中的相关规定，应以帮助信息网络犯罪活动罪追究二人的刑事责任。

二、非法吸收公众存款罪中，P2P 平台技术负责人不一定为主犯

案号：(2018)粤刑终 1334 号

关键词：非法吸收公众存款罪；P2P；技术负责人；从犯

裁判规则：P2P 平台的技术负责人，如果仅从事技术工作，没有直接参与资金管理、使用，所获报酬是固定工资，未与涉案资金相挂钩，则其在共同犯罪中起到的作用是辅助的、次要的，可以认定为从犯。

案情要点：

· 2013 年 4 月，泰 × 公司上线运营“ × × 资本 P2P 网贷平台”，在不具备吸收公众存款资格的情况下，通过该网贷平台发布借款标的吸收投资款，并承诺到期支付利息。

· 被告人黄某土于 2013 年 6 月至 2014 年 10 月被刘某亮聘为泰 × 公司总经理，黄某土明知泰 × 公司不具备吸收公众存款的资格，仍负责泰 × 资本 P2P 网贷平台的运营和系统维护。

· 一审法院认为，黄某土在实施非法吸收公众存款的犯罪过程中并非起到次要或辅助作用，不属于从犯，判处有期徒刑 4 年，并处罚金 60000 元。

· 判后，黄某土提出上诉，其认为自己只是负责 P2P 平台日常运营管理的技术人员，不参与决策，不涉及资金管理，应被认定为从犯，请求对其改判缓刑。

· 二审法院认为，在犯罪中，黄某土的地位作用明显从属于刘某亮，属从犯，依法应予从轻或者减轻处罚，改判为有期徒刑 3 年(减 1 年刑期)，并处罚金 30000 元(减一半罚金)。

规则分析

首先,要明确的是,我们讨论的主体是明知公司融资方式不合法仍提供技术服务的技术负责人。换句话说,假设技术负责人已构成非法吸收公众存款罪,其具体行为模式如图 3 – 1 所示。

图 3 – 1　假设技术负责人已构成非法吸收公众存款罪的具体行为模式

在互联网金融时代,P2P 网贷利用互联网信息技术在民间资金的需求者和供给者之间搭建了一个新的投融资平台,让个体与个体之间通过互联网平台直接实现借贷。这种平台的运营需要专业的技术人员负责搭建和日常的网络维护,技术人员在 P2P 平台的维护过程中扮演着重要的角色。在涉及非法吸收公众存款的 P2P 平台案件中,技术负责人常以非法吸收公众存款罪的共犯被判处刑罚。但在共同犯罪中,技术负责人是否应被认定为主犯需要进一步审查。

一方面,从技术负责人工作内容看,除了为 P2P 平台提供技术支撑以外,还有直接参与经营活动,参与资金管理、使用,直接与投资人相接触等内容。如果仅提供了技术支撑,工作对象仅是网站、租赁的服务器等,一般其作用是次要的、辅助的。另一方面,从技术负责人所获得的利益看,其收入多少要与非法吸收的资金挂钩。实务中,许多技术负责人所得收入仅是提供技术支撑得到的固定酬劳。如果技术负责人的收入与非法吸收所得的资金的多少并不挂钩,一般其作用较小,地位相对较低。本案中,黄某土的职务虽然是总经理,但其工作内容以技术服务为主,听从公司股东刘某亮的指示,不参与公司事务的决策,不接触投资人,并且其只拿固定工资而没有提成,故在二审中改判为非法吸收公众存款罪的从犯。

综上,负责 P2P 平台的技术负责人,如果没有直接参与非法吸收所得资金的管理使用，没有直接从募集的资金中分占好处，仅从公司领取固定工资，其对公司的非法吸收公众存款活动只起到次要的辅助作用，地位较低，属于从犯。

辩护攻略

《刑法修正案（十一）》将非法吸收公众存款罪的法定最高刑由10年有期徒刑提高到15年有期徒刑，加大了惩处力度。该罪往往以非法集资数额作为量刑的依据。实务中，利用P2P平台集资的，涉案金额动辄数千万元，主犯很容易被判处10年以上有期徒刑。技术负责人如果能够被认定为从犯，就可以获得“减轻”处罚的机会，从而被判处10年以下的刑期。

所以，针对技术负责人，首先要分析其提供的服务在整个犯罪过程中所起的作用有多大，然后还要分析其所得的劳动报酬是否与所吸收的资金挂钩，同时应当关注他的上下级关系，总而言之，辩护人可以通过多个角度来分析技术人员的作用和地位，从而为当事人争取从犯情节。

法院判决

上诉人黄某土主观上不具备非法占有的目的，其行为性质与上诉人刘某亮不同，但其参与实施的非法吸收资金行为受上诉人刘某亮指使，且主要负责技术工作，未参与资金管理、使用，未直接分占募集资金，其地位作用明显从属于上诉人刘某亮，属从犯，依法应予从轻或者减轻处罚。

相关法律规定

《刑法》（2023年修正）

第一百七十六条第一款　【非法吸收公众存款罪】非法吸收公众存款或者变相吸收公众存款，扰乱金融秩序的，处三年以下有期徒刑或者拘役，并处或者单处罚金；数额巨大或者有其他严重情节的，处三年以上十年以下有期徒刑，并处罚金;数额特别巨大或者有其他特别严重情节的,处十年以上有期徒刑,并处罚金。

最高人民法院《关于审理非法集资刑事案件具体应用法律若干问题的解释》(2022年修正)

第二条 实施下列行为之一,符合本解释第一条第一款规定的条件的,应当依照刑法第一百七十六条的规定,以非法吸收公众存款罪定罪处罚:

(一)不具有房产销售的真实内容或者不以房产销售为主要目的,以返本销售、售后包租、约定回购、销售房产份额等方式非法吸收资金的;

(二)以转让林权并代为管护等方式非法吸收资金的;

(三)以代种植(养殖)、租种植(养殖)、联合种植(养殖)等方式非法吸收资金的;

(四)不具有销售商品、提供服务的真实内容或者不以销售商品、提供服务为主要目的,以商品回购、寄存代售等方式非法吸收资金的;

(五)不具有发行股票、债券的真实内容,以虚假转让股权、发售虚构债券等方式非法吸收资金的;

(六)不具有募集基金的真实内容,以假借境外基金、发售虚构基金等方式非法吸收资金的;

(七)不具有销售保险的真实内容,以假冒保险公司、伪造保险单据等方式非法吸收资金的;

(八)以网络借贷、投资入股、虚拟币交易等方式非法吸收资金的;

(九)以委托理财、融资租赁等方式非法吸收资金的;

(十)以提供"养老服务"、投资"养老项目"、销售"老年产品"等方式非法吸收资金的;

(十一)利用民间"会""社"等组织非法吸收资金的;

(十二)其他非法吸收资金的行为。

类似案例

案号:(2018)浙10刑终145号

被告人钱某、陈某、忻某某、徐某某受王某委托为客户搭建P2P平台,在安装好操作系统、对客户的员工进行技能培训、让其能使用P2P平台后即退出,本身不掌控客户吸收的资金及使用情况,所得是搭建平台的固定酬劳。但基于四被告人的业务特性,明知融资方式不合法而放任不管,客观上为他人非法吸收资金提供帮助,故无论相对于委托者王某,还是实际融资客户,四被告人起的都是次要辅助作用,应认定为从犯。对于被告人钱某、陈某、忻某某、徐某某及其辩护人提出系从犯的辩护意见,法院予以采纳。

三、“卡商”以帮助支付、结算为目的提供银行卡信息，不构成非法提供信用卡信息罪

案号：(2021)湘01刑终1071号

关键词：非法提供信用卡信息罪；帮助信息网络犯罪活动罪；“卡商”行为；支付结算

裁判规则：行为人以帮助支付、结算为目的，向上游提供大量银行卡信息的，应认定构成帮助信息网络犯罪活动罪，不构成非法提供信用卡信息罪。

案情要点：

· 2019年5月以来，被告人郭某嘉为我国台湾地区的上线提供大量实名办理的银行卡账户资料(包括银行卡账号、优盾、网银以及密码、绑定电话卡、身份证正反面照片)，并将银行卡资料邮寄到我国台湾地区，抽成获利。

· 一审法院认为，被告人郭某嘉非法提供他人信用卡信息资料数量巨大，同时明知他人利用信息网络实施犯罪仍提供支付结算等帮助，构成非法提供信用卡信息罪、帮助信息网络犯罪活动罪，数罪并罚。判处合并执行有期徒刑6年6个月，并处罚金8万元。

· 判后，被告人郭某嘉上诉。检察机关认为案件部分事实定性错误，适用法律错误，全案应以帮助网络信息犯罪活动罪定罪处罚，建议依法改判。

· 二审法院认为，上诉人郭某嘉为上线提供的银行卡信息是帮助上线支付结算网络犯罪赃款的银行卡信息，郭某嘉的行为本质不在于利用他人的信用卡信息伪造信用卡或冒用信用卡，而在于帮助他人接收、流转上游网络犯罪的赃款，故其行为不符合非法提供信用卡信息罪的构成要件。改判上诉人郭某嘉犯帮助信息网络犯罪活动罪一罪，判处有期徒刑3年(减3年6个月刑期)，并处罚金8万元。

规则分析

在涉及提供银行卡(包括实体卡、账户、密码及U盾)的刑事案件中,被告人可分为为获取好处提供自己银行卡的“卡农”与向“卡农”收买他人银行卡再出售给电信网络诈骗等其他犯罪分子的“卡商”。在不与上游犯罪构成共犯的前提下,对“卡农”定帮助信息网络犯罪活动罪并没有争议,但对于“卡商”的处理则似未达成共识,如本案一审即对各被告人的“卡商”行为认定为非法提供信用卡信息罪。从立法原意入手辨析非法提供信用卡信息罪与帮助信息网络犯罪活动罪的构成要件,可知对“卡商”的银行卡交易行为不能贸然认定为非法提供信用卡信息罪。

首先,窃取、收买、非法提供信用卡信息罪规定于《刑法》第177条之一第2款,其立法背景和立法目的在于通过将窃取、收买或者非法提供他人信用卡信息资料的行为独立定罪来遏制伪造信用卡的犯罪行为。伪造信用卡的关键环节是在空白信用卡磁条中写入发卡行代码、持卡人姓名、账号、密码等加密电子数据,作为本罪犯罪对象的信用卡信息即应为被用于伪造信用卡的该类信息。设立本罪,实质是阻断伪造信用卡的信息资料来源,以维护金融秩序。[①]

其次,帮助信息网络犯罪活动罪规定于《刑法》第287条之二,其立法背景是在网络空间传授犯罪方法、帮助他人犯罪的行为多发的现实情况,立法目的在于通过帮助行为正犯化以遏制信息网络犯罪。同时,从法定最高刑和入罪标准来看,窃取、收买、非法提供信用卡信息罪的刑罚配置明显重于帮助信息网络犯罪活动罪。这也符合两罪的立法原意:前者直接涉及伪造信用卡诈骗银行资金等犯罪行为,而后者仅为信息网络犯罪的帮助行为。“卡商”收买、提供银行卡的行为并非要将获得的银行卡信息用于伪造信用卡,也不可能进行透支、消费进而侵犯银行卡实际持有人的财产权益,不符合非法提供信用卡信息罪的构成要

---

① 参见刘宏水:《窃取、收买、非法提供信用卡信息罪与帮助信息网络犯罪活动罪的法律适用》,载《人民法院报》2021年5月27日,第6版。

件;但是,“卡商”明知提供的银行卡可能用于网络犯罪赃款的接收流转而仍为他人提供银行卡、帮助网络犯罪的实施的,构成帮助信息网络犯罪活动罪。

本案中,被告人郭某嘉为我国台湾地区的上线提供的银行卡信息,并非为他人伪造、冒用信用卡提供的持卡人信用卡信息,而是为帮助上线支付结算网络犯罪赃款提供的银行卡信息,故其行为不符合非法提供信用卡信息罪的构成要件。此种“卡商”行为本质都在于帮助上游支付结算网络犯罪的赃款,因此应认定构成帮助信息网络犯罪活动罪。

辩护攻略

相较于非法提供信用卡信息罪,帮助信息网络犯罪活动罪的法定刑更低、入罪标准更高。在实践中,如遇当事人存在为其他信息网络犯罪赃款处理提供银行卡或银行卡信息的“卡商”行为,辩护人应当正确解释两罪的构成要件,明确当事人的银行卡交易行为事实与行为目的,对于非法提供信用卡信息罪规范目的之外的行为应着力使罪名认定更为准确地导向帮助信息网络犯罪活动罪。若将罪名由非法提供信用卡信息罪改为帮助信息网络犯罪活动罪,则能够实现有效辩护。

法院判决

非法提供信用卡信息罪,是指非法提供他人信用卡的信息资料,包括发卡行代码、持卡人姓名、账号、密码等加密电子数据,足以伪造可进行交易的信用卡,或者足以使他人以信用卡持卡人名义进行交易,其行为本质是利用他人的信用卡信息伪造信用卡或冒用信用卡,侵犯客体是信用卡管理秩序和持卡人合法权益。本案中,郭某嘉等人提供给上线的均是可以帮助他人支付结算上游网络犯罪赃款的实体银行卡,并非为他人伪造、冒用信用卡提供的持卡人身份信息、账户、密码、发卡行代码等信用卡信息,故其行为不符合非法提供信用卡信息罪的构成要件,上述被告人虽有妨害信用卡管理秩序的行为,但其目的仍是为上游信息网络犯罪支付结算赃款提供帮助行为，且无论是出租自己的银行卡还是出租他人的银行卡，其行为本质都是帮助他人接收、流转上游网络犯罪的赃款，在刑法意义上属于同一种行为，应认定构成帮助信息网络犯罪活动罪。故上诉人郭某嘉及其辩护人提出郭某嘉非法提供他人银行卡的行为不构成非法提供信用卡信息罪的上诉理由及辩护意见成立，法院予以采纳。

相关法律规定

《刑法》(2023 年修正)

第一百七十七条之一第二款　【窃取、收买、非法提供信用卡信息罪】窃取、收买或者非法提供他人信用卡信息资料的，依照前款规定处罚(处三年以下有期徒刑或者拘役，并处或者单处一万元以上十万元以下罚金；数量巨大或者有其他严重情节的，处三年以上十年以下有期徒刑，并处二万元以上二十万元以下罚金)。

第二百八十七条之二第一款　【帮助信息网络犯罪活动罪】明知他人利用信息网络实施犯罪，为其犯罪提供互联网接入、服务器托管、网络存储、通讯传输等技术支持，或者提供广告推广、支付结算等帮助，情节严重的，处三年以下有期徒刑或者拘役，并处或者单处罚金。

最高人民法院、最高人民检察院《关于办理妨害信用卡管理刑事案件具体应用法律若干问题的解释》(2018 年修正)

第三条　窃取、收买、非法提供他人信用卡信息资料，足以伪造可进行交易的信用卡，或者足以使他人以信用卡持卡人名义进行交易，涉及信用卡一张以上不满五张的，依照刑法第一百七十七条之一第二款的规定，以窃取、收买、非法提供信用卡信息罪定罪处罚；涉及信用卡五张以上的，应当认定为刑法第一百七十七条之一第一款规定的“数量巨大”。

最高人民法院、最高人民检察院《关于办理非法利用信息网络、帮助信息网络犯罪活动等刑事案件适用法律若干问题的解释》(法释〔2019〕15 号)

第十一条　为他人实施犯罪提供技术支持或者帮助，具有下列情形之一的，

可以认定行为人明知他人利用信息网络实施犯罪,但是有相反证据的除外:

(一)经监管部门告知后仍然实施有关行为的;

(二)接到举报后不履行法定管理职责的;

(三)交易价格或者方式明显异常的;

(四)提供专门用于违法犯罪的程序、工具或者其他技术支持、帮助的;

(五)频繁采用隐蔽上网、加密通信、销毁数据等措施或者使用虚假身份,逃避监管或者规避调查的;

(六)为他人逃避监管或者规避调查提供技术支持、帮助的;

(七)其他足以认定行为人明知的情形。

第十二条 明知他人利用信息网络实施犯罪,为其犯罪提供帮助,具有下列情形之一的,应当认定为刑法第二百八十七条之二第一款规定的“情节严重”:

(一)为三个以上对象提供帮助的;

(二)支付结算金额二十万元以上的;

(三)以投放广告等方式提供资金五万元以上的;

(四)违法所得一万元以上的;

(五)二年内曾因非法利用信息网络、帮助信息网络犯罪活动、危害计算机信息系统安全受过行政处罚,又帮助信息网络犯罪活动的;

(六)被帮助对象实施的犯罪造成严重后果的;

(七)其他情节严重的情形。

实施前款规定的行为,确因客观条件限制无法查证被帮助对象是否达到犯罪的程度,但相关数额总计达到前款第二项至第四项规定标准五倍以上,或者造成特别严重后果的,应当以帮助信息网络犯罪活动罪追究行为人的刑事责任。

类似案例

1. 案号:(2021)湘01刑终1066号

法院认为,无论是出租自己的银行卡还是他人的银行卡,其行为本质都是帮助他人接收、流转上游网络犯罪的赃款，在刑法意义上属于同一种行为，原审判决将出租自己的银行卡和出租他人的银行卡认定为两种不同性质的行为，触犯两个不同的罪名，适用法律错误，应予以纠正。

上诉人郭某铃、耿某及原审被告人张某铣等人为牟取非法利益，明知提供的银行卡可能用于网络犯罪赃款的接收、流转，仍将本人或他人银行卡出租给上线，情节严重，其行为已构成帮助信息网络犯罪活动罪。

上诉人郭某铃、耿某均被改判为帮助信息网络犯罪活动罪一罪，刑期与一审非法提供信用卡信息罪与帮助信息网络犯罪活动罪并罚相比分别减少刑期4个月、3个月。

2. 案号：(2021)湘01刑终1038号

法院认为，上诉人彭某捷、谭某、颜某、彭某云以及原审被告人刘某、罗某洁、张某妹为牟取非法利益，明知提供的银行卡可能用于网络犯罪赃款的接收、流转，仍将本人或他人的银行卡出租给他人，情节严重，其行为均构成帮助信息网络犯罪活动罪。本案中，无论是出租自己的银行卡还是他人的银行卡，其行为本质都是帮助他人接收、流转上游网络犯罪的赃款，在刑法意义上属于同一种行为，原审判决将出租自己的银行卡和出租他人的银行卡认定为两种不同性质的行为，触犯两个不同的罪名，适用法律错误，应当予以纠正。

原审被告人刘某、上诉人彭某捷、上诉人谭某、上诉人颜某、上诉人彭某云均被改判为帮助信息网络犯罪活动罪一罪，其中前4人的刑期与一审非法提供信用卡信息罪与帮助信息网络犯罪活动罪并罚相比均减轻4个月，上诉人彭某云减轻1个月。

3. 案号：(2021)湘01刑终958号

法院认为，上诉人罗某平，原审被告人李某辉、黄某平、李某明知他人利用信息网络实施犯罪，仍为其犯罪提供帮助，情节严重，其行为均已构成帮助信息网络犯罪活动罪。上诉人罗某平、原审被告人李某辉明知他人利用信息网络实施犯罪，仍然出租本人及亲属的银行卡账户给他人使用，其行为应认定为为他人利用信息网络实施犯罪提供支付结算的帮助行为。原审被告人黄某平明知他人利用物流往我国台湾地区邮寄银行卡、U 盾、手机卡、密码器等物品违法，仍利用职务便利帮助邮寄，为他人实施信息网络犯罪活动提供帮助，其行为也应认定为为他人利用信息网络实施犯罪提供帮助的行为，不应认定为非法提供信用卡信息行为。原审判决认定上诉人罗某平、原审被告人李某辉、黄某平构成非法提供信用卡信息罪系定性不准，应予纠正。

上诉人罗某平、原审被告人李某辉均被改判为帮助信息网络犯罪活动罪一罪，两人的刑期与一审非法提供信用卡信息罪与帮助信息网络犯罪活动罪并罚相比均减轻 2 个月。

4. 案号：(2020) 浙 0825 刑初 177 号

公诉机关认为，被告人张某收买他人信用卡信息资料，足以使其他人以信用卡持卡人名义进行交易，应当以收买信用卡信息罪追究其刑事责任。浙江省龙游县人民法院经审理认为，被告人张某明知他人实施网络犯罪，仍提供支付结算，情节严重，其行为已构成帮助信息网络犯罪活动罪。张某在上述犯罪过程中非法买卖他人银行卡及配套信息，是针对银行卡实施的买卖行为，而非针对银行卡信息，其也并非将获得的信息用于伪造信用卡或者进行透支、消费进而侵犯合法持卡人的财产权益，张某的行为不应认定为收买、非法提供信用卡信息罪。法院以帮助信息网络犯罪活动罪判处被告人张某有期徒刑 1 年，缓刑 1 年 6 个月，并处罚金 1 万元。

四、虚假刷单、虚假充值为赌博平台“洗钱”构成什么罪名

案号:(2020)豫1622刑初398号

关键词:注册网店虚构交易;资金支付结算业务;非法经营罪;帮助信息网络犯罪活动罪

裁判规则:在“某宝”“某多多”等正规电商平台上注册、租用或虚设网店,生成虚假订单,为赌博网站等非法网站提供资金支付结算服务,既不属于支付结算类型的非法经营行为,也未扰乱市场秩序,仅构成帮助信息网络犯罪活动罪。

案情要点:

·2019年10月至2020年3月,被告人崔某旭、王某鹏等人通过为赌博平台周转资金等业务获利。

具体运作模式是:王某鹏、崔某旭伙同他人在“某多多”网站上注册成立多家网店,并关联银行卡,通过被告人李某蛟提供的赌博平台不固定账户向该平台缴纳一定数额的押金,该平台再安排人以购买商品的名义将赌客的多笔赌资汇入网店账户,并根据网店收到的数额计算、支付被告人相应佣金。具体流程笔者用示意图总结如下(详见图3-2)。

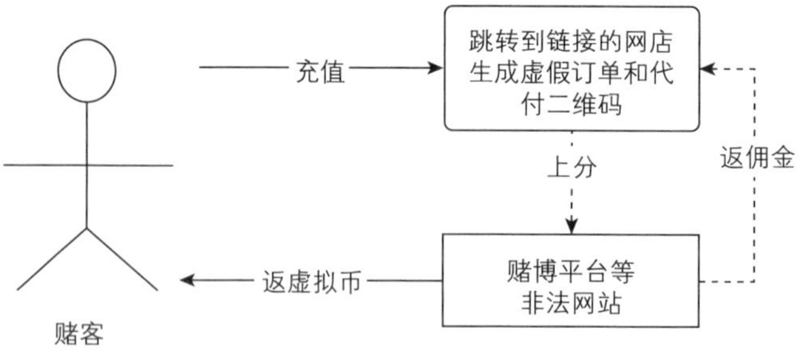

图3-2 本案具体运作流程

经鉴定，李某蛟涉案资金 35994728.46 元，非法获利 295380.77 元；崔某旭涉案资金 34359517.20 元，非法获利 167942.93 元；王某鹏涉案资金 21335146.67 元，非法获利 338847.61 元。

· 公诉机关河南省西华县人民检察院以三被告人犯非法经营罪向法院提起公诉，并提出对李某蛟、崔某旭应在 5 年以上幅度内量刑，对王某鹏应在 5 年以下幅度内量刑。

· 三被告人对公诉机关指控的犯罪事实及罪名均提出异议：李某蛟提出其只是提供网店，具体操作由赌博平台操作，仅为犯罪活动提供了帮助；崔某旭提出其与王某鹏等人之间构成上下线进行非法经营的主观故意及具有共同非法经营的证据不足；王某鹏提出其行为系帮助信息网络犯罪活动罪行为。

· 法院认为，对三被告人及各辩护人提出三被告人的行为不构成非法经营罪的辩护意见，予以采纳。公诉机关指控被告人犯非法经营罪指控罪名不当，不予采纳。判决三被告人犯帮助信息网络犯罪活动罪，判处李某蛟有期徒刑 2 年 6 个月，并处罚金 50000 元；崔某旭有期徒刑 2 年 2 个月，并处罚金 50000 元；王某鹏有期徒刑 1 年 6 个月，并处罚金 30000 元。

规则分析

本案所涉行为类型属于"为网络犯罪提供支付结算帮助"中的虚假交易模式，即行为人在"某宝""某多多"等正规电商平台上开设网络店铺，再将网店下单链接关联到非法网站的支付接口。以赌博网站为例，赌客在赌博网站充值时，后台会自动同步在关联店铺下单并生成代付二维码，赌客扫码后会跳出"某宝""某多多"界面，在此界面上付款，使赌客的充值款项流入电商平台店家，成为合理、合法的店铺流水收入。

司法实践中对于这类"利用正规电商平台虚构交易订单，为非法网站提供支付渠道"行为的定性存在较大争议，笔者检索到大量案例将此定性为帮助信息网络犯罪活动的行为，但也有部分行为人被以非法经营罪追责。非法经营和帮助信息网络犯罪活动在支付结算行为模式上存在一定相似之处，非法经营是违反国家规定非法从事资金支付结算业务，扰乱市场秩序且情节严重的行为；帮助信息网络犯罪活动则是明知他人利用信息网络实施犯罪,仍为其提供支付结算帮助的行为。二者的区别在于非法经营罪关涉的是金融领域的特殊支付结算业务,侵犯的是国家金融市场秩序;帮助信息网络犯罪活动罪关涉的是上游犯罪资金的接收或过户,侵犯的是国家对信息网络的公共管理秩序。可见,两罪存在法条竞合关系,其中非法经营罪处于优先地位,因此区分两罪的关键是厘清非法经营罪的构成要件与法益侵害的实质内涵。

首先,应当对非法经营罪的构成要件“非法从事资金支付结算行为”进行实质解释。最高人民检察院《关于办理涉互联网金融犯罪案件有关问题座谈会纪要》将非法经营的“资金支付结算”限定为两种情形:(1)未取得支付业务许可经营基于客户支付账户的网络支付业务;(2)未取得支付业务许可经营多用途预付卡业务。其中(2)与本案无涉,构成(1)则需要满足“无证网络支付机构先为客户非法开立支付账户,客户先把资金支付到该支付账户,再由无证机构根据订单信息从支付账户平台将资金结算到收款人银行账户”。案涉“某多多”网店并没有为赌客开设任何支付账户,赌客是通过扫描赌博网站生成的付款码的方式付钱,直接将赌资转移至网店关联的银行账户中,二者之间通过银行卡进行流转,资金移转和网店及网店所在的电商平台均无关。因此,从账户的开设和资金的流转渠道来说,网店仅是一个资金支付通道,既没有给客户开设支付账户,也不具备独立清算或结算的能力,其与直接提供一个银行卡账号、支付宝账号或微信付款码来转款的行为别无二致,赌客的资金仍停留在银行,不属于最高人民检察院《关于办理涉互联网金融犯罪案件有关问题座谈会纪要》中所禁止的非法经营资金支付结算的情形。

其次,非法经营罪重点保护的法益是社会主义市场经济秩序里的特许经营管理秩序和国家清算秩序,①只有当涉案行为属于商业交易时,该行为才有可能进入市场流通环节,从而对市场经济秩序造成破坏;换言之,必须用“扰乱市场秩序”这一结果要件对非法经营进行限定,将披着“经营”外皮的虚假行为排除在

① 参见田宏杰、阮柏云:《非法经营罪内涵与外延扩张限制思考》,载《人民检察》2012 年第 23 期。

构成要件之外。本案中的案涉行为并不具有商业交易的属性:其一,网店只是一个外挂在正规电商平台的资金代付通道,行为人与赌博网站或赌客间的转账行为仅限于银行卡渠道,资金仅在各个合法开设的银行账户之间流通,该私人之间相互转账的行为不属于市场流通环节之一,不属于商业交易行为;其二,国家严格监管支付结算业务是为了监督交易中的资金往来以保护交易者的资金安全,案涉行为的“交易者”即转账申请人(赌客)和转账接收人(赌博网站)两方,由于我国行政法规明令禁止赌博业务,所以他们才选择此种规避国家监管功能的支付结算方式,无论是赌客还是赌博网站均默示放弃了其在线上交易中的资金安全性,换言之,从交易者的角度来看此时的交易也不属于受刑法保护的合法交易。①

综上,就构成要件行为而言,案涉行为不属于非法经营罪中专门规制的非法资金支付结算业务;就法益侵害性而言,案涉行为不属于商业交易行为,其并未侵犯合法的市场秩序,仅侵犯公共秩序。因此,司法机关不能以非法经营罪追究行为人的责任。

辩护攻略

非法经营罪与帮助信息网络犯罪活动罪在广义的支付结算帮助行为上有所重合,然而相较于帮助信息网络犯罪活动罪,非法经营罪明显法定刑更重,侵犯的法益也更具特殊性,此时应对照最高人民检察院《关于办理涉互联网金融犯罪案件有关问题座谈会纪要》中的具体类型与阐释,着重关注案涉行为是否完全符合“资金支付结算”在非法经营罪中的限定性内涵,将无证机构没有给客户非法开立账户或根本就不存在无证机构的这类行为从非法经营罪里排除出去。同时,不能忽略“违反国家规定”这一前提要件和“扰乱市场秩序”这一结果要件,这两个要件宣示了非法经营罪的立法目的和保护法益关涉社会主义市场经济秩

① 参见汪维才、曹翊群:《非法第四方支付行为之刑法教义学分析》,载《四川警察学院学报》2022年第6期。

序里的特许经营管理秩序，从而不属于商业交易或明显为法律、法规所严令禁止经营的行为，不具有成立非法经营罪的可能性。

结合上述，在实践中如遇“在正规电商平台上注册、租用或虚设网店，生成虚假订单，为赌博网站等非法网站提供支付结算接口”这一类行为，辩护人应当及时提出辩护意见，从构成要件行为和法益侵害性两个角度将其排除在非法经营罪之外，主张其仅属于广义的“支付结算帮助”行为，只构成帮助信息网络犯罪活动罪。

法院判决

被告人李某蛟、崔某旭、王某鹏明知他人利用信息网络实施赌博犯罪，为获取非法利益，开设网店进行虚假交易为其提供支付结算帮助，其中被告人李某蛟参与帮助结算金额35994728.46元，被告人崔某旭参与帮助结算金额34359517.20元，被告人王某鹏参与帮助结算金额21335146.67元，情节严重，其行为均已构成帮助信息网络犯罪活动罪。

相关法律规定

《刑法》(2023年修正)

第二百二十五条　【非法经营罪】违反国家规定，有下列非法经营行为之一，扰乱市场秩序，情节严重的，处五年以下有期徒刑或者拘役，并处或者单处违法所得一倍以上五倍以下罚金；情节特别严重的，处五年以上有期徒刑，并处违法所得一倍以上五倍以下罚金或者没收财产：

（一）未经许可经营法律、行政法规规定的专营、专卖物品或者其他限制买卖的物品的；

（二）买卖进出口许可证、进出口原产地证明以及其他法律、行政法规规定的经营许可证或者批准文件的；

（三）未经国家有关主管部门批准非法经营证券、期货、保险业务的，或者非法从事资金支付结算业务的；

（四）其他严重扰乱市场秩序的非法经营行为。

第二百八十七条之二第一款　【帮助信息网络犯罪活动罪】明知他人利用信息网络实施犯罪，为其犯罪提供互联网接入、服务器托管、网络存储、通讯传输等技术支持，或者提供广告推广、支付结算等帮助，情节严重的，处三年以下有期徒刑或者拘役，并处或者单处罚金。

最高人民检察院《关于办理涉互联网金融犯罪案件有关问题座谈会纪要》（高检诉〔2017〕14号）

18　支付结算业务（也称支付业务）是商业银行或者支付机构在收付款人之间提供的货币资金转移服务。非银行机构从事支付结算业务，应当经中国人民银行批准取得《支付业务许可证》，成为支付机构。未取得支付业务许可从事该业务的行为，违反《非法金融机构和非法金融业务活动取缔办法》第四条第一款第（三）、（四）项的规定，破坏了支付结算业务许可制度，危害支付市场秩序和安全，情节严重的，适用刑法第二百二十五条第（三）项，以非法经营罪追究刑事责任。具体情形：

（1）未取得支付业务许可经营基于客户支付账户的网络支付业务。无证网络支付机构为客户非法开立支付账户，客户先把资金支付到该支付账户，再由无证机构根据订单信息从支付账户平台将资金结算到收款人银行账户。

（2）未取得支付业务许可经营多用途预付卡业务。无证发卡机构非法发行可跨地区、跨行业、跨法人使用的多用途预付卡，聚集大量的预付卡销售资金，并根据客户订单信息向商户划转结算资金。

类似案例

1. 案号：（2020）川0703刑初322号

2019年9月，被告人杨某程、李某共谋由杨某程提供博彩盘口资源，由李某提供第四方支付通道，通过在电商平台“交某猫”建立虚假交易订单的方式，为博彩网站提供支付结算帮助,从中非法牟利。李某以 8000 元在马某龙(另案处理)处购买“快某付”记账平台系统,由被告人谢某宇提供“ACE”支付通道和大量“交某猫”的虚假店铺,由“河南老李”提供大量个人支付宝账号用于绑定虚假店铺。李某等人将博彩盘口对接“快某付”记账平台,又将“快某付”记账平台对接“ACE”支付通道,再将“ACE”支付通道对接“交某猫”虚假店铺,将博彩网站大量赌客充值订单自动跳转成“交某猫”平台上的虚假交易订单,从而为博彩网站提供资金归集、转移等支付结算服务。其中,被告人刘某杉负责“ACE”支付通道的搭建、维护。经查,李某条线资金过账量为 1458.1775 万元。

法院认为,被告人杨某程等明知他人利用信息网络实施犯罪,仍为其犯罪提供支付结算帮助,情节严重,其行为均已触犯国家法律,构成了帮助信息网络犯罪活动罪,依法应予惩处。

2. 案号:(2021)浙 0702 刑初 777 号

2019 年 12 月,被告人叶某雄在明知证人方某使用“某多多”店铺用于赌博网站“跑分”的情况下,仍使用自己的身份证、手机号码及银行卡申请开通了“雄某的店”“雄某服装店”等 10 多家“某多多”店铺用于“跑分”。经查,以叶某雄名义开通的 10 多家“某多多”店铺在其尾号 4311 的宁波银行、尾号 6278 的杭州银行中的银行账户交易流水累计 645 万元左右。

法院认为,被告人叶某雄明知他人利用信息网络实施犯罪,仍为他人犯罪提供银行卡转账、支付结算等帮助,情节严重,其行为已构成帮助信息网络犯罪活动罪。

3. 案号:(2021)浙 0703 刑初 36 号

2019 年 7 月以来,被告人吴某军明知叶某旭(另案处理)等人为境外赌场收取赌资的情况下,仍以被告人覃某贵、周某标、赖某海等人的名义注册公司开设“某多多”商铺,通过虚假售卖商品的模式帮助收取转移赌资,金额达 1100 万余元。

法院认为,被告人吴某军等明知他人利用信息网络实施犯罪,仍为其犯罪提供支付结算等帮助,情节严重,其行为均已构成帮助信息网络犯罪活动罪,依法应当追究其刑事责任。

4. 案号:(2020)沪0112刑初2369号

2019年11月起,被告人李某伟、白某炜、许某航结伙,明知“乐某付”系统为多个境外赌博平台提供资金结算,仍由被告人白某炜提供多家“某多多”店铺接入“乐某付”系统,被告人李某伟具体负责管理上述店铺,被告人许某航负责接收违法犯罪平台发布的银行账号并进行转发,再由被告人周某源将上述账号转发给“码商”转账垫资,进行“跑分”活动。被告人许某航还提供自己名下的银行卡用于相关资金转账。经统计,被告人白某炜名下的“某多多”店铺通过“跑分”入账的资金共计300余万元。

法院认为,被告人李某伟等明知他人利用信息网络实施犯罪,仍为其提供资金结算等帮助,情节严重,其行为均已构成帮助信息网络犯罪活动罪。

5. 案号:(2021)皖1825刑初9号

肖某亮(另案处理)联系被告人胡某佳,商议由胡某佳为其正在经营的涉黄涉赌直播平台“花×”提供收款服务,其支付给胡某佳收款金额8%的服务费。后胡某佳出资邀请被告人阮某程搭建“某多多”支付通道与“花×”后台对接,承诺给其利润的3成作为回报。2020年3月17日开始,胡某佳安排杨某翔、胡某蒙、陈某军等人利用租用的“某多多”商铺进行虚假刷单为“花×”平台提供充值服务,并在与“花×”运营人员组建的“花×-查单”OQ群中核对每日充值情况,扣除服务费后通过银行转账至“花×”平台指定的银行账户中。截至当年4月14日,共为“花×”收款493769元,获利累计39501.52元,其中利用阮某程搭建的支付通道的收款数额为360701元。

法院认为,被告人胡某佳等明知他人利用信息网络实施犯罪,仍共同为他人提供支付结算等帮助,情节严重,5人的行为均触犯《刑法》第287条之二、第25条第1款的规定,犯罪事实清楚,证据确实、充分,应当以帮助信息网络犯罪活动罪追究5名被告人刑事责任。

第四章

侵犯公民个人信息罪

一、侵犯公民个人信息罪中，如何区分交易信息和财产信息

案号：(2020)晋01刑终158号

关键词：侵犯公民个人信息罪；财产信息；交易信息；二审改判

裁判规则：从售房小区、装饰城等地获取的业主姓名、电话、小区名称、楼号、单元号、房号或住址应认定为交易信息，而非财产信息。二审改变信息类型认定的，法院应当根据新的信息类型判断是否达到了“情节严重”或“情节特别严重”的标准，并予以改判。

案情要点：

· 2019年2月，班某斌到某建筑装饰公司工作。为承揽装饰业务，班某斌非法获取新建小区业主个人信息。有效公民信息共计2243条，其中含姓名、电话、小区名称、住址等信息的共计1584条。

· 一审法院认为，被告人班某斌非法获取公民财产信息1584条，情节特别严重，已构成侵犯公民个人信息罪。判处有期徒刑3年，并处罚金3000元。

· 判后，班某斌认为原判认定的1584条信息不属财产性信息，遂提出上诉。

· 二审法院认为，原判将此类信息认定为财产信息不当，予以纠正，应认定为交易信息。上诉人班某斌犯侵犯公民个人信息罪，情节严重（原审为“情节特别严重”），判处有期徒刑1年2个月（减22个月刑期），并处罚金2000元（减1000元罚金）。

规则分析

侵犯公民个人信息罪是典型的情节犯。情节严重和情节特别严重分别对应不同的刑期长短。2017年最高人民法院、最高人民检察院颁布的《关于办理侵犯公民个人信息刑事案件适用法律若干问题的解释》，对不同的个人信息制定了

不同的保护策略:第一类是行踪轨迹信息、通信信息、征信信息、财产信息,非法获取、出售或者提供 50 条以上即认定为“情节严重”,500 条以上为“情节特别严重”;第二类是住宿信息、通信记录、健康生理信息、交易信息等,非法获取、出售或者提供 500 条以上认定为“情节严重”,5000 条以上为“情节特别严重”;第三类是普通公民个人信息,非法获取、出售或者提供 5000 条以上认定为“情节严重”,50000 条以上认定为“情节特别严重”。结合本案情况来看,被侵犯信息数量为 1584 条,一审将它们认定为财产信息,数量已经达到“情节特别严重”的标准,刑期至少 3 年,二审将被侵犯信息改认定为交易信息,交易信息情节特别严重的数量要求是 5000 条,门槛相对较高,1584 条的信息数量仅达到“情节严重”的标准,因此量刑随之调整,刑期减少 22 个月,罚金减少 1000 元。

由此可见,相同数量的情况下,信息类型的不同决定着情节严重性的不同,甚至决定了罪与非罪。那么如何区分交易信息和财产信息呢? 2018 年,《检察机关办理侵犯公民个人信息案件指引》对财产信息的范围作了进一步明确,财产信息既包括银行账户、第三方支付结算账户、证券期货等金融服务账户的身份认证信息,也包括存款、房产、车辆等财产状况信息。而笔者根据检索到的案例,认为还可以结合以下几点进行判断:第一,从信息的获取渠道来看,如果是从交易渠道中获取,则可能属于交易信息;第二,从获取的内容来看,如能够直接体现公民个人的财产状况,则可能属于财产信息,本案中的信息无法直接得出公民财产状况,涉及的房产价值还需要进一步依据市场信息估算,所以法院认定为交易信息;第三,从信息获取的手段来看,财产信息往往都要通过相当的采集手段方能取得;第四,从社会危害性来看,获得财产信息的行为人,可以据此对公民的人身或者财产直接产生侵害;第五,从使用目的来看,交易信息的使用常以正当经营为目的。

综上所述,准确区分公民个人信息类别,有助于帮助实现有效辩护的目的。

辩护攻略

无论是在一审中还是在二审中，不仅要关注是否存在重复的信息、无效的信息，而且要重点关注信息类型的认定问题，不同的认定结果，起到的效果可能是截然不同的。承前所述，辩护人可以从多个角度了解相关事实，并论述涉案信息可能属于危险性层级更低的信息类别，以此达到量刑辩护或无罪辩护的目的。

法院判决

上述信息系班某斌等人到售房小区、装饰城等处获取，而非从房地产交易中心等单位获取的包含有详细记载房地权证号、产权人及共有人情况、抵押、商业贷款及公积金贷款期限和数额等，能够体现公民个人的财产状况，与人身、财产安全直接相关的财产信息。从上述信息的来源及内容看，多为从出售房屋的小区获得，包含较为完整的购房人购房交易要素，且与购房人的人身、财产安全密切相关，应认定为交易信息。依据最高人民法院、最高人民检察院《关于办理侵犯公民个人信息刑事案件适用法律若干问题的解释》的规定，该类信息数量达到500条以上为情节严重，5000条以上为情节特别严重。原判将此类信息认定为财产信息不当，予以纠正。

相关法律规定

《刑法》（2023年修正）

第二百五十三条之一第一款 【侵犯公民个人信息罪】违反国家有关规定，向他人出售或者提供公民个人信息，情节严重的，处三年以下有期徒刑或者拘役，并处或者单处罚金；情节特别严重的，处三年以上七年以下有期徒刑，并处罚金。

最高人民法院、最高人民检察院《关于办理侵犯公民个人信息刑事案件适用法律若干问题的解释》(法释〔2017〕10 号)

第五条　非法获取、出售或者提供公民个人信息,具有下列情形之一的,应当认定为刑法第二百五十三条之一规定的“情节严重”:

……

(三)非法获取、出售或者提供行踪轨迹信息、通信内容、征信信息、财产信息五十条以上的;

(四)非法获取、出售或者提供住宿信息、通信记录、健康生理信息、交易信息等其他可能影响人身、财产安全的公民个人信息五百条以上的;

(五)非法获取、出售或者提供第三项、第四项规定以外的公民个人信息五千条以上的……

实施前款规定的行为,具有下列情形之一的,应当认定为刑法第二百五十三条之一第一款规定的“情节特别严重”:

……

(三)数量或者数额达到前款第三项至第八项规定标准十倍以上的……

……

《检察机关办理侵犯公民个人信息案件指引》(高检发侦监字〔2018〕13 号)

二、需要特别注意的问题

……

(四)对“情节严重”和“情节特别严重”的审查认定

1. 关于“情节严重”的具体认定标准,根据《解释》第五条第一款的规定,主要涉及五个方面:

(1)信息类型和数量。①行踪轨迹信息、通信内容、征信信息、财产信息,此类信息与公民人身、财产安全直接相关,数量标准为五十条以上,且仅限于上述四类信息,不允许扩大范围。对于财产信息,既包括银行、第三方支付平台、证券期货等金融服务账户的身份认证信息(一组确认用户操作权限的数据,包括账号、口令、密码、数字证书等),也包括存款、房产、车辆等财产状况信息。②住宿信息、通信记录、健康生理信息、交易信息等可能影响公民人身、财产安全的信息,数量标准为五百条以上,此类信息也与人身、财产安全直接相关,但重要程度要弱于行踪轨迹信息、通信内容、征信信息、财产信息。对“其他可能影响人身、财产安全的公民个人信息”的把握,应当确保所适用的公民个人信息涉及人身、财产安全,且与“住宿信息、通信记录、健康生理信息、交易信息”在重要程度上具有相当性。③除上述两类信息以外的其他公民个人信息,数量标准为五千条以上。

……

类似案例

1. 案号:(2020)晋01刑终247号

法院认为:首先,上述信息系通过同行、开发商、物业等渠道获取,而非从房地产交易中心等单位获取的包含有详细记载房地权证号、产权人及共有人情况、抵押、商业贷款及公积金贷款期限和数额等,能够体现公民个人的财产状况且与人身、财产安全直接相关的财产信息。其次,行踪轨迹、通信内容、征信信息一般都需要采取相关技术和采取相当手段进行一定程度的采集后方能取得,而财产信息也应当是经过采集的关于个人存款、房产、投资等多项内容的综合信息,以区别于住宿信息、通信记录、交易信息等所具有的社会危害性。最后,从上述信息的来源及内容、目的看,均为从同行、开发商、物业公司等处获取,主要是购房人购房的交易要素,且系上诉人为推销产品所用,应认定为交易信息。

2. 案号:(2019)川0823刑初51号

法院认为,3名被告人交易的车辆档案信息内容中,没有涉及车辆购买价格、行驶公里、购买方式、维修情况等可以对车辆进行估价或者评价公民个人财务状况的内容,且现有证据不能证实3名被告人购买、出售车辆档案信息是用于实施针对人身或者财产的侵害行为,本案涉案车辆档案信息不宜认定为公民财产信息,对被告人及辩护人提出涉案车辆档案信息不属于财产信息的辩解及辩护意见,法院予以采纳。

二、侵犯公民个人信息罪中，部分企业法定代表人信息数量可以剔除

案号：(2017)渝05刑终1090号

关键词：侵犯公民个人信息罪；法定代表人；网络检索；隐私性

裁判规则：侵犯公民个人信息罪案件中，如果涉案信息中有部分法定代表人信息可以通过互联网检索查询到，则该部分信息的数量应当从涉案信息的总数量中予以剔除。

案情要点：

·2015年7月至2017年3月，被告人周某亮从事广告业务推广工作。为扩大潜在客户量，周某亮利用QQ群在线传输向他人发送及接收企业法人信息共计71292条。

·一审法院认为，被告人周某亮违反国家规定，非法获取、提供公民个人信息共计71292条，情节特别严重，其行为已构成侵犯公民个人信息罪，判处有期徒刑3年，并处罚金40000元。

·判后，周某亮提出上诉，辩护人提出原审法院认定周某亮侵犯公民个人信息数量有误，其发送的32616条信息中很多系公开的企业法定代表人信息，应当从周某亮侵犯公民个人信息的数量中予以排除。

·二审法院认为，周某亮向他人发送的32616条信息中部分属于法定代表人信息，可以通过互联网检索查询，应当予以排除。最终改判上诉人周某亮犯侵犯公民个人信息罪，判处有期徒刑1年(减24个月刑期)，并处罚金10000元(减30000元罚金)。

规则分析

侵犯公民个人信息罪中行为人所实施行为的对象必须是公民个人信息，其针对的主体为自然人。但由于企业法定代表人同时是自然人，其姓名、工作单位

及其电话号码也属于其个人信息，但它是否属于刑法意义上的“公民个人信息”范畴需要通过进一步的判断才能明确。

关于公民个人信息的具体审查认定，2013 年最高人民法院、最高人民检察院、公安部发布的《关于依法惩处侵害公民个人信息犯罪活动的通知》中明确指出，公民个人信息包括公民的姓名、年龄、有效证件号码、婚姻状况、工作单位、学历、履历、家庭住址、电话号码等能够识别公民个人身份或者涉及公民个人隐私的信息、数据资料。可以看出，以上所罗列的几类公民个人信息都是与公民私人生活密切相关的信息，具有明显的人身性、隐私性。从信息的隐私性出发，《企业信息公示暂行条例》规定企业的相关信息应当向社会公示，《征信业管理条例》第 13 条第 2 款规定：“企业的董事、监事、高级管理人员与其履行职务相关的信息，不作为个人信息。”因此，一般来讲，企业法定代表人的信息与一般公民个人信息相比，隐私性较低，其内容所体现的隐私程度还没有达到需要刑法保护的严重性，且出于经营的需要，企业也应自愿放弃部分隐私性，不能以隐私保护为理由认定为侵犯公民个人信息。再从信息使用的情形出发，根据《民法典》及《个人信息保护法》的规定，合理使用合法公开信息的，不承担法律责任。

综上，上述二审判决书从实质上把握了公民个人信息的内涵，即从保护的法益角度出发，认为对公民个人信息的保护实质上是保护公民的财产安全和人身安全，被告人从公开渠道获知的企业法定代表人的姓名、电话等信息不同于一般的公民个人信息，且该类信息属于合法公开的渠道获知，且企业也倾向于向社会公示，从本质上讲并未违背企业及其法定代表人的意愿，故未将该类信息按照公民个人信息对待。

辩护攻略

在司法实践中，法定代表人信息是否属于公民个人信息是一个具有争议性的议题，同案不同判的情况屡见不鲜。究其核心，在于辩方是否提出了证据，能够有效证明系争数据属于公开可查范围，且最好被专门用于公司业务。2018 年

《检察机关办理侵犯公民个人信息案件指引》也将公开公用数据与未公开数据区别对待:“对于企业工商登记等信息中所包含的手机、电话号码等信息,应当明确该号码的用途。对由公司购买、使用的手机、电话号码等信息,不属于个人信息的范畴,从而严格区分‘手机、电话号码等由公司购买,归公司使用’与‘公司经办人在工商登记等活动中登记个人电话、手机号码’两种不同情形。”

由此,基于法定代表人身份的双重性,需要辩护人从行为人所涉及的具体信息的特性出发,准确判断所涉信息是否具有与公民个人生活密切相关的隐私性、明确的可识别性。辩护人应当以证据为支撑,积极与承办机关沟通,进而争取轻罪或无罪辩护的可能。

法院判决

审理认为,周某亮向他人发送的32616条信息中部分属于法定代表人信息,可以通过互联网检索查询,应当予以排除。原审法院认定事实错误。出庭履行职务的检察官及辩护人关于原审认定周某亮侵犯公民个人信息数量不当的意见成立,法院予以采纳。

相关法律规定

《刑法》(2023年修正)

第二百五十三条之一 【侵犯公民个人信息罪】违反国家有关规定,向他人出售或者提供公民个人信息,情节严重的,处三年以下有期徒刑或者拘役,并处或者单处罚金;情节特别严重的,处三年以上七年以下有期徒刑,并处罚金。

……

窃取或者以其他方法非法获取公民个人信息的,依照第一款的规定处罚。

……

最高人民法院、最高人民检察院《关于办理侵犯公民个人信息刑事案件适用法律若干问题的解释》(法释〔2017〕10 号)

第一条 刑法第二百五十三条之一规定的“公民个人信息”,是指以电子或者其他方式记录的能够单独或者与其他信息结合识别特定自然人身份或者反映特定自然人活动情况的各种信息,包括姓名、身份证件号码、通信通讯联系方式、住址、账号密码、财产状况、行踪轨迹等。

《检察机关办理侵犯公民个人信息案件指引》(高检发侦监字〔2018〕13 号)

二、需要特别注意的问题

在侵犯公民个人信息案件审查逮捕、审查起诉中,要根据相关法律、司法解释等规定,结合在案证据,重点注意以下问题:

(一)对“公民个人信息”的审查认定

根据《解释》的规定,公民个人信息是指以电子或者其他方式记录的能够单独或者与其他信息结合识别特定自然人身份或者反映特定自然人活动情况的各种信息,包括姓名、身份证件号码、通信通讯联系方式、住址、账号密码、财产状况、行踪轨迹等。经过处理无法识别特定自然人且不能复原的信息,虽然也可能反映自然人活动情况,但与特定自然人无直接关联,不属于公民个人信息的范畴。

……

最高人民法院、最高人民检察院、公安部《关于依法惩处侵害公民个人信息犯罪活动的通知》(公通字〔2013〕12 号)

二、……公民个人信息包括公民的姓名、年龄、有效证件号码、婚姻状况、工作单位、学历、履历、家庭住址、电话号码等能够识别公民个人身份或者涉及公民个人隐私的信息、数据资料……

类似案例

1. 案号:(2021)青城阳检一部刑不诉 90 号

法院认为,被不起诉人王某某向他人提供的上述企业信息不属于结合识别特定自然人身份或者反映特定自然人活动情况的公民个人信息，并没有向他人出售或提供公民个人信息、窃取或者以其他方法非法获取公民个人信息的犯罪事实。依照《刑事诉讼法》第177条第1款的规定，决定对王某某不起诉。

2. 案号：(2018)渝0103刑初156号

法院认为，关于辩护人提出的有关法人信息的条数应从犯罪数量中剔除的辩护意见，经查，刑法司法解释对于侵犯公民个人信息罪中的公民个人信息已作出界定，系有关自然人身份或反映自然人活动情况的各种信息，法人信息不在此列，对于指控数量中涉及法人信息及其法定代表人的信息条数应予剔除。法院对该项辩护意见予以采纳。

三、为合法经营而非法收集公民个人信息可以不认定情节特别严重

案号：(2017)渝05刑终1003号

关键词：个人信息；正当经营；情节严重

裁判规则：行为人为了合法经营活动，非法获取普通公民个人信息，且并未再有出售、提供该信息的行为，那么即使所获信息数量庞大，但仍不应以信息的数量认定“情节特别严重”，仅能在“情节严重”的量刑范围内判处刑罚。

案情要点：

· 2012年至2016年，被告人盛某先后在某某集团、某某股权投资基金管理有限公司工作。

· 为了便于开展工作，盛某通过充值的方式，在某某资料网上18次下载公民个人信息共计52690条。抓获归案后，公安机关又查获了记载有2132条公民个人信息的A4纸20张。

· 一审法院认为，被告人盛某违反国家规定，非法获取公民个人信息54822条，达到了特别严重的情节。但考虑到该行为在其行业也普遍存在，且盛某获取或提供信息只是为了正当经营，并未使被侵犯信息的公民遭受除电话骚扰以外的其他损害，可以对其适用缓刑。最终判决被告人盛某犯侵犯公民个人信息罪，判处有期徒刑3年，缓刑3年，并处罚金4万元。

· 判后，盛某提出上诉。上诉人及辩护人提出其购买公民个人信息的目的系合法经营，不应认定为“情节特别严重”，本案法律适用错误等意见。

· 二审法院认为，盛某为正当经营非法获取公民个人信息，属于“情节严重”，原审法院认定盛某属于“情节特别严重”，适用法律错误。改判盛某有期徒刑1年(减2年刑期)，缓刑2年(减1年刑期)，并处罚金2万元(减2万元罚金)。

规则分析

侵犯公民个人信息罪是情节犯，针对本罪的情节，司法解释采用了“混合认定模式”。在该种认定模式之下犯罪对象即信息的类型、数量、流向、用途，犯罪所得数额，犯罪主体的身份、主观恶性等都被纳入考量范围。

这样的模式之下，信息保护的重要性和紧迫性越大，成立犯罪的标准就应当越低。但由于信息的复杂，这种杂糅式的解释又为准确适用法律增加了难度。

在针对非法获取型的侵犯公民个人信息行为中，刑法根据信息种类的不同，分成了三个等级：第一类是行踪轨迹信息、通信信息、征信信息、财产信息；第二类是住宿信息、通信记录、健康生理信息、交易信息等；第三类是普通公民个人信息。同时，以所获取的信息数量作为情节严重、情节特别严重的标准。例如，针对第三类普通公民个人信息，5000 条以上认定为“情节严重”，50000 条以上认定为“情节特别严重”。

但在最高人民法院、最高人民检察院《关于办理侵犯公民个人信息刑事案件适用法律若干问题的解释》中，对于为合法经营活动购买、收受公民个人信息的行为规定了特殊的标准。这种行为社会危害性不大，即使构成犯罪，也不需要升档量刑，因此只规定了“情节严重”的情形，而没有“情节特别严重”的情形。换言之，行为人合法经营的目的阻却了此行为达到情节特别严重的情形。即使是针对普通公民个人信息的犯罪，如果行为人是出于正当经营的目的，可能也不会以情节特别严重而被重判。

本案中，一审法院认为行为人所获取的信息数量已经达到了非法获取普通公民个人信息的情节特别严重的程度，但并没有考虑关于行为人获取信息的目的和相应法律的特殊规定。因此，在二审中，法院审理认为，盛某以正当经营为目的，非法获取普通公民个人信息，既不包括可能影响人身、财产安全的敏感信息，且并未有出售、提供公民个人信息的行为，即没有再流出扩散，由此改判盛某的行为仅为“情节严重”。

辩护攻略

在这种既混合又交叉的认定模式之下，由于认定情节严重的要素繁多，不同级别的信息中又穿插着其他的考量要素，控辩双方可能都会有顾此失彼的情况出现。这就不仅要求辩护人在数量标准之下审视信息的类型，还要求辩护人考虑行为人的目的，如果行为符合关于侵犯普通公民个人信息类的特殊规定，则可以为当事人争取轻判甚至无罪的结果。

法院判决

法院审理认为，盛某为正当经营非法获取公民个人信息，且并未有出售、提供公民个人信息的行为，故应当适用最高人民法院、最高人民检察院《关于办理侵犯公民个人信息刑事案件适用法律若干问题的解释》第 6 条的规定。盛某侵犯公民个人信息数量达 5 万余条，且大量信息已经使用，严重侵犯公民个人隐私，属于最高人民法院、最高人民检察院《关于办理侵犯公民个人信息刑事案件适用法律若干问题的解释》第 6 条第 1 款第 3 项规定的“其他情节严重的情形”，应当认定为《刑法》第 253 条之一规定的“情节严重”，以侵犯公民个人信息罪定罪处罚。

相关法律规定

《刑法》(2023 年修正)

第二百五十三条之一　【侵犯公民个人信息罪】违反国家有关规定，向他人出售或者提供公民个人信息，情节严重的，处三年以下有期徒刑或者拘役，并处或者单处罚金；情节特别严重的，处三年以上七年以下有期徒刑，并处罚金。

违反国家有关规定，将在履行职责或者提供服务过程中获得的公民个人信息，出售或者提供给他人的，依照前款的规定从重处罚。

窃取或者以其他方法非法获取公民个人信息的，依照第一款的规定处罚。

单位犯前三款罪的，对单位判处罚金，并对其直接负责的主管人员和其他直接责任人员，依照各该款的规定处罚。

最高人民法院、最高人民检察院《关于办理侵犯公民个人信息刑事案件适用法律若干问题的解释》（法释〔2017〕10号）

第五条　非法获取、出售或者提供公民个人信息，具有下列情形之一的，应当认定为刑法第二百五十三条之一规定的“情节严重”：

（一）出售或者提供行踪轨迹信息，被他人用于犯罪的；

（二）知道或者应当知道他人利用公民个人信息实施犯罪，向其出售或者提供的；

（三）非法获取、出售或者提供行踪轨迹信息、通信内容、征信信息、财产信息五十条以上的；

（四）非法获取、出售或者提供住宿信息、通信记录、健康生理信息、交易信息等其他可能影响人身、财产安全的公民个人信息五百条以上的；

（五）非法获取、出售或者提供第三项、第四项规定以外的公民个人信息五千条以上的；

（六）数量未达到第三项至第五项规定标准，但是按相应比例合计达到有关数量标准的；

（七）违法所得五千元以上的；

（八）将在履行职责或者提供服务过程中获得的公民个人信息出售或者提供给他人，数量或者数额达到第三项至第七项规定标准一半以上的；

（九）曾因侵犯公民个人信息受过刑事处罚或者二年内受过行政处罚，又非法获取、出售或者提供公民个人信息的；

（十）其他情节严重的情形。

实施前款规定的行为，具有下列情形之一的，应当认定为刑法第二百五十三条之一第一款规定的“情节特别严重”：

（一）造成被害人死亡、重伤、精神失常或者被绑架等严重后果的；

（二）造成重大经济损失或者恶劣社会影响的；

（三）数量或者数额达到前款第三项至第八项规定标准十倍以上的；

（四）其他情节特别严重的情形。

第六条　为合法经营活动而非法购买、收受本解释第五条第一款第三项、第四项规定以外的公民个人信息，具有下列情形之一的，应当认定为刑法第二百五十三条之一规定的“情节严重”：

（一）利用非法购买、收受的公民个人信息获利五万元以上的；

（二）曾因侵犯公民个人信息受过刑事处罚或者二年内受过行政处罚，又非法购买、收受公民个人信息的；

（三）其他情节严重的情形。

实施前款规定的行为，将购买、收受的公民个人信息非法出售或者提供的，定罪量刑标准适用本解释第五条的规定。

类似案例

案号：(2018)渝0103刑初912号

被告人沈某利违反国家有关规定，非法获取、向他人提供公民个人信息，情节严重，其行为已构成侵犯公民个人信息罪。重庆市渝中区人民检察院指控成立。被告人沈某利到案后如实供述自己的罪行，依法予以从轻处罚。鉴于被告人沈某利系初犯，其非法获取公民个人信息的主观目的是公司的经营活动，且未牟利，社会危害性不大，主观恶性较小，其在审理中主动缴纳2000元作为罚金执行的保证，具有悔罪表现，酌情予以从轻处罚。

四、侵犯公民个人信息中的虚假、无效个人信息应当予以剔除

案号：(2018)浙0281刑初404号

关键词：个人信息；数量认定；刑事推定

裁判规则：最高人民法院、最高人民检察院《关于办理侵犯公民个人信息刑事案件适用法律若干问题的解释》第11条第3款确立了“批量公民个人信息”的数量认定规则，以推定的证明方式认定“批量公民个人信息”的数量，同时赋予了被告人反驳推定的权利。对于被告人而言，该款的设置实质上是一种辩护权的延伸，相当于被告人以一种积极举证的方式为自己罪轻或无罪所做的有力辩护。故法院裁判时，对于辩方有证据证明批量公民个人信息中存在虚假、不真实、无效的部分，应当予以剔除，在涉案公民个人信息数量上予以扣减。

案情要点：

· 2015年8月至2016年11月，被告人张某A在上海某商业保理有限公司任职期间，经事先与被告人张某B预谋，指使被告人王某从该公司内部系统上获取公民个人信息并出售给他人。

· 被告人张某A、张某B以及王某将非法获取的公民个人信息于2016年7月3日、8月10日、10月15日3次出售给他人，共计99494条。张某A非法获利共计29500元；张某B非法获利共计13500元；王某非法获利共计2000元。

· 辩护人提出对指控被告人张某A侵犯的公民个人信息的数量存在异议，认为出售的公民个人信息有相当一部分存在空号、停机的无效信息，且相当一部分已经过处理无法识别特定个人的信息，对该部分个人信息应予以剔除。

· 法院对辩护人的观点予以采纳，认为本案被告人出售的公民个人信息的数量应剔除这些虚假的信息，剔除的虚假信息数量酌定为总数的20%，认定本案被告人出售的公民个人信息为上述数量的80%，共计79000余条。

规则分析

在侵犯公民个人信息罪中,涉案个人信息数量是认定犯罪的主要依据。批量个人信息的数量认定与去重方式存在法律模糊状态,对于批量个人信息中存在的重复、不真实的无效信息,是否剔除、如何剔除存在较大的法律争议,导致实务中出现难以把握的情况。根据最高人民法院、最高人民检察院《关于办理侵犯公民个人信息刑事案件适用法律若干问题的解释》第1条的规定,“公民个人信息”是指以电子或者其他方式记录的能够单独或者与其他信息结合识别特定自然人身份或者反映特定自然人活动情况的各种信息,包括姓名、身份证号码、通信通讯联系方式、住址、账号密码、财产状况、行踪轨迹等。侵犯公民个人信息罪中的个人信息应当是真实的,可以与公民身份直接或间接产生关联的信息,不包括虚假、不真实的无效信息。

最高人民法院、最高人民检察院《关于办理侵犯公民个人信息刑事案件适用法律若干问题的解释》第11条第3款规定,对批量公民个人信息的条数,根据查获的数量直接认定,但是有证据证明信息不真实或者重复的除外。该条规定是否意味着举证责任倒置?是否意味着被告人需要承担证明证据不真实、重复的举证责任?司法实践中,对于批量个人信息,司法机关原则上是根据查获的数量直接认定条数,推定其具有真实性,由辩方承担证明批量个人信息中存在虚假的信息责任。笔者认为,司法实践中,司法机关适用推定规则将批量个人信息直接认定,存在一定的理解误区,不当减损其证明责任,损害了被告人的合法权益。

1. 控方对批量个人信息的有效性负有相当的举证责任

最高人民法院、最高人民检察院《关于办理侵犯公民个人信息刑事案件适用法律若干问题的解释》第11条并没有关举证责任倒置的规定,在一定程度上属于刑事推定的范畴。我国《刑事诉讼法》明确规定,刑事案件的举证责任在控方。对于举证能力差距甚大的控方与辩方,证明责任的倒置有违刑事诉讼的基本原则,举证责任只能由公诉方承担,不存在举证责任倒置的正当性。刑事证明标准的基本原则为“事实清楚，证据确实充分”。在刑事诉讼中，证明标准不可能也不应当降低，这是刑事诉讼法充分保障被告人合法权利的基本要求。在侵犯公民个人信息罪的举证中，控方当然需要对“批量个人信息的数量”及其有效性等基础性事实负有证明义务，并且要达到“事实清楚，证据确实充分”的程度。最高人民法院、最高人民检察院《关于办理侵犯公民个人信息刑事案件适用法律若干问题的解释》第 11 条第 3 款的规定，一定程度上免除了公诉机关对批量信息真伪性的证明责任，推定了查获的全部个人信息的有效性，但是推定必须根植于一个基础性事实。简而言之，就是想要得出事实乙，必须证明基础事实甲的存在。所以，作为推定“批量个人信息”真实有效的基础性事实，公诉机关仍需证明存在批量信息这一基础事实，且要达到案件事实清楚、证据确实充分的程度，并且在此基础上，控方需进一步对批量公民个人信息是否有效进行初步的核查。

2. 辩方的反驳证据无须达到确实充分的程度

在侵犯公民个人信息的案件中，根据最高人民法院、最高人民检察院《关于办理侵犯公民个人信息刑事案件适用法律若干问题的解释》第 11 条的规定，对于批量信息的认定允许被告人提出异议和反驳。那么，当行为人就批量个人信息的真伪提出相应证据说明信息重复或不真实，但未达到“证据确实充分”的证明程度，法庭能否将此不利因素归咎于被告人呢？答案应当是否定的。笔者认为，被告人为了证明自己无罪或罪轻就批量个人信息的有效性提出异议，是被告人的权利而非义务或责任。也就是说，辩方对于批量信息的真伪性举证并非责任使然，而是一种辩护权的延伸，相当于被告人以一种积极举证的方式为自己罪轻或无罪所做的有力辩护。[①] 并且，辩方举证目标是推翻前述推定所带来的不利事实结论。被告人在诉讼程序过程中处于弱势地位，如要求举证反驳推定事实需达到确实充分的程度，被告人辩护权将无法实现，也难以形成控辩双方良性平衡的诉讼角色。因此，被告人只需使案件事实陷入模糊、控方证据真伪不明、

---

① 参见付玉明：《侵犯公民个人信息案件之“批量公民个人信息”的数量认定规则——〈关于办理侵犯公民个人信息刑事案件适用法律若干问题的解释〉第 11 条第 3 款评析》，载《浙江社会科学》2017 年第 10 期。

不能排除合理怀疑时,就已经完成了积极的辩护,被告人就能够据此获得有利判决。

本案中,被告人张某 A、张某 B 以及王某先后 3 次出售公民个人信息,共计 9 万余条,对于其中明显无效、错误的公民个人信息,如手机号码重复、位数错误等,在计算公民个人信息数量时,应当予以剔除。证人王某华表明,控方所指控的公民个人信息里含有部分为完成公司业绩所编造的虚假个人信息,证人殷某光作为购买方也证实这些信息的真实有效性为 80%。法院综合上述证据以及从有利于被告人的角度出发,剔除的虚假信息数量酌定为总数的 20%,最后认定非法获取公民个人信息 7 万余条。

辩护攻略

在侵犯公民个人信息罪的辩护思路中,涉案个人信息数量辩护是一个较为妥当的路径。根据最高人民法院、最高人民检察院《关于办理侵犯公民个人信息刑事案件适用法律若干问题的解释》第 11 条,辩护人可以以批量个人信息中存在大量不真实、虚假的个人信息为依据,展开积极的举证辩护。辩方向法庭提出信息数量的意见时,应当尽可能地以现有证据为支撑,提出让法庭信服的理由和依据,尽量减少法庭的核查难度。从信息的了解程度来看,涉案信息的提供者、购买者以及使用者,都是对涉案信息产生准确性认识的主体。哪部分为真,哪部分为假,哪部分存在重复信息,哪部分存在真伪不明,对上述情况的认识要足够清晰。推翻公诉机关的主张需要辩护方证明该"批量公民个人信息"不真实的部分以及重合的部分,此为一种"证伪"的过程。作为辩护人,证明个人信息存在虚假部分,可以从以下两个方面展开工作:一方面,可以积极寻找涉案个人信息中存在不匹配、不对应或者错误情况的相关内容,与真实的信息相对应,以此反驳指控数量;另一方面,对涉案信息认识较为明确的主体,可以申请办案机关对其进行调查,或在庭审环节中通过向其发问查明事实,多管齐下使得数量有误的结论能够被办案机关认可。

法院判决

本案中，三被告人三次出售给他人的信息数量达到了99494条，该事实由在案的Excel文件、收款记录及被告人供述证实，但根据证人王某华的证言，证实了公诉机关指控的个人信息中包含了上海某商业保理有限公司员工为了完成公司业绩编造的虚假信息，证人殷某光的证言也证实这些信息的真实有效性为80%。结合被告人在庭审中的陈述，上述信息中包含了虚假的信息，法院认为，认定本案被告人出售的公民个人信息的数量时应剔除虚假的这些信息，综合在案证据及有利于被告人的角度，剔除的虚假信息数量酌定为总数的20%。故认定本案被告人出售的公民个人信息为上述数量的80%，共计79000余条。

相关法律规定

《刑法》(2023年修正)

第二百五十三条之一第一款　【侵犯公民个人信息罪】违反国家有关规定，向他人出售或者提供公民个人信息，情节严重的，处三年以下有期徒刑或者拘役，并处或者单处罚金；情节特别严重的，处三年以上七年以下有期徒刑，并处罚金。

最高人民法院、最高人民检察院《关于办理侵犯公民个人信息刑事案件适用法律若干问题的解释》(法释〔2017〕10号)

第一条　刑法第二百五十三条之一规定的“公民个人信息”，是指以电子或者其他方式记录的能够单独或者与其他信息结合识别特定自然人身份或者反映特定自然人活动情况的各种信息，包括姓名、身份证件号码、通信通讯联系方式、住址、账号密码、财产状况、行踪轨迹等。

第十一条　非法获取公民个人信息后又出售或者提供的，公民个人信息的条数不重复计算。

向不同单位或者个人分别出售、提供同一公民个人信息的，公民个人信息的条数累计计算。

对批量公民个人信息的条数，根据查获的数量直接认定，但是有证据证明信息不真实或者重复的除外。

类似案例

案号：（2017）闽0303刑初319号

虽然被告人李某在侦查阶段供述自己工作室内摆出的产品数量是48万余条，公安机关统计的涉案数据是12万余条，但因光盘中显示存在部分不真实和重复的公民个人信息，经扣除部分不真实和重复的公民个人信息后，李某非法获取、出售的公民个人信息的条数应为95863条，故辩护人的上述辩护意见成立，予以采纳。

五、企业的规范管理文件可以用于证明犯罪行为系员工个人行为，单位不用承担刑事责任

案号：(2016)甘0102刑初605号

关键词：侵犯公民个人信息罪；单位犯罪；规范化经营

裁判规则：在员工涉嫌侵犯公民个人信息罪的刑事案件中，单位的规范管理可以为自己避免刑事责任。单位在具有完善的规范化体制并已对员工进行了培训、测试的情况下，可以证明员工的犯罪行为不是单位意志的体现，从而剥离单位自己的刑事责任。

案情要点：

· 2011年至2013年9月，被告人雀巢(中国)有限公司西北区婴儿营养部事务经理郑某、雀巢(中国)有限公司兰州分公司婴儿营养部甘肃区域经理杨某，为了抢占市场份额，推销雀巢奶粉，授意该公司兰州分公司婴儿营养部员工被告人李某某等四人通过拉关系、支付好处费等手段，多次从多家医院医务人员手中非法获取公民个人信息。

· 上述被告人各自获取的公民个人信息数量为900余条到4万余条不等。

· 庭审中，多名被告人的辩护人提出本案系单位犯罪，应追究雀巢(中国)有限公司、公司主管人员、直接负责人员的刑事责任。

· 法院认为，在案证据证明雀巢公司不允许向医务人员支付任何资金或者其他利益，不允许员工以非法方式收集消费者个人信息。被告人的行为并非雀巢公司单位意志的体现，本案不属于单位犯罪。

规则分析

由于时代的更新换代，如今公司开展业务都呈现高度信息化、技术化的特点。无论是贸易销售类公司，还是服务咨询类公司，都需要获取和处理大量的公

民个人信息。所以，为了获取商业利益，以非法方式进行个人信息买卖的行为在当今也屡见不鲜。

随着公司规模的日益扩大，公司对于公民个人信息的处理应该更加严格。对公司而言，如果想要实现长期良性的发展，就必须开展规范化、合法化的经营。然而，即使公司已采取了各方面的规范经营措施，也依然无法控制员工的个人行为，难免有员工投机取巧。当这种情况发生时，又如何将公司行为与员工个人行为区分开呢？

根据刑法对单位行为与个人行为的区分，在实践中可以结合以下几个方面来加以具体判断：(1)单位是否真实，依法成立；(2)是否属于单位整体意志支配下的行为；(3)是否为单位谋取利益；(4)是否以单位名义。[①]

在本案中，雀巢公司依法成立，其真实存在毋庸置疑。从客观行为出发，经理也确以雀巢公司名义向医务人员非法获取公民个人信息，并且由于单位和员工的利益存在一致性，员工获利的同时为单位谋取了利益。因此，认定实施行为是否为单位犯罪的重点在于判断是否属于单位整体意志支配下的行为。

犯罪意志分为故意和过失。作为正规经营的大型公司，在该种情况下雀巢公司对员工的犯罪行为是否存在过失责任是判断本案是否构成单位犯罪的关键。

雀巢公司在面对该诉讼时，提供了公司的情况说明、公司所施行的《雀巢指示》《雀巢宪章》《关于与保健系统关系的图文指引》等文件，证明雀巢公司在制度层面上从不允许员工以非法方式收集消费者个人信息，并且从不为此向员工、医务人员提供资金。

从制度的落实来说，雀巢公司也提供了涉案员工的相关培训和测试文件，证明了雀巢公司的规范经营并未停留在纸面，其对员工进行了实际的宣讲与培训，明令禁止员工以向医务人员支付费用的方式获取公民信息。

因此，雀巢公司所提供的证据充分证明了自己已尽到了注意义务，也履行了

---

① 马汝方等贷款诈骗、违法发放贷款、挪用资金案，最高人民法院《刑事审判参考》案例 305 号(2004 年)。

管理、监督、教育、培训的责任，雀巢公司没有犯罪过失，也就不构成单位犯罪。

辩护攻略

本案充分地体现了企业规范化运营对于刑事辩护的意义，规范化的管理体系可以成为单位面临刑事风险时的一道坚固的防火墙。具体来说：首先，要建立公司内部的规范管理体系，依据法律法规、参考行业行规制定公司内部规范性文件。其次，这些规范需要落实到经营的各个方面，平时除了开展业务类培训外，还要进行相应的宣讲与培训，并留下培训记录、员工承诺书等书面文件，作为自己履行规范化管理责任的证明。再次，在开展相关业务时，也需要定期进行相关的检查工作，如果发现员工有违规的行为应及时作出整改、惩罚的处理，并留下相关记录。最后，公司在经营时应积极倡导规范化经营的企业文化，形成追求持续良好发展的企业氛围。在以上规范化措施落实到位之后，如果面临刑事诉讼，相关材料都可以成为证明单位无罪或罪轻的证据，辩护人也可以从这些角度积极调查取证，还原客观事实，为单位争取合法的权益。

法院判决

以下为甘肃省兰州市城关区人民法院在判决书中发表的意见：

多名辩护人提出本案系单位犯罪，应追究雀巢（中国）有限公司的刑事责任的辩护意见。经查，陈某某等人的证言、雀巢公司 DR 任务材料，雀巢公司证明、雀巢公司政策、员工行为规范等，证明雀巢公司不允许向医务人员支付任何资金或者其他利益，不允许员工以非法方式收集消费者个人信息。对于这些规定要求，雀巢公司要求所有营养专员接受培训并签署承诺函。被告人郑某、杨某甲、杨某、李某某、杜某某等明知法律法规以及公司禁止性规定的情况下，为完成工作业绩而置法律规范、公司规范于不顾，违规操作进而贿赂医务人员，获取公民个人信息的行为，并非雀巢公司的单位意志，故本案不属于单位犯罪，对该辩护意见不予支持。

相关法律规定

《刑法》(2023 年修正)

第三十条 【单位负刑事责任的范围】公司、企业、事业单位、机关、团体实施的危害社会的行为,法律规定为单位犯罪的,应当负刑事责任。

第三十一条 【单位犯罪的处罚原则】单位犯罪的,对单位判处罚金,并对其直接负责的主管人员和其他直接责任人员判处刑罚。本法分则和其他法律另有规定的,依照规定。

第二百五十三条之一【侵犯公民个人信息罪】违反国家有关规定,向他人出售或者提供公民个人信息,情节严重的,处三年以下有期徒刑或者拘役,并处或者单处罚金;情节特别严重的,处三年以上七年以下有期徒刑,并处罚金。

违反国家有关规定,将在履行职责或者提供服务过程中获得的公民个人信息,出售或者提供给他人的,依照前款的规定从重处罚。

窃取或者以其他方法非法获取公民个人信息的,依照第一款的规定处罚。

单位犯前三款罪的,对单位判处罚金,并对其直接负责的主管人员和其他直接责任人员,依照各该款的规定处罚。

最高人民法院、最高人民检察院《关于办理侵犯公民个人信息刑事案件适用法律若干问题的解释》(法释〔2017〕10 号)

第二条 违反法律、行政法规、部门规章有关公民个人信息保护的规定的,应当认定为刑法第二百五十三条之一规定的“违反国家有关规定”。

第四条 违反国家有关规定,通过购买、收受、交换等方式获取公民个人信息,或者在履行职责、提供服务过程中收集公民个人信息的,属于刑法第二百五十三条之一第三款规定的“以其他方法非法获取公民个人信息”。

第七条 单位犯刑法第二百五十三条之一规定之罪的,依照本解释规定的相应自然人犯罪的定罪量刑标准,对直接负责的主管人员和其他直接责任人员定罪处罚,并对单位判处罚金。

最高人民法院《关于审理单位犯罪案件具体应用法律有关问题的解释》(法释〔1999〕14号)

第二条　个人为进行违法犯罪活动而设立的公司、企业、事业单位实施犯罪的,或者公司、企业、事业单位设立后,以实施犯罪为主要活动的,不以单位犯罪论处。

《全国法院审理金融犯罪案件工作座谈会纪要》(法〔2001〕8号)

根据刑法和《最高人民法院关于审理单位犯罪案件具体应用法律有关问题的解释》的规定,以单位名义实施犯罪,违法所得归单位所有的,是单位犯罪。

类似案例

案号:(2020)浙0303刑初572号

法院认为,本案现有证据不能证实系单位集体研究决意实施犯罪,亦未证实系为了单位利益而实施;龙某提供源代码的行为是共同犯罪的一个环节,应对犯罪后果承担共同的刑事责任;本案已经造成危害后果,龙某的行为并未有效阻止危害后果发生,不构成犯罪中止,综上,辩护人上述意见,于法无据,均不予采纳,量刑建议亦不予采纳。

六、行为人侵犯185万余条公民个人信息，未造成严重危害后果获从轻处罚

案号：(2021)粤0117刑初51号

关键词：信息数量；侵犯公民个人信息；情节特别严重；综合考虑

裁判规则：侵犯公民个人信息已认定情节特别严重，但该档最终量刑不能仅以信息数量作为标准，还应当综合考虑信息类型、信息用途、获利数额、危害后果及获取手段等多种因素。即使所获取的信息数量特别巨大，但如果没有造成严重的危害后果或者重大经济损失和恶劣社会影响，仍可以从轻量刑。

案情要点：

·2020年4月至7月，被告人陈某钗充当破解人脸识别认证系统解封网络账号的中介，通过QQ等网络途径从下家承接破解人脸识别验证、解封微信、火币网等各种App账号的订单，再向他人购买与解封的账号所关联的身份信息匹配的公民身份照片，后将需要解封的账号、密码等整套信息转交给上家技术人员，由技术人员通过破解人脸识别认证的方式解封账号，从而赚取差价获利。

·被告人陈某钗共获取违法所得7730.11元。后公安民警在被告人陈某钗的电脑主机、手机中提取到公民信息约1856000条。

·公诉机关广东省广州市从化区人民检察院以陈某钗犯侵犯公民个人信息罪向人民法院提起公诉，并提出对被告人陈某钗判处4年以上5年以下有期徒刑并处罚金的量刑建议。

·辩护人提出涉案的公民信息数量只要没有造成严重后果那就是一个数字，对量刑只起参考作用，恳请法庭予以从轻处罚等辩护意见。

·法院认为，辩护人的辩护意见有理，予以采纳。公诉机关提出的对被告人陈某钗的量刑建议，法院予以调整。判决被告人陈某钗犯侵犯公民个人信息罪，判处有期徒刑3年3个月，并处罚金30000元。

规则分析

侵犯公民个人信息罪是情节犯，在最高人民法院、最高人民检察院《关于办理侵犯公民个人信息刑事案件适用法律若干问题的解释》中所规定的各种情形是认定是否符合犯罪构成和选定法定刑的依据。张明楷教授指出，当某种事实已经作为以情节严重或者情节特别严重选定法定刑的依据后，如果再将该事实作为在法定刑之内量刑的情节，便属于对同一事实进行了双重评价。[①] 因此，根据禁止重复评价原则，在确定法定刑起点或幅度后，影响量刑的事实应当是法定刑依据之外的事实。但张明楷教授同时认为，在情节特别严重的场合，如果犯罪事实已经远远超过情节特别严重的起点标准时，则法定刑升格条件的多余部分可以作为从重处罚的依据。

综上，从禁止重复评价原则出发，非法获得的公民个人信息数量在已经成为选定升格法定刑的依据后，原则上不能再作为既定法定刑之下的量刑情节。但例外是，在情节特别严重的情况下，超过情节特别严重起点的部分可以成为量刑的考虑因素。

该原则在最高人民法院、最高人民检察院《关于常见犯罪的量刑指导意见（试行）》中也得到了落实，根据该意见中关于量刑步骤的规定：首先，应根据基本犯罪构成事实在相应的法定刑幅度内确定量刑起点；其次，根据其他影响犯罪构成的犯罪数额、犯罪次数、犯罪后果等犯罪事实，在量刑起点的基础上增加刑罚量确定基准刑；最后，综合考虑全案情况，依法确定宣告刑。从第二步所规定的“其他……事实”来看，确定基准刑的因素应当为确定法定刑起点之外的因素。因此，本案中基准刑的确定可以考虑多余部分的信息数量，但其不是唯一的认定因素，还应该考虑其他因素，如行为造成的结果等，根据全案情况，确定宣告刑。从以上步骤来看，审判中的量刑活动是动态的过程，宣告刑的确定是一个综

① 参见张明楷：《刑罚裁量中关于量刑情节的适用》，载《民主与法制》2022 年第 15 期。

合认定的结果,对被告人的量刑并不由单一的因素决定,在这个过程中须全面掌握主观恶性、犯罪手段、犯罪性质,并综合评价犯罪的社会危害程度、行为人再犯罪可能性大小等情节。

在本案中,行为人获取的公民个人信息数量庞大,已经对其进行了升格的法定刑处理,认定法定刑起点后的剩余信息部分并没有对个人产生危害结果。综合考虑信息类型、信息用途、获利数额、危害后果及获取手段等因素后,法院最终没有采纳检察院的量刑建议,判处了比量刑建议更轻的刑罚。

辩护攻略

虽然侵犯公民个人信息罪的情节认定较为复杂,但在量刑时辩护人仍应从具体的步骤要求出发,判断犯罪事实属于哪一刑档,量刑时是否有其他因素可以考虑,是否重复评价,是否遗漏评价,在事实情形判断难度较高的司法实践中,力求为当事人争取最有利的结果。

法院判决

法院认为,被告人陈某钗违反国家有关规定,非法获取并向他人出售公民个人信息,属于情节特别严重,其行为已构成侵犯公民个人信息罪。经查,被告人陈某钗是初犯,获利较少,但非法获取的公民个人信息数量已达到法定的“情节特别严重”,法定刑属于“处 3 年以上 7 年以下有期徒刑”,由于互联网的发展而利用网络技术手段能获取的公民个人信息数量庞大,在一定程度上导致此类犯罪大量滋生,鉴于此特点,法院认为量刑时不应单纯以信息数量来判定,还应当综合考虑信息类型、信息用途、获利数额、危害后果及获取手段等因素,故辩护人的辩护意见有理,法院予以采纳。公诉机关提出的对被告人陈某钗的量刑建议,法院予以调整。

相关法律规定

《刑法》(2023 年修正)

第二百五十三条之一　【侵犯公民个人信息罪】违反国家有关规定,向他人出售或者提供公民个人信息,情节严重的,处三年以下有期徒刑或者拘役,并处或者单处罚金;情节特别严重的,处三年以上七年以下有期徒刑,并处罚金。

违反国家有关规定,将在履行职责或者提供服务过程中获得的公民个人信息,出售或者提供给他人的,依照前款的规定从重处罚。

窃取或者以其他方法非法获取公民个人信息的,依照第一款的规定处罚。

单位犯前三款罪的,对单位判处罚金,并对其直接负责的主管人员和其他直接责任人员,依照各该款的规定处罚。

最高人民法院、最高人民检察院《关于办理侵犯公民个人信息刑事案件适用法律若干问题的解释》(法释〔2017〕10 号)

第五条　非法获取、出售或者提供公民个人信息,具有下列情形之一的,应当认定为刑法第二百五十三条之一规定的"情节严重":

(一)出售或者提供行踪轨迹信息,被他人用于犯罪的;

(二)知道或者应当知道他人利用公民个人信息实施犯罪,向其出售或者提供的;

(三)非法获取、出售或者提供行踪轨迹信息、通信内容、征信信息、财产信息五十条以上的;

(四)非法获取、出售或者提供住宿信息、通信记录、健康生理信息、交易信息等其他可能影响人身、财产安全的公民个人信息五百条以上的;

(五)非法获取、出售或者提供第三项、第四项规定以外的公民个人信息五千条以上的;

(六)数量未达到第三项至第五项规定标准,但是按相应比例合计达到有关数量标准的;

（七）违法所得五千元以上的；

（八）将在履行职责或者提供服务过程中获得的公民个人信息出售或者提供给他人，数量或者数额达到第三项至第七项规定标准一半以上的；

（九）曾因侵犯公民个人信息受过刑事处罚或者二年内受过行政处罚，又非法获取、出售或者提供公民个人信息的；

（十）其他情节严重的情形。

实施前款规定的行为，具有下列情形之一的，应当认定为刑法第二百五十三条之一第一款规定的“情节特别严重”：

（一）造成被害人死亡、重伤、精神失常或者被绑架等严重后果的；

（二）造成重大经济损失或者恶劣社会影响的；

（三）数量或者数额达到前款第三项至第八项规定标准十倍以上的；

（四）其他情节特别严重的情形。

最高人民法院、最高人民检察院《关于常见犯罪的量刑指导意见（试行）》（法发〔2021〕21号）

二、量刑的基本方法

量刑时，应当以定性分析为主，定量分析为辅，依次确定量刑起点、基准刑和宣告刑。

（一）量刑步骤

1. 根据基本犯罪构成事实在相应的法定刑幅度内确定量刑起点。

2. 根据其他影响犯罪构成的犯罪数额、犯罪次数、犯罪后果等犯罪事实，在量刑起点的基础上增加刑罚量确定基准刑。

3. 根据量刑情节调节基准刑，并综合考虑全案情况，依法确定宣告刑。

……

类似案例

案号:(2018)冀0803刑初87号

辩护人提出80806条信息中已被订购的信息并未实际交付,实际售卖完成交易的价款仅有2650元,最多也就几千条信息,其余绝大多数信息仍处于收藏状态,未进行交易,没有产生社会危害性的辩护意见。经查,被告人柳某洋获取公民个人信息的方式,一是购买,二是从杨某朋处窃取复制所得,均应认定为非法获取,其行为侵犯了公民个人信息的私密性,具有社会危害性,应予定罪处罚。被告人柳某洋出售信息共获款17050元,其中两笔所得款14400元,被告人柳某洋获款后并未向买方交付信息,被告人非法获取的公民个人信息绝大部分处于存储状态,尚未被出售交易,被告人柳某洋的犯罪行为并未造成严重的危害后果或者重大经济损失和恶劣社会影响,故可根据被告人交付信息数量及违法所得数额,对其酌情从轻处罚。

七、处理权利人自愿提供的公民个人信息不构成犯罪

案号：(2018)辽1322刑初174号

关键词：侵犯公民个人信息罪；公民个人信息；用户数量认定；重复计算；综合认定

裁判规则：获取型侵犯公民个人信息的案件，行为人在获取方法上必须具有违法性，行为人向他人提供赠品获取的信息，系他人自愿填写，该获取行为并未违反国家相关规定，故不应当被认定为系侵犯公民个人信息的行为。

案情要点：

·2016年3月左右，被告人李某某委托被告人陈某某在互联网相关网站为其公司发布虚假广告，被告人胡某某在未核实广告内容真实性的情况下，将该广告投放到互联网网站后通过手机微信进行推广，并将通过该广告获取的点击“免费领取”者登记的个人信息提供给被告人陈某某，再由陈某某提供给李某某。被告人之间先按点击广告链接的IP地址数量结算费用，后按点击“免费领取”者登记的个人信息条数结算费用。

·至2017年3月，被告人陈某某以该种方式向被告人李某某提供公民个人信息159808条。自2016年5月至2017年3月，被告人李某某通过涉案银行卡共转给被告人陈某某工行账户6033587元；被告人陈某某通过工行账户转给被告人胡某某招行账户3338100元，其他涉案银行卡转给被告人胡某某招行账户180000元。

·公诉机关指控被告人李某某、王某某、栾某某违反国家有关规定非法获取公民个人信息；被告人陈某某、邹某、胡某某违反国家有关规定向他人提供公民个人信息，六被告人均情节特别严重，其行为构成侵犯公民个人信息罪。

·法院认为，公诉机关指控六被告人犯侵犯公民个人信息罪不能成立。被告人李某某、王某某、栾某某、陈某某的辩护人提出的被告人李某某、王某某、栾某某、陈某某不构成侵犯公民个人信息罪的辩护意见，法院予以采纳。

规则分析

在当今信息时代,个人信息的保护已经成为一个焦点问题。随着互联网和移动通信技术的飞速发展,人们日常生活中产生的信息量急剧增加,个人信息的收集、处理、存储和传输变得日益频繁。这些信息在提高生活便捷性的同时,极大地增加了信息泄露的风险。在这种背景下,侵犯公民个人信息罪这一罪名应运而生,《刑法》第 253 条之一第 1 款规定,违反国家有关规定,向他人出售或者提供公民个人信息,情节严重的,处 3 年以下有期徒刑或者拘役,并处或者单处罚金;情节特别严重的,处 3 年以上 7 年以下有期徒刑,并处罚金。

根据司法解释的阐述,“公民个人信息”是指以电子或者其他方式记录的能够单独或者与其他信息结合识别特定自然人身份或者反映特定自然人活动情况的各种信息,包括姓名、身份证件号码、通信通讯联系方式、住址、账号密码、财产状况、行踪轨迹等。该类信息具有以下特征:(1)与公民个人具有直接联系,具有专属性;(2)由于其承载了公民的各类权利,如果任由他人非法获取、使用,势必会导致公民的个人权利受到侵害,甚至会影响社会公共秩序。正因为有以上特征,才使公民个人信息在刑法的特定框架下具有了保护的价值,但是并非一切获取、使用公民个人信息的行为都会构成犯罪。如果公民将个人信息自愿填写至平台,在满足特定条件的情况下,平台获取、使用其信息可能不会构成侵犯公民个人信息罪。上文案例中的裁判思路值得参考,关于公民将信息自愿填写至平台,平台获取、使用信息的行为定性,法院在认定时分为两个层面:第一,从获取信息的手段上看,公民信息自愿填写,并非使用非法手段获取,根据司法解释的规定,本罪在获取公民个人信息的方法上必须具有违法性,而自愿填写的行为在刑法中属于权利人承诺,不具有刑事违法性;第二,从平台使用的方法、目的看,平台在获取信息后只是用于向相关人员推销产品,并未出售或提供给他人,没有对公民权利造成实质性侵害,社会危害性没有达到需要刑法评价的程度。

基于本文案例及相关法律规定,笔者认为,并非平台所有的获取及使用公民个人信息的行为均构成侵犯公民个人信息罪，关于公民信息合法流转买卖的情形，基于相关法律规定及案例检索，笔者认为应当满足以下条件：(1)获取及处理公民个人信息是基于平台经营的必要需求；(2)获取公民个人信息时，平台应让公民明确知悉被获取信息的处理目的、处理方式，处理的个人信息种类、保存期限，并征得公民个人同意；(3)将公民信息流转至其他商户时，应当向公民告知接收方的名称、联系方式、处理目的、处理方式和个人信息的种类，并取得公民同意；(4)流转过程中，商户需对公民个人信息采取严格保护措施；(5)商家对公民信息的处理目的、处理方式不能违反法律及行政法规的规定。

辩护攻略

在侵犯公民个人信息案件辩护的过程中，证明当事人获取公民信息的行为不具有违法性可以作为律师主要的辩护策略，而让办案机关采纳公民已经明确知悉将相关信息填写至平台的用途，并同意平台使用的观点往往难度较大，也考验着律师的辩护水平。就笔者所在律师团队承办的侵犯公民个人信息罪的案件来看，仅以用户勾选对号、同意平台进入页面的提示作为公民自愿的证据往往办案机关不会认可。辩护人应当结合全案卷宗材料，形成完整的证据链条，具体包括平台公司的业务性质的书证、被告人的言词证据、平台流水、用户填写信息界面的提示等，条件允许的情况下还可以建议办案机关对平台用户进行询问，了解用户的真实意愿，争取办案机关采纳平台收集、使用公民信息的行为不具有刑事违法性的意见，达到良好的辩护效果。

法院判决

从获取公民个人信息的手段看，被告人陈某某、邹某、胡某某向被告人李某某、栾某某所提供的相关公民个人信息系通过被告人李某某、王某某发布网络虚假广告所获取，该信息系相关个人为获取免费赠品而自愿填写，并非被告人通过其他非法手段获取，根据最高人民法院、最高人民检察院《关于办理侵犯公民个人信息刑事案件适用法律若干问题的解释》的规定,本罪在获取公民个人信息的方法上必须具有违法性,现有证据不能证明六被告人获取公民个人信息违反了国家相关规定,故六被告人获取公民个人信息的行为是否具有违法性存疑。

从被获取的公民个人信息的使用方法、目的看,被告人李某某获取公民个人信息后,只是利用该信息向相关人员推销本公司的产品,并未将该信息出售或提供给他人,也未泄露该信息,故六被告人的行为在客观上是否具有社会危害性存疑;上述疑点至庭审结束仍未得到合理有效之排除,故公诉机关指控六被告人犯侵犯公民个人信息罪事实不清,证据不足,根据"疑罪从无"的原则,公诉机关指控六被告人犯侵犯公民个人信息罪不能成立。被告人李某某、王某某、栾某某、陈某某的辩护人提出的被告人李某某、王某某、栾某某、陈某某不构成侵犯公民个人信息罪的辩护意见,法院予以采纳。

相关法律规定

《刑法》(2023 年修正)

第二百五十三条之一　【侵犯公民个人信息罪】违反国家有关规定,向他人出售或者提供公民个人信息,情节严重的,处三年以下有期徒刑或者拘役,并处或者单处罚金;情节特别严重的,处三年以上七年以下有期徒刑,并处罚金。

违反国家有关规定,将在履行职责或者提供服务过程中获得的公民个人信息,出售或者提供给他人的,依照前款的规定从重处罚。

窃取或者以其他方法非法获取公民个人信息的,依照第一款的规定处罚。

单位犯前三款罪的,对单位判处罚金,并对其直接负责的主管人员和其他直接责任人员,依照各该款的规定处罚。

最高人民法院、最高人民检察院《关于办理侵犯公民个人信息刑事案件适用法律若干问题的解释》(法释〔2017〕10 号)

第一条　刑法第二百五十三条之一规定的"公民个人信息",是指以电子或者其他方式记录的能够单独或者与其他信息结合识别特定自然人身份或者反映特定自然人活动情况的各种信息，包括姓名、身份证件号码、通信通讯联系方式、住址、账号密码、财产状况、行踪轨迹等。

第三条　向特定人提供公民个人信息，以及通过信息网络或者其他途径发布公民个人信息的，应当认定为刑法第二百五十三条之一规定的“提供公民个人信息”。

未经被收集者同意，将合法收集的公民个人信息向他人提供的，属于刑法第二百五十三条之一规定的“提供公民个人信息”，但是经过处理无法识别特定个人且不能复原的除外。

第四条　违反国家有关规定，通过购买、收受、交换等方式获取公民个人信息，或者在履行职责、提供服务过程中收集公民个人信息的，属于刑法第二百五十三条之一第三款规定的“以其他方法非法获取公民个人信息”。

第五条　非法获取、出售或者提供公民个人信息，具有下列情形之一的，应当认定为刑法第二百五十三条之一规定的“情节严重”：

（一）出售或者提供行踪轨迹信息，被他人用于犯罪的；

（二）知道或者应当知道他人利用公民个人信息实施犯罪，向其出售或者提供的；

（三）非法获取、出售或者提供行踪轨迹信息、通信内容、征信信息、财产信息五十条以上的；

（四）非法获取、出售或者提供住宿信息、通信记录、健康生理信息、交易信息等其他可能影响人身、财产安全的公民个人信息五百条以上的；

（五）非法获取、出售或者提供第三项、第四项规定以外的公民个人信息五千条以上的；

（六）数量未达到第三项至第五项规定标准，但是按相应比例合计达到有关数量标准的；

（七）违法所得五千元以上的；

（八）将在履行职责或者提供服务过程中获得的公民个人信息出售或者提供给他人，数量或者数额达到第三项至第七项规定标准一半以上的；

（九）曾因侵犯公民个人信息受过刑事处罚或者二年内受过行政处罚，又非法获取、出售或者提供公民个人信息的；

（十）其他情节严重的情形。

实施前款规定的行为，具有下列情形之一的，应当认定为刑法第二百五十三条之一第一款规定的"情节特别严重"：

（一）造成被害人死亡、重伤、精神失常或者被绑架等严重后果的；

（二）造成重大经济损失或者恶劣社会影响的；

（三）数量或者数额达到前款第三项至第八项规定标准十倍以上的；

（四）其他情节特别严重的情形。

第六条　为合法经营活动而非法购买、收受本解释第五条第一款第三项、第四项规定以外的公民个人信息，具有下列情形之一的，应当认定为刑法第二百五十三条之一规定的"情节严重"：

（一）利用非法购买、收受的公民个人信息获利五万元以上的；

（二）曾因侵犯公民个人信息受过刑事处罚或者二年内受过行政处罚，又非法购买、收受公民个人信息的；

（三）其他情节严重的情形。

实施前款规定的行为，将购买、收受的公民个人信息非法出售或者提供的，定罪量刑标准适用本解释第五条的规定。

第十条　实施侵犯公民个人信息犯罪，不属于"情节特别严重"，行为人系初犯，全部退赃，并确有悔罪表现的，可以认定为情节轻微，不起诉或者免予刑事处罚；确有必要判处刑罚的，应当从宽处罚。

第十一条　非法获取公民个人信息后又出售或者提供的，公民个人信息的条数不重复计算。

向不同单位或者个人分别出售、提供同一公民个人信息的，公民个人信息的条数累计计算。

对批量公民个人信息的条数，根据查获的数量直接认定，但是有证据证明信息不真实或者重复的除外。

第十二条　对于侵犯公民个人信息犯罪，应当综合考虑犯罪的危害程度、犯罪的违法所得数额以及被告人的前科情况、认罪悔罪态度等，依法判处罚金。罚金数额一般在违法所得的一倍以上五倍以下。

类似案例

案号：(2018)粤0604刑初717号

法院认为，侵犯公民个人信息罪主要是惩治违背公民个人意愿，出售、非法提供其个人信息和非法获取、倒卖公民个人信息的行为。从在案证据来看，被告人肖某昌供称“找我办理实名认证的上家都是中介，这些中介提供的驾驶员资料都是因为驾驶员要卖分因而将个人相关资料提供给中介。为了保证是驾驶人本人自愿办理实名认证，我要求上家提供给我的信息必须附带驾驶人本人手持驾驶证或身份证的照片”；被告人肖某昌与上家的微信聊天记录中有大量驾驶员手持驾驶证的照片，且当上家询问实名要什么资料时，肖某昌回复需要“手持驾驶证拍照，电话号码”；证人谭某的证言称其自愿将其驾驶证拍照发给其丈夫，为其他车辆扣分。上述证据表明，本案存在驾驶员为了卖分而自愿提供个人身份信息给中介办理实名认证的情况，因此，该部分不符合侵犯公民个人信息罪的构成要件和犯罪特征，应予以剔除。

八、手机裸号不是刑法规定的公民个人信息

案号：(2020)苏0508刑初31号

关键词：侵犯公民个人信息罪；公民个人信息；手机裸号；网贷推销

裁判规则：公民个人信息是能够单独或者与其他信息结合识别特定自然人身份或者反映特定自然人活动情况的信息。手机裸号不能够单独识别特定自然人，在其也不能够与其他信息结合识别特定自然人身份时，亦不属于公民个人信息，认定侵犯公民个人信息罪涉案信息数量时应当对仅有手机裸号的信息予以剔除。

案情要点：

·2018年12月底至2019年3月，出于网贷推销目的，被告人马某光先后多次通过QQ、微信等聊天软件出售公民个人信息给被告人雷某明及"老师"；被告人雷某明以购买的方式从被告人马某光处非法获取公民个人信息，又将其他非法获取的公民个人信息先后多次通过QQ等聊天软件出售给他人。

·公诉机关指控，被告人马某光出售公民个人信息共计70万余条，违法所得共计72116元；被告人雷某明非法获取、出售公民个人信息共计50万余条，违法所得2585元。

·辩护人的主要辩护意见为，本案信息多数为手机裸号，不能与特定自然人相关联，不属于公民个人信息。

·法院采纳该辩护意见，认为手机裸号不能够单独识别特定自然人，本案中手机裸号也不属于能够与其他信息结合识别特定自然人身份的信息，不属于公民个人信息，在认定信息数量时应当予以剔除。最终认定被告人马某光出售的公民个人信息共计73959条(减60万余条)，违法所得36980元(减35136元)，被告人雷某明非法获取及向他人出售的公民个人信息共计77044条(减40万余条)，违法所得为2585元。

规则分析

公民个人信息的认定关系着侵犯公民个人信息案中的信息数量认定,进而关系到对行为人的情节认定。根据最高人民法院、最高人民检察院《关于办理侵犯公民个人信息刑事案件适用法律若干问题的解释》第1条的规定,“公民个人信息”是指以电子或者其他方式记录的能够单独或者与其他信息结合识别特定自然人身份或者反映特定自然人活动情况的各种信息,包括姓名、身份证件号码、通信通讯联系方式、住址、账号密码、财产状况、行踪轨迹等。由此可知,公民个人信息概念的核心在于其对于特定自然人身份活动的可识别性,“可识别性是公民个人信息的根本特性”。

但是,随着当下信息网络技术的发展,加之个人信息保护目前并不完善,似乎已经不存在完全不具有识别可能性的信息。只要具备一定的技术手段、付出一定的时间成本,或许对任何微小的信息都能锁定到具体的自然人。要将社会中所有的信息流动都归入刑法处罚的范围显然是不妥当的。那么,在个人信息保护的场域,刑法的边界应当作用到何处?案涉信息可识别到何种程度方能认定为可以识别特定自然人身份?其中一项典型的争议即为,单纯的手机号码是否属于刑法意义上的公民个人信息,将其出售或向他人提供是否应受侵犯公民个人信息罪评价?

要判断手机裸号是否具有可识别性,应当具体考虑识别主体即行为人的识别能力和识别成本,不能过分扩张刑法上公民个人信息的边界。首先,手机裸号不能单独识别特定自然人。除非是通信公司相关业务员工或公安民警等直接掌握包含公民手机号码和其他身份信息数据的特殊人员,一般公民仅凭手机裸号无法通过常规、合理的途径直接识别出特定自然人。其次,一般公民要利用手机裸号对应特定自然人需要耗费巨大识别成本,此时手机裸号也不应认定为能与其他信息结合识别特定自然人身份的公民个人信息。本案中,如果被告人意图进行信息识别,势必需要花费大量时间、金钱、专业知识和人力等,识别成本将远远超过行为人实现目的所能承受的合理成本范围,因此这些手机裸号在被告人处置的过程中几乎不可能识别到具体自然人。此时,手机裸号不具有可识别性,不应认定为公民个人信息。

此外,本案关注了行为人的主观目的与行为后果,为公民个人信息可识别性认定的规则构建与裁判理由的完善提供了更多依据。一般认为,公民个人信息一定程度上是从隐私权中分离出来的权利,侵犯公民个人信息罪所保护法益的重要方面应当为隐私和生活安宁。本案中,被告人主观上并不想确定每个手机号码背后所关联的特定自然人,其目的仅在于出售手机号码牟利。本案涉案信息被用于网贷推销,虽然确实会侵扰个人生活安宁,但是这些手机裸号并不具有可识别性,不能对应到特定自然人,对个人生活安宁的侵扰程度和对个人人身、财产安全造成的风险均较低。刑法具有谦抑性,对于出售、提供不具有可识别性的手机裸号的行为,不应纳入刑法处置范围。

辩护攻略

在侵犯公民个人信息案件中,涉案信息数量的认定影响情节认定,甚至影响是否入罪。在实践中,当事人出售、提供大量手机裸号,或信息中没有公民姓名或者姓名栏中只有一个单姓或署名为“小姐”“女士”“先生”或绰号及公司企业、商铺的,明显不是自然人个人姓名,由此不能识别特定自然人身份或者特定自然人活动情况的,辩护人应当及时提出辩护意见,以最高人民法院、最高人民检察院出台的司法解释为依据明晰刑法上公民个人信息认定的边界,主张将该类不具有可识别性的信息从案件信息数量中剔除,以期对当事人达到情节减轻甚至出罪的辩护效果。

法院判决

法院认为,根据最高人民法院、最高人民检察院司法解释的规定,公民个人信息应当与特定自然人相关联,就本案涉及的手机裸号而言,能否认定为公民个人信息需结合信息本身的可识别程度作出判断。

首先,手机裸号不能够单独识别特定自然人。虽然我国手机号码已全面实行实名制,每一个手机号码必然对应相关自然人,但非经法定程序进行查询,普通公众无法通过常规、合理的途径直接识别出特定自然人。其次,本案中手机裸号也不属于能够与其他信息结合识别特定自然人身份的信息。从需要结合其他信息的程度看,本案中手机裸号无法直接识别特定自然人,至少需结合姓名或与姓名对应的其他重要或者较多的个人信息才能具体识别;从被告人的主观目的看,本案中的手机号码均是经筛选具有网贷需求的特定群体的信息,被告人主观上也并不追求每个手机号码背后所关联的特定自然人,其目的仅在于使其交易对象能够与他人建立联系,并以出售手机号码牟利;从危害后果看,本案信息用途为网贷推销,此类推销行为势必对个人生活造成打扰,但仅凭手机裸号无法形成针对特定自然人详细而准确的整体信息,此时此类信息对个人生活安宁的侵扰程度,以及对个人人身、财产安全造成的风险均较低,在本案中尚未达到需以刑罚处罚的程度。

综上,法院认为,本案中的手机裸号不属于公民个人信息,在认定信息数量时应当予以剔除。

相关法律规定

《刑法》(2023 年修正)

第二百五十三条之一 【侵犯公民个人信息罪】违反国家有关规定,向他人出售或者提供公民个人信息,情节严重的,处三年以下有期徒刑或者拘役,并处或者单处罚金;情节特别严重的,处三年以上七年以下有期徒刑,并处罚金。

违反国家有关规定,将在履行职责或者提供服务过程中获得的公民个人信息,出售或者提供给他人的,依照前款的规定从重处罚。

窃取或者以其他方法非法获取公民个人信息的,依照第一款的规定处罚。

单位犯前三款罪的,对单位判处罚金,并对其直接负责的主管人员和其他直接责任人员,依照各该款的规定处罚。

最高人民法院、最高人民检察院《关于办理侵犯公民个人信息刑事案件适用法律若干问题的解释》(法释〔2017〕10号)

第一条　刑法第二百五十三条之一规定的“公民个人信息”,是指以电子或者其他方式记录的能够单独或者与其他信息结合识别特定自然人身份或者反映特定自然人活动情况的各种信息,包括姓名、身份证件号码、通信通讯联系方式、住址、账号密码、财产状况、行踪轨迹等。

第五条　非法获取、出售或者提供公民个人信息,具有下列情形之一的,应当认定为刑法第二百五十三条之一规定的“情节严重”:

(一)出售或者提供行踪轨迹信息,被他人用于犯罪的;

(二)知道或者应当知道他人利用公民个人信息实施犯罪,向其出售或者提供的;

(三)非法获取、出售或者提供行踪轨迹信息、通信内容、征信信息、财产信息五十条以上的;

(四)非法获取、出售或者提供住宿信息、通信记录、健康生理信息、交易信息等其他可能影响人身、财产安全的公民个人信息五百条以上的;

(五)非法获取、出售或者提供第三项、第四项规定以外的公民个人信息五千条以上的;

(六)数量未达到第三项至第五项规定标准,但是按相应比例合计达到有关数量标准的;

(七)违法所得五千元以上的;

(八)将在履行职责或者提供服务过程中获得的公民个人信息出售或者提供给他人,数量或者数额达到第三项至第七项规定标准一半以上的;

(九)曾因侵犯公民个人信息受过刑事处罚或者二年内受过行政处罚,又非法获取、出售或者提供公民个人信息的;

(十)其他情节严重的情形。

实施前款规定的行为,具有下列情形之一的,应当认定为刑法第二百五十三

条之一第一款规定的“情节特别严重”:

(一)造成被害人死亡、重伤、精神失常或者被绑架等严重后果的;

(二)造成重大经济损失或者恶劣社会影响的;

(三)数量或者数额达到前款第三项至第八项规定标准十倍以上的;

(四)其他情节特别严重的情形。

《检察机关办理侵犯公民个人信息案件指引》(高检发侦监字〔2018〕13号)

二、需要特别注意的问题

在侵犯公民个人信息案件审查逮捕、审查起诉中,要根据相关法律、司法解释等规定,结合在案证据,重点注意以下问题:

(一)对“公民个人信息”的审查认定

根据《解释》的规定,公民个人信息是指以电子或者其他方式记录的能够单独或者与其他信息结合识别特定自然人身份或者反映特定自然人活动情况的各种信息,包括姓名、身份证件号码、通信通讯联系方式、住址、账号密码、财产状况、行踪轨迹等。经过处理无法识别特定自然人且不能复原的信息,虽然也可能反映自然人活动情况,但与特定自然人无直接关联,不属于公民个人信息的范畴。

……

类似案例

1. 案号:(2019)闽0125刑初44号

法院认为,被告人翁某榕、王某义、陈某枝等人的辩护人关于单纯手机号码信息、芝麻信用分征信信息不属于《刑法》第253条之一规定的“公民个人信息”的诉辩意见成立,予以采纳。最终认定信息数量时,对被告人翁某榕等人扣除单纯手机号码33.5万条。

2. 案号:(2020)粤2071刑初393号

法院认为,“公民个人信息”,是指以电子或者其他方式记录的能够单独或者与其他信息结合识别特定自然人身份或者反映特定自然人活动情况的各种信息。据此，所指控的涉案信息中仅含有手机号码，或者没有公民姓名（姓名栏是空白或是“未实名认证”），或者姓名栏中只有一个单姓或署名为“小姐”“女士”“先生”或绰号及公司企业、商铺等明显不是自然人个人姓名的，这些不能识别特定自然人身份或者特定自然人活动情况的信息数量均不计入犯罪数额。最终认定信息数量时，对被告人叶某扣除不能识别特定自然人身份或者特定自然人活动情况的信息2万余条。对二被告人均判处量刑建议的最低刑期。

3. 案号：(2021)湘0424刑初215号

法院认为，“公民个人信息”是指以电子或者其他方式记录的能够单独或者与其他信息结合识别特定自然人身份或者反映特定自然人活动情况的各种信息。本案中，存在纯手机号码或手机号码加股票种类等信息不足以识别特定自然人身份或反映特定自然人活动的情况。根据有利于被告人的原则，应当将该部分信息予以减除。最终认定信息数量时，对被告人王某扣除纯手机号码和手机号码加股票名称的信息24万余条，对被告人王某博扣除纯手机号码和手机号码加股票名称的信息40万余条。

4. 案号：(2020)皖0824刑初94号

法院认为，“公民个人信息”是指以电子或者其他方式记录的能够单独或者与其他信息结合识别特定自然人身份或者反映特定自然人活动情况的各种信息。纯手机号码反映不了特定自然人的身份或者活动情况，故起诉书指控只含“纯手机号码”的电子文档信息，不应认定为侵犯公民个人信息。姓名和家庭住址、姓名和公民身份证号码才能识别特定自然人的身份，起诉书指控的电子文档信息中不包含上述两项的，均不能认定为侵犯公民个人信息。最终判处被告人聂某金有期徒刑3年，缓刑3年，并处罚金2万元。

扩展阅读

公民个人信息在刑事司法中的认定——以法定代表人信息为例

随着信息网络的发展，公民个人的信息保护愈加受到人们的重视，2015年

《刑法修正案(九)》将“出售、非法提供公民个人信息罪”和“非法获取公民个人信息罪”整合为“侵犯公民个人信息罪”,随之最高人民法院、最高人民检察院也颁布了相关的司法解释,加大了对公民个人信息的保护力度。近年来,在司法机关对该罪的适用中,关于“公民个人信息”的认定一直是一个焦点问题,涉案信息是否属于“公民个人信息”往往是影响罪与非罪、轻罪与重罪的重要因素。本文将以“法定代表人信息”为例,结合实务案例、学界理论,展开讨论该类信息是否属于“公民个人信息”,并基于讨论结果对涉信息企业提出一些规范管理的建议。

1. 实务之现状

首先要指明的是,笔者根据目前已公开的案例,发现法定代表人信息通常是指“法定代表人姓名+手机号码”。所以,本文讨论的是,法定代表人姓名和手机号码是否属于公民个人信息。

笔者通过检索目前已公开的判例,发现部分司法机关认为法定代表人信息不属于公民个人信息,将此作为出罪的理由,但部分司法机关则认为法定代表人信息属于公民个人信息,从而将此信息数量纳入量刑事实依据。

具体而言,认为法定代表人信息“不属于”公民个人信息的理由如下:

(1)法定代表人信息不具有可识别性。例如,在徐某某、邱某某等侵犯公民个人信息案中,法院认为司法解释对于侵犯公民个人信息罪中的公民个人信息已作出界定,系有关自然人身份或反映自然人活动情况的各种信息,法人信息不在此列,对于指控数量中涉及法人信息及其法定代表人的信息条数应予剔除。[①]在王某某侵犯公民个人信息罪中,检察机关也认为王某某向他人提供的上述企业信息不属于结合识别特定自然人身份或者反映特定自然人活动情况的公民个人信息。[②] 并且有法官认为,在公示的企业法定代表人信息中有相当部分仅为法定代表人的姓名和手机号码,它既不同于财产信息、交易信息等敏感信息,又不同于一般公民个人信息,无法识别特定自然人身份或反映特定自然人活动情

① 参见重庆市渝中区人民法院刑事判决书,(2018)渝0103刑初156号。

② 参见山东省青岛市城阳区人民检察院不起诉决定书,青城阳检一部刑不诉〔2021〕90号。

况，故不应认定为公民个人信息。[①]

（2）法定代表人主动公开自己信息的行为丧失了公民个人信息所保护的隐私性。例如，在王某侵犯公民个人信息案中，法院认为，涉案信息提取自公开的商业网站中企业介绍自己生产、经营、销售产品状况的广告信息。其中包含的法定代表人或联系人姓名、手机号码应当是相关当事人自愿公开的，相关人员在将此类信息公开时，必然会预见有被他人使用甚至不当使用的可能性。[②]

认为法定代表人信息"属于"公民个人信息的理由如下：

（1）法定代表人信息具有可识别性，属于刑法所保护的公民个人信息。例如，在郭某某与刘某某、严某侵犯公民个人信息案二审裁定书中，法院认为，司法解释规定公民个人信息是指以电子或者其他方式记录的能够单独或者与其他信息结合识别特定自然人身份或者反映特定自然人活动情况的各种信息，包括姓名、身份证件号码、通信通讯联系方式、住址、账号密码、财产状况、行踪轨迹等，其最根本的特征在于能够识别个人身份或者体现个人活动。刘某某非法获取、出售的企业税务、工商登记信息中的个人姓名与通信通讯联系方式、身份证件号码等信息能够单独或者彼此结合识别特定自然人身份，属于《刑法》第 253 条之一规定的"公民个人信息"。[③]

对于信息里仅包含姓名 + 手机号码的内容，在胡某某侵犯公民个人信息案中有特别提及。该案审判法院认为，我国工业和信息化部在全国范围内对新增的固定电话、移动电话（含无线上网卡）用户实施真实身份信息登记，严格实行"先登记、后服务；不登记、不开通服务"要求，并对三大运营商制定相应处罚机制。被告人所出售的电话号码应当属于我国《刑法》所规定的"公民个人信息"范畴。[④] 所以，该观点认为，由于电话实名制的实施，它所包含的信息比以往更多，与自然人身份结合得更加紧密，其号码也自然拥有了身份的可识别性。

---

① 参见梁晓峰、周宇波、宋亚君：《侵犯公民个人信息的范围、种类、数量》，载《人民司法》2021 年第 2 期。

② 参见江苏省苏州市姑苏区人民法院刑事判决书，（2018）苏 0508 刑初 40 号。

③ 参见湖北省随县人民法院刑事判决书，（2017）鄂 1321 刑初 241 号。

④ 参见湖北省随县人民法院刑事判决书，（2017）鄂 1321 刑初 241 号。

(2)法定代表人信息的公开不阻却违法。即使是企业主动公开,在法无明文规定的情况下,仍不能认定其为刑法保护的例外。虽然法定代表人将个人信息公开,但并不代表法定代表人同意行为人将其个人身份信息进行出售扩散。法定代表人信息所包含的内容体现了其作为公民享有的隐私,应当被刑法保护。例如,在陈某某侵犯公民个人信息案中,法院认为,企业法定代表人、个体工商户将自己的身份信息、通讯号码等信息依法予以公示,主要是便于相关部门监督管理和开展正常的生产经营活动,并不当然丧失与其个人相联系且为特定个人信息的特征。故在企业法定代表人、个体工商户的身份信息、通讯号码(不包括企业座机号码)等信息被非法出售、交换,可能侵犯其隐私权时,其身份信息、通讯号码等信息应属公民个人信息,法律应当予以保护。①

以上的两种观点都是从公民个人信息的性质出发,将实际所涉及的信息根据刑法所体现出来的关于公民个人信息的特点来孤立地做判断,笔者认为这种判断缺乏合理的逻辑层次,法律适用不应该如此形式化。在认定具体信息的类别时,需要结合具体情境去判断,因为现实是动态的、不确定的。

2. 认定思路之探究

法定代表人的身份具有双重性,既是行使法人职权的负责人,又是享受公民权利的自然人,因此对其法益的保护不能从一元的角度出发,如果单从以上的角度来看,那么对信息的处理未免太过技术化、僵硬化。“任何对犯罪构成要件的解释,都必须以法条所保护的法益为指导。”②所以我们不能完全以隐私性、识别性来确定法定代表人归于公民个人信息与否,还需要考虑该罪实质保护的法益。张明楷教授也曾提出:“即使在罪刑法定原则之下,也应当采取实质的犯罪论,即必须以犯罪本质(违法的实质)为指导来解释刑法规定的构成要件。”③笔者认为,在考虑这个问题时,需要从实质解释的角度出发,思考行为人的使用目的。

之所以要将行为人的使用目的作为判断实质的依据,是因为在本罪的前置

① 参见重庆市第二中级人民法院刑事裁定书,(2018)渝02刑终277号。
② 张明楷:《实质解释论的再提倡》,载《中国法学》2010年第4期。
③ 张明楷:《刑法的基本立场》(修订版),商务印书馆2019年版,第134页。

法《民法典》中明确规定,合理处理该自然人自行公开的或者其他已经合法公开的信息的,行为人不承担民事责任。但是该自然人明确拒绝或者处理该信息侵害其重大利益的除外。在《个人信息保护法》中,也有"处理个人信息应当具有明确、合理的目的,并应当与处理目的直接相关,采取对个人权益影响最小的方式"的相关规定。

如果认为"法益处分自由本身就是法益的构成要素",那么就可以推论出,个人公开其信息的目的、信息的用途也属于法益的一部分。[①] 如果行为人获取信息后处理的目的与法定代表人公开信息的目的并不相违背或者与法定代表人的目的相同的话,那么他就没有侵犯到法定代表人的法益。在行为人获取、使用法定代表人信息的目的与法定代表人的目的具有一致性的时候,那么其对信息的处理就具有相应的合理性。

笔者通过案例研究,发现目前行为人获取法定代表人信息的来源主要有:税务登记信息、工商登记信息、征信信息、商业网站、中国商务咨询大全等。因此,可以推定出当法定代表人将其个人信息公示时,他的目的有两种可能。

一是法人出于经营需要,根据国家相关规定,将法定代表人信息公布在他人都可以查询到的网站上,他的目的仅是完成行政机关对工商管理的相关规定,履行相应的义务,而没有将自己的信息传开的意思,更没有希望个人隐私被滥用的意思。所以,当行为人获取法定代表人的联系方式后,展开业务推广、产品宣传、市场营销等活动,违背了该法定代表人登记的意思,侵犯了其作为公民享有的隐私权,当情节严重时理应受到刑法的惩罚。

二是法人出于商业活动的需要,自愿将自己的联系方式公布在网络中,以此希望与他人建立商事关系,展开商业活动。此时就说明他愿意让渡出部分个人权益,允许该信息在社会上流转以换取相应的商业价值。在实务案例中,确实有很多信息被获取后,后续用于业务推广、产品宣传、市场营销,这并没有违背该法定代表人公布自己联系方式的初衷。在这种情况下,不宜将法定代表人信息认

---

① 参见周光权:《侵犯公民个人信息罪的行为对象》,载《清华法学》2021 年第 3 期。

定为公民个人信息。

综上,笔者认为,如果行为人获取、提供公开的法定代表人信息后,没有违背该信息公开的目的或用途,又或者没有证据能够证明行为人违背了该信息公开的目的或用途的,就不应当将此信息数量作为入罪依据。刑事司法中也要贯彻平衡保护个人信息与促进信息自由流通的观念,尽量秉持刑法的谦抑性,既要有利于保护个人信息,也要防止动用刑法对信息自由流动的不利影响。[①]

3. 刑事法律要点

如前所述,行为人如果对法定代表人信息处理不当,就容易招致"刑事风险",因此,涉信息企业更需要对刑法规定的公民个人信息的范畴具有足够清晰的认识。

根据最高人民法院、最高人民检察院《关于办理侵犯公民个人信息刑事案件适用法律若干问题的解释》的规定,"公民个人信息"是指以电子或者其他方式记录的能够单独或者与其他信息结合识别特定自然人身份或者反映特定自然人活动情况的各种信息,包括姓名、身份证件号码、通信通讯联系方式、住址、账号密码、财产状况、行踪轨迹等。

涉信息企业首先要对相关信息进行精细化的区分,辨别它们是否属于最高人民法院、最高人民检察院《关于办理侵犯公民个人信息刑事案件适用法律若干问题的解释》举例的类别或符合最高人民法院、最高人民检察院《关于办理侵犯公民个人信息刑事案件适用法律若干问题的解释》对公民个人信息的定义。对于合法获取后需要对外提供的信息,涉信息企业应当注意,必须先对信息作出处理,使信息无法识别特定自然人且不能复原,如此,信息与特定自然人将无直接关联,该信息将不属于公民个人信息的范畴。笔者办理过的案件中,涉信息企业为促成业务合作,在前期磋商过程中,就对用于交流的公民个人信息进行了加密。

涉信息企业业务涉及其他企业公开信息的,应当注意,法定代表人信息在刑

---

① 参见喻海松:《〈民法典〉视域下侵犯公民个人信息罪的司法适用》,载《北京航空航天大学学报(社会科学版)》2020 年第 6 期。

事司法认定中仍存在争议，应当谨慎收集或提供，避免刑事风险。确有必要的，建议不仅要了解法定代表人公开信息的途径与意图，同时要对信息的使用目的和方式进行严格的管控。

涉信息企业除了对公民个人信息的定义、分类要明确外，对该罪的前置性规定也要深入学习，因为最高人民法院、最高人民检察院《关于办理侵犯公民个人信息刑事案件适用法律若干问题的解释》第2条明确提出了"违反法律、行政法规、部门规章有关公民个人信息保护的规定的，应当认定为刑法第二百五十三条之一规定的'违反国家有关规定'"。相关的前置性规定不仅包括前文所提及的《民法典》《个人信息保护法》，还包括《网络安全法》等法律法规。例如，《网络安全法》第42条第1款规定："网络运营者不得泄露、篡改、毁损其收集的个人信息；未经被收集者同意，不得向他人提供个人信息。但是，经过处理无法识别特定个人且不能复原的除外。"这条规定除了对信息的可识别性作出要求外，对信息收集时，收集单位应该对被收集者所履行的义务也提出了明确要求。如果涉信息企业对这些前置法的要求不够了解的话，那么这既不利于企业的正常发展，也不利于对公民个人信息的保护。

结　语

虽然司法实践中仍有司法机关将公开的法定代表人信息认定为侵犯公民个人信息罪中的公民个人信息，但近年来法学界逐渐出现了批评的声音，认为这种做法过于简单化、对法条的理解过于粗放。随着信息时代的来临，公民个人信息的人身性、财产性也在不断加强，《民法典》《个人信息保护法》的颁布也让法律对信息的理解越来越精细化，对其使用的规定也越来越具体化。其他法规的不断更新为刑法提供了更广阔的视野，在对侵犯公民个人信息罪涉案具体信息进行认定时，也要结合前置法来加深对信息本质的理解，使法益得到相应的保护，要让刑法为信息保驾护航，而不是成为其流动的绊脚石。

第五章

诈骗罪

一、电信诈骗小组成员仅对小组参与部分的犯罪数额承担责任

案号:(2020)粤13刑终14号

关键词:电信网络诈骗;犯罪数额;共同犯罪;诈骗小组

裁判规则:电信网络诈骗犯罪集团下属的诈骗小组间系分别管理、并无关联,不存在分工合作,各诈骗小组成员应当按照其所参与的或者组织、指挥的犯罪部分分别计算犯罪数额,承担刑事责任。

案情要点:

·2018年8月,邝某进入某诈骗公司,与其他6人编入运营一组,采取“养号—活群—引入—入金”的模式,实施电信诈骗。

·一审法院认为,邝某等人骗取他人款项428255.1元,数额巨大,构成诈骗罪,判处有期徒刑2年11个月,并处罚金4000元。

·判后,邝某提出上诉意见称,该金额是二组完成的,与其和一组人员无关。两组在公司中是完全区分的,没有工作上的交集,涉案金额没有提成。对未实行操作人员应当从轻、减轻处罚。

·二审法院认为,对于一组没有参与的部分,不需要认定为其的诈骗数额,仅应当对其参与的林某被诈骗的27748元负责(原审4288255.1元)。二审法院对邝某维持定罪部分的原判,对量刑部分改判为有期徒刑1年10个月,并处罚金2000元(减刑期1年1个月,罚金2000元)。

规则分析

罪责刑相适应是我国刑法中重要的基本原则,它是指刑罚的轻重,应当与犯罪分子所犯罪行和承担的刑事责任相适应。本案的焦点是对诈骗小组应当负责的诈骗数额的认定,这实际上是罪责刑相适应原则在共同犯罪中的体现。

共同犯罪,是指二人以上共同故意犯罪,“一人实行,全部负责”。多人共同实施电信网络诈骗,犯罪嫌疑人、被告人应对其参与期间该诈骗团伙实施的全部诈骗行为承担责任。但是,这并不意味着在认定刑事责任时“一刀切”,让诈骗团伙的所有成员无差别地承担团伙实施的所有罪行的责任。这一原则在《刑法》对犯罪集团的处罚规定中有明确的体现:只有组织、领导犯罪集团的首要分子按照集团所犯的全部罪行处罚,而对于首要分子之外的主犯,应当按照其所参与的或者组织、指挥的全部犯罪处罚。因此,从犯罪集团整体出发,作为公司内层级较低的犯罪小组成员无须也不该为集团全部的犯罪结果承担责任。根据主流的“部分犯罪共同说”,构成共同犯罪,必须具备主观、客观两个方面的要件,即共同犯罪故意、共同犯罪行为。共同犯罪故意,指的是各共同犯罪人员通过犯意联络,明知自己与他人配合共同实施犯罪会造成某种危害结果,并且希望或者放任这种危害结果发生的心理态度。①

在平行诈骗的模式之下,各小组所实施的行为针对不同的对象,小组成员之间没有意思联络,独立实施诈骗行为,不存在分工协作,因此各小组应仅对各自小组内产生的结果负责,不应对集团内所有小组的犯罪结果负责。平行诈骗的模式笔者以示意图总结如下(详见图 5-1)。

---

① 参见《俞辉合同诈骗案[第169号]——刑法修订后审理的实施于刑法修订前的单位贷款诈骗案件如何处理》,载最高人民法院刑事审判第一庭、第二庭:《刑事审判参考》(总第25辑),法律出版社2002年版。

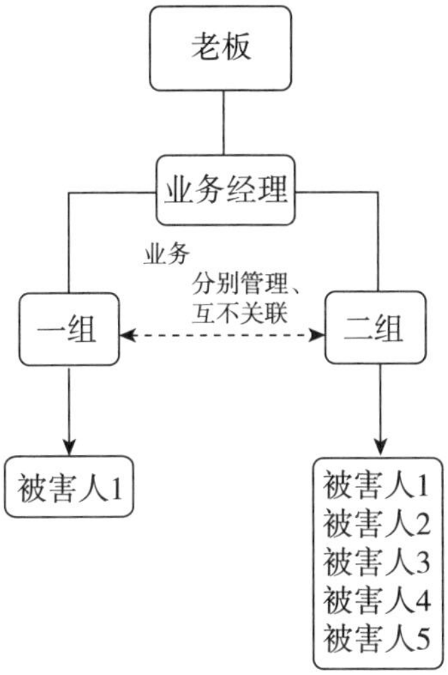

图5－1　本案中的平行诈骗模式

本案中,邝某所在的运营一组和运营二组虽然同属一个公司管理,但是彼此之间并不存在协作关系,而是相互独立。在二组成员实施的对其他5名被害人的诈骗活动中,一组成员客观上没有协助二组实行诈骗的行为,主观上与二组成员不存在意思联络,没有共同对这5名被害人实施诈骗的犯罪故意,而且也无证据表明两支诈骗小组有互相分红、共享“收益”的事实。这更加证明了两小组之间各自独立的关系。因此,两组在对其他5名被害人的诈骗活动范围内不成立共同犯罪,邝某等一组成员不应当对其他5名被害人的诈骗金额承担刑事责任。

一审法院认为邝某等一组成员应当对该公司实施的全部诈骗行为负责,忽视了诈骗公司内部的组织模式和运营架构,没有准确甄别不同犯罪嫌疑人、被告人组织、指挥、参与的不同犯罪行为和相应的共犯范围,导致处罚范围的不当扩大。对于组织、领导电信网络诈骗犯罪集团的首要分子,应当按照集团所犯的全部罪行处罚;而对于电信网络诈骗犯罪集团首要分子以外的主犯和其他从犯,应当根据其具体组织、指挥、参与的犯罪处罚。实践中,由于电信网络诈骗犯罪呈现复杂化、协作化、片段化的特点,作案的行为模式、行为人身份、作用的变化给认定犯罪数额造成了困难,因此实务界和学界存在一种观点,认为“复杂犯罪集团成员须对参与时间段内集团犯罪的全部数额负责”①。

尽管这种观点可以被视为传统追责模式在遭遇互联网犯罪时所作的“变通”，但是它过于强调保护法益，打击面过宽，不利于保障人权，容易造成机械司法，违背了共同犯罪罪责认定的一般原理。现实中，电信网络诈骗犯罪组织的形态多样，司法机关应该根据具体的组织结构分别认定不同行为人的犯罪金额，确保行为人罪行、刑事责任、刑罚相统一，准确量刑。

辩护攻略

近年来，电信网络诈骗犯罪的行为模式和组织形式日新月异。司法机关在办理案件时，可能会依赖既有思维，错误认定新型犯罪组织中不同犯罪嫌疑人、被告人的作用、地位，以及其应当承担刑事责任的涉案金额的范围。

作为辩护人，首先，应当明确当事人可能涉及的完整的犯罪数额，对于无法查实的部分应当根据“存疑有利于犯罪嫌疑人”的司法裁判原则予以排除。其次，应当指明当事人在犯罪组织中的作用、地位，与其他同案犯罪嫌疑人、被告人的关系，区分首要分子、首要分子以外的主犯以及从犯。最后，根据当事人是否与他人有共同诈骗行为或者具体的诈骗犯意联络，以及具体组织、指挥、参与的共同诈骗部分，进一步细化当事人需要承担责任的涉案金额范围。其中，当事人所属的最小共同犯罪组织可以从“办公”地点、管理架构、分工职责、“业绩”归属、“提成”发放等维度综合考虑。通过区分诈骗小组和整个诈骗组织的犯罪行为，尽可能减少计入当事人的犯罪金额，争取适用从犯、缓刑的规定，从而确保获取满意的量刑结果。

① 胡公枢：《集团性网络诈骗各参与人犯罪数额的认定》，载《中国检察官》2021 年第 18 期。

法院判决

对于上诉人邝某等提出其系一组成员，两个小组相互之间系分别管理、并无关联，不存在分工合作，本案六名被害人均为二组完成，与一组成员无关的意见，经查，上诉人邝某等都参与了对被害人林某的诈骗行为，一组成员在林某所在的群聊“众 X06”里，并负责复制粘贴话术、聊天、活群等行为，均系诈骗行为的一部分，理应对被害人林某被诈骗的金额负责。上诉人及其辩护人所提一组、二组应当分别计算金额问题，于法有据，但对其参与的部分，仍需认定为其诈骗数额。

相关法律规定

《刑法》(2023 年修正)

第二十五条第一款　【共同犯罪】共同犯罪是指二人以上共同故意犯罪。

第二十六条　【主犯】组织、领导犯罪集团进行犯罪活动的或者在共同犯罪中起主要作用的，是主犯。

三人以上为共同实施犯罪而组成的较为固定的犯罪组织，是犯罪集团。

对组织、领导犯罪集团的首要分子，按照集团所犯的全部罪行处罚。

对于第三款规定以外的主犯，应当按照其所参与的或者组织、指挥的全部犯罪处罚。

第二百六十六条　【诈骗罪】诈骗公私财物，数额较大的，处三年以下有期徒刑、拘役或者管制，并处或者单处罚金；数额巨大或者有其他严重情节的，处三年以上十年以下有期徒刑，并处罚金；数额特别巨大或者有其他特别严重情节的，处十年以上有期徒刑或者无期徒刑，并处罚金或者没收财产。本法另有规定的，依照规定。

最高人民法院、最高人民检察院、公安部《关于办理电信网络诈骗等刑事案件适用法律若干问题的意见》(法发〔2016〕32号)

四、准确认定共同犯罪与主观故意

(一)三人以上为实施电信网络诈骗犯罪而组成的较为固定的犯罪组织,应依法认定为诈骗犯罪集团。对组织、领导犯罪集团的首要分子,按照集团所犯的全部罪行处罚。对犯罪集团中组织、指挥、策划者和骨干分子依法从严惩处。

对犯罪集团中起次要、辅助作用的从犯,特别是在规定期限内投案自首、积极协助抓获主犯、积极协助追赃的,依法从轻或减轻处罚。

对犯罪集团首要分子以外的主犯,应当按照其所参与的或者组织、指挥的全部犯罪处罚。全部犯罪包括能够查明具体诈骗数额的事实和能够查明发送诈骗信息条数、拨打诈骗电话人次数、诈骗信息网页浏览次数的事实。

(二)多人共同实施电信网络诈骗,犯罪嫌疑人、被告人应对其参与期间该诈骗团伙实施的全部诈骗行为承担责任。在其所参与的犯罪环节中起主要作用的,可以认定为主犯;起次要作用的,可以认定为从犯。

……

最高人民法院、最高人民检察院、公安部《关于办理电信网络诈骗等刑事案件适用法律若干问题的意见(二)》(法发〔2021〕22号)

十六、办理电信网络诈骗犯罪案件,应当充分贯彻宽严相济刑事政策。在侦查、审查起诉、审判过程中,应当全面收集证据、准确甄别犯罪嫌疑人、被告人在共同犯罪中的层级地位及作用大小,结合其认罪态度和悔罪表现,区别对待,宽严并用,科学量刑,确保罚当其罪。

……

浙江省高级人民法院、浙江省人民检察院、浙江省公安厅《关于办理电信网络诈骗犯罪案件若干问题的解答》(浙高法〔2020〕44号)

14. 问:在电信网络诈骗集团或团伙中,不同层级的人员如何把握和认定犯罪数额?

答:(1)诈骗集团或团伙的首要分子,以诈骗集团或团伙所犯罪行的全部数额认定；诈骗集团或团伙其他主犯，以其参与、组织、指挥的全部犯罪数额认定。

（2）普通业务组长，以其参与期间主管的小组成员诈骗数额总额认定，量刑时参考具体犯罪时间和作用。

（3）普通业务员，原则上认定为从犯并以个人参与的诈骗数额作为量刑依据，同时参考其具体犯罪时间和收入。

（4）被认定为从犯的行政等人员，按照其参与犯罪期间的数额认定，量刑时还应考虑得赃情况。

类似案例

案号：（2018）浙07刑初19号

关于数额的认定。被告人符某斌、张某等首要分子，被告人胡某勇、张某山等骨干分子对诈骗集团的所有诈骗数额承担责任。另外，被告人符某斌、张某还参与了刘某9、朱某1部分诈骗事实，该部分诈骗事实也应计入被告人符某斌、张某的诈骗数额；被告人肖某巍、罗某豪、陈某、梅某欢、杨某、符某语、张某、瞿某、杨某2、王某、楼某园、黄某伟以其参与时间为准，对参与诈骗集团之后，该集团所有的诈骗数额承担责任；被告人龚某作为业务团队的经理，对其管理的四个团队的诈骗数额总额承担责任；被告人闫某龙、倪某晓、瞿某杰、成某行对其参与的团队的诈骗数额总额承担责任。

二、诱骗他人加入诈骗通讯群组可能不构成诈骗罪

案号:(2021)吉 08 刑终 22 号

关键词:诈骗罪预备;诈骗罪未遂;非法利用信息网络罪;免予刑事处罚

裁判规则:以诱骗他人添加指定通讯群组为目的,拨打含有诈骗信息的电话,主观上并非为了骗取对方财物,客观上诈骗等犯罪亦尚未着手实施。此时,该利用信息网络提供指引访问服务的行为在实质上属于犯罪预备,应当适用非法利用信息网络罪,情节轻微的可以免予刑事处罚。

案情要点:

·2019 年 9 月底至 10 月 10 日,张某某等 9 人为获取非法利益,向求职者拨打电话,以介绍工作为由诱骗求职者添加指定的 QQ 群,由他人通过 QQ 群对求职者实施诈骗等违法犯罪活动。

·一审法院认定张某某等 9 人拨打诈骗电话 600 余次到 35000 余次不等,其行为已构成诈骗罪(未遂),并判处张某某等 9 人有期徒刑 1 年 2 个月至 5 年不等(按照相关司法解释的规定,张某某等 9 人的行为已达到诈骗罪"其他严重情节"甚至"其他特别严重情节"的标准)。

·判后,同案 7 人提出上诉。各上诉人及其辩护人分别从并非诈骗主体、未虚构事实、未实施诈骗行为等方面提出辩护意见。

·出庭检察员认为,张某某等人为他人实施诈骗违法犯罪活动发布信息,其行为构成非法利用信息网络罪。一审法院认定张某某等 9 人犯诈骗罪适用法律错误,应予改判。

·二审法院认为,一审判决认定的主要事实清楚,证据确实、充分,但认定张某某等人的行为构成诈骗罪(未遂),定性错误,应依法予以改判。以非法利用信息网络罪判处其中 5 人有期徒刑 1 年 6 个月至 2 年不等,另 4 人则免予刑事处罚。

规则分析

网络犯罪具有难以查实、查全的现实困境。在作为涉众型犯罪的电信诈骗案件中，这一现实困境体现在难以查清全部被害人，进而不能确定全部诈骗数额并准确把握量刑标准。为解决这一现实难题，2011年，最高人民法院、最高人民检察院发布《关于办理诈骗刑事案件具体应用法律若干问题的解释》，其中第5条规定，当"利用发送短信、拨打电话、互联网等电信技术手段对不特定多数人实施诈骗，诈骗数额难以查证"时，可以以发送诈骗信息条数、拨打诈骗电话人次、诈骗手段危害性作为诈骗罪（未遂）的定罪处罚依据。这一规定通过对犯罪情节的考量作为诈骗罪的量刑标准，解决了电信诈骗查证难的问题；同时，在不考虑"诈骗数额"这一结果的情况下，将诈骗罪的处罚时点由既遂前移至未遂。虽然该条规定是为贯彻对网络犯罪采取"打早打小"策略而制定的，但该条针对的仍是诈骗罪的实行行为，仍不能完全满足"打早打小"策略的要求。鉴于此，有关部门建议将处于预备阶段的网络犯罪行为独立入罪。2015年《刑法修正案（九）》增设第287条之一非法利用信息网络罪，并将利用信息网络"为实施诈骗等违法犯罪活动发布信息"这一原本是诈骗罪的预备行为作为非法利用信息网络罪处罚。

本案中，张某某等人实施的向求职者拨打电话，诱骗求职者添加指定QQ群，再由他人通过QQ群对求职者实施诈骗等违法犯罪活动的行为究竟应当以诈骗罪还是非法利用信息网络罪定罪处罚存在争议。区分二者的标准在于该行为是属于诈骗罪的实行行为还是诈骗罪的预备行为。若该行为属于诈骗罪的实行行为，由于本案并未查清诈骗数额，应当适用最高人民法院、最高人民检察院《关于办理诈骗刑事案件具体应用法律若干问题的解释》第5条，以诈骗罪（未遂）定罪处罚；若该行为属于诈骗罪的预备行为，则符合非法利用信息网络罪预备行为独立入罪的立法初衷，应当优先适用非法利用信息网络罪。张某某等人向求职者拨打电话是利用信息网络提供指引访问服务的行为，其目的仅在于让求职者添加指定 QQ 群。此时,诈骗罪尚未着手进入实行阶段,张某某等人也不具备非法占有目的,以最高人民法院、最高人民检察院《关于办理诈骗刑事案件具体应用法律若干问题的解释》第 5 条诈骗罪(未遂)定罪处罚并不合理。该行为实际只是一种利用信息网络为实施诈骗活动发布信息的行为,尚处于诈骗罪的预备阶段,二审法院改判非法利用信息网络罪更具有合理性。

本案的另一大亮点在于二审法院对本案中的四名犯罪人免予刑事处罚。根据最高人民法院、最高人民检察院、公安部《关于办理电信网络诈骗等刑事案件适用法律若干问题的意见(二)》第 16 条的规定,对于初犯、偶犯、未成年人、在校学生等电信网络诈骗团伙中的从犯,应当综合考虑其地位作用、主观恶性、认罪悔罪表现等情节,可以依法从轻、减轻处罚。犯罪情节轻微的,可以依法不起诉或者免予刑事处罚;情节显著轻微危害不大的,不以犯罪论处。本案判决时间为 2021 年 3 月 25 日,彼时最高人民法院、最高人民检察院、公安部《关于办理电信网络诈骗等刑事案件适用法律若干问题的意见(二)》尚未发布,但本案二审法院所考量的内容与上述意见不谋而合。正如本案二审判决书中所说"刑罚的作用除了惩戒更多在于教育和挽救",对于情节轻微的犯罪人,刑罚保持其谦抑性或许更能体现法治的公正与温度。

辩护攻略

拨打含有诈骗信息的电话,既有可能是诈骗罪的实行行为,根据拨打电话人次以诈骗罪(未遂)定罪处罚;也有可能是诈骗罪的预备行为,属于利用信息网络为实施诈骗活动发布信息,以非法利用信息网络罪定罪处罚。而该行为到底应该如何定性,需要根据具体案件情况,结合行为人的主观目的和整个诈骗流程进行分析确定。根据网络犯罪的特点,一旦行为人发布相关信息,则将轻易达到最高人民法院、最高人民检察院《关于办理诈骗刑事案件具体应用法律若干问题的解释》第 5 条中规定的"其他严重情节"甚至"其他情节特别严重"的标准,对当事人不利。而非法利用信息网络罪的法定刑显著轻于诈骗罪,若能够将罪名改变为非法利用信息网络罪，则能够实现有效辩护。

此外，若当事人为初犯、偶犯、未成年人、在校学生，则可以通过论证其为电信网络诈骗犯罪集团、犯罪团伙中的从犯，综合各情节，为当事人争取从宽处罚甚至不起诉、免予刑事处罚及不以犯罪论处的处理结果。

法院判决

关于上诉人的上诉理由，辩护人的辩护意见，原审被告人的辩解，出庭检察员的意见，二审法院综合评判如下所述。

第一，为实施诈骗等违法犯罪活动发布信息，情节严重的，构成非法利用信息网络罪，该罪是对网络犯罪预备行为独立入罪，实现网络犯罪预备行为的实行化。各上诉人及原审被告人拨打含有诈骗信息的电话，目的是诱骗求职者添加指定 QQ 群，主观上并非为了骗取对方财物，客观上此时诈骗等犯罪行为亦尚未着手实施，这种利用信息网络提供指引访问服务的行为在实质上属于犯罪预备，将其评价为非法利用信息网络罪也契合该罪将网络犯罪预备行为独立入罪的情形，故对各上诉人及其辩护人称不构成诈骗罪的意见予以采纳。本案中，上诉人张某某、马某某、那某均供述明知所拨打的电话中含有诈骗信息，另根据所拨打电话的话术内容，足以证实各上诉人及原审被告人明知或应当明知自己为上家所进行的电话指引访问是为了实施诈骗等违法犯罪活动，该组织拨打电话人数较多、违法所得数额较大，情节严重，其行为已构成非法利用信息网络罪，故对吉林省白城市人民检察院的定罪意见予以采纳。

第二，上诉人张某某、马某某、那某系组织领导者，上诉人张某、高某某虽为受雇人员，但在该组织中从事管理职能，属主犯。上诉人任某、寇某某及原审被告人渠某、王某某均系话务员，属从犯，为赚取兼职工资受雇于张某某等人，明知所做工作可能触犯法律，可能对他人造成损害，仍心存侥幸，在信息网络等新科技高速发展的今天，这些人的行为无疑对信息网络犯罪频发高发起到了一定的助长作用，应当受到法律的制裁，但刑罚的作用除了惩戒更多在于教育和挽救，本案中的话务员大部分是一群初入社会的“90 后”，均系初犯，认罪悔罪态度良好，对法律意识的淡薄使他们不慎走上了人生的岔路。二审法院秉持宽严相济的原则，希望本次裁判在起到惩戒教育作用的同时，能给予他们一次改过自新的机会，指引他们走正走好今后的人生道路，故对吉林省白城市人民检察院建议对任某、寇某某、渠某、王某某免予刑事处罚的量刑建议予以采纳。

二审法院认为，上诉人（原审被告人）张某某、马某某、那某、高某某、张某、任某、寇某某，原审被告人王某某、渠某利用移动通信等信息网络，拨打求职者电话并通过固定话术提供指引访问服务，引导求职者加入他人为实施诈骗等违法犯罪活动设立的 QQ 群，为他人实施诈骗等违法犯罪活动发布信息，情节严重，其行为均已构成非法利用信息网络罪，对吉林省白城市人民检察院关于定罪的意见予以支持。

相关法律规定

《刑法》（2023 年修正）

第二百六十六条 【诈骗罪】诈骗公私财物，数额较大的，处三年以下有期徒刑、拘役或者管制，并处或者单处罚金；数额巨大或者有其他严重情节的，处三年以上十年以下有期徒刑，并处罚金；数额特别巨大或者有其他特别严重情节的，处十年以上有期徒刑或者无期徒刑，并处罚金或者没收财产。本法另有规定的，依照规定。

第二百八十七条之一 【非法利用信息网络罪】利用信息网络实施下列行为之一，情节严重的，处三年以下有期徒刑或者拘役，并处或者单处罚金：

（一）设立用于实施诈骗、传授犯罪方法、制作或者销售违禁物品、管制物品等违法犯罪活动的网站、通讯群组的；

（二）发布有关制作或者销售毒品、枪支、淫秽物品等违禁物品、管制物品或者其他违法犯罪信息的；

（三）为实施诈骗等违法犯罪活动发布信息的。

单位犯前款罪的，对单位判处罚金，并对其直接负责的主管人员和其他直接责任人员，依照第一款的规定处罚。

有前两款行为，同时构成其他犯罪的，依照处罚较重的规定定罪处罚。

最高人民法院、最高人民检察院《关于办理诈骗刑事案件具体应用法律若干问题的解释》（法释〔2011〕7号）

第五条　诈骗未遂，以数额巨大的财物为诈骗目标的，或者具有其他严重情节的，应当定罪处罚。

利用发送短信、拨打电话、互联网等电信技术手段对不特定多数人实施诈骗，诈骗数额难以查证，但具有下列情形之一的，应当认定为刑法第二百六十六条规定的“其他严重情节”，以诈骗罪（未遂）定罪处罚：

（一）发送诈骗信息五千条以上的；

（二）拨打诈骗电话五百人次以上的；

（三）诈骗手段恶劣、危害严重的。

实施前款规定行为，数量达到前款第（一）、（二）项规定标准十倍以上的，或者诈骗手段特别恶劣、危害特别严重的，应当认定为刑法第二百六十六条规定的“其他特别严重情节”，以诈骗罪（未遂）定罪处罚。

最高人民法院、最高人民检察院《关于办理非法利用信息网络、帮助信息网络犯罪活动等刑事案件适用法律若干问题的解释》（法释〔2019〕15号）

第十条　非法利用信息网络，具有下列情形之一的，应当认定为刑法第二百八十七条之一第一款规定的“情节严重”：

（一）假冒国家机关、金融机构名义，设立用于实施违法犯罪活动的网站的；

（二）设立用于实施违法犯罪活动的网站，数量达到三个以上或者注册账号数累计达到二千以上的；

（三）设立用于实施违法犯罪活动的通讯群组，数量达到五个以上或者群组成员账号数累计达到一千以上的；

（四）发布有关违法犯罪的信息或者为实施违法犯罪活动发布信息，具有下列情形之一的：

1. 在网站上发布有关信息一百条以上的；

2. 向二千个以上用户账号发送有关信息的；

3. 向群组成员数累计达到三千以上的通讯群组发送有关信息的；

4. 利用关注人员账号数累计达到三万以上的社交网络传播有关信息的；

（五）违法所得一万元以上的；

（六）二年内曾因非法利用信息网络、帮助信息网络犯罪活动、危害计算机信息系统安全受过行政处罚，又非法利用信息网络的；

（七）其他情节严重的情形。

最高人民法院、最高人民检察院、公安部《关于办理电信网络诈骗等刑事案件适用法律若干问题的意见（二）》（法发〔2021〕22号）

第十六条第三款　对于电信网络诈骗犯罪集团、犯罪团伙中的从犯，特别是其中参与时间相对较短、诈骗数额相对较低或者从事辅助性工作并领取少量报酬，以及初犯、偶犯、未成年人、在校学生等，应当综合考虑其在共同犯罪中的地位作用、社会危害程度、主观恶性、人身危险性、认罪悔罪表现等情节，可以依法从轻、减轻处罚。犯罪情节轻微的，可以依法不起诉或者免予刑事处罚；情节显著轻微危害不大的，不以犯罪论处。

类似案例

1. 案号：（2022）鲁0829刑初234号

法院认为，被告人马某某、王某、李某某、梁某某受孔某某、魏某某雇佣，利用信息网络为他人实施诈骗等违法犯罪活动发布信息，情节严重，四被告人的行为均已构成非法利用信息网络罪。

2. 案号：（2021）鄂1022刑初236号

法院认为，被告人史某某明知他人利用信息网络实施犯罪，为其犯罪提供资金支付结算帮助，情节严重，其行为已构成帮助信息网络犯罪活动罪。公诉机关指控的罪名成立。根据最高人民法院、最高人民检察院、公安部《关于办理电信网络诈骗等刑事案件适用法律若干问题的意见(二)》的规定,对于电信网络诈骗等刑事案件中参与时间较短、从事辅助性工作,以及初犯、偶犯、未成年人、在校学生等,应综合考虑社会危害程度、主观恶性、认罪悔罪表现等情节,可以依法从轻处罚或者免予刑事处罚。被告人史某某系在校大学生,因法律意识淡薄,一念之差触犯法律,对其应以教育、挽救、警示为主。综上,公诉机关调整后的量刑建议适当,法院予以采纳。

三、行为人操纵赌博网站输赢可能不构成诈骗罪

案号:(2019)吉 0182 刑初 442 号

关键词:诈骗罪;开设赌场罪;二元期权交易;对赌

裁判规则:赌博网站有幕后操盘行为,但该行为是为了保证赌博活动顺利进行,或不具有导致玩家财产损失的必然性,或仅对一小部分投注予以操控,均不应当认定为诈骗罪。

案情要点:

·2017 年 11 月,被告人黄某伙同其他被告人购买"金某国际"(二元期权)外汇软件并建立"外汇金某"平台,招揽玩家投注,其玩法是玩家在该平台上选择外汇品种和时间段,点击"买涨"或"买跌"按钮进行投注,每次最少可以买 10 美元,玩家根据对应的时间段之后的实时外汇汇率计算输赢,买对涨跌方向即可盈利交易金额的 80%,买错涨跌方向则本金全归平台(庄家)所有。进行一段时间后,黄某等人认为获利不多,又出资购买风控软件,对平台投资的输赢进行后台操控,若买涨的人多就降低数值、抑制汇率上涨,若买下跌的人多就提高数值、阻止汇率下跌,保持买涨买跌的人数动态平衡,从而让平台固定获利 15% 以上。

·公诉机关吉林省榆树市人民检察院以被告人黄某等人同时触犯诈骗罪和开设赌场罪向法院提起公诉,认为黄某等人以营利为目的开设赌场,同时以非法占有为目的,采取虚构事实、隐瞒真相的手段骗取他人财物,数额特别巨大(认定其诈骗金额为 156 万余元),应当数罪并罚。

·被告人及辩护人均对公诉机关指控的罪名提出异议,认为不构成诈骗罪。

·法院认为,辩护人关于被告人行为定性的辩护意见有理,予以采纳。公诉机关指控被告人犯诈骗罪的罪名有误,予以纠正;判处各被告人犯开设赌场罪,其中判刑最高的为有期徒刑 5 年 6 个月,最低的为有期徒刑 3 年(根据《刑法》第 266 条的规定,诈骗罪数额特别巨大的,处 10 年以上有期徒刑或者无期徒刑)。

规则分析

赌博与诈骗时常交织,如影随形,大量案例显示赌博网站的庄家(老板)同时构成开设赌场罪与诈骗罪,应数罪并罚。这是因为开设赌场的庄家往往会安排技术人员幕后操控赌局走势与输赢,其普遍做法是利用赌客成瘾曲线的原理,先操纵局势让新人玩家连赢多局,以诱惑其对"不劳而获"的赌博机制成瘾,待玩家逐渐增加投注筹码后,再后台操控为少赢多输的局面。其本质是占据操盘者的优势地位,一面修改游戏机制,一面欺骗玩家"赌博是公平的运气游戏""赌输是你这局运气不好,下局就能翻盘了",引诱玩家丧失理智直至血本无归。对于上述行为,同时触犯开设赌场罪与诈骗罪,实务中并无争议。然而,是否只要赌博网站存在幕后操控,就必然构成诈骗罪?是否庄家的所有欺骗行为都应当定性为虚构事实隐瞒真相的诈骗罪构成要件行为?进而,对于掺杂了欺骗行为的组织赌博行为应当如何进行识别?在此有必要对开设赌场与诈骗的行为本质进行界分。

开设赌场,是指以营利为目的,通过提供场所、空间、赌具、设定规则等方式组织具有射幸本质的赌博活动,主要通过从中收取抽成和服务费赚钱,在其设定的规则之下,玩家的胜负输赢一般带有极大的随机性、偶然性、不确定性,庄家能从哪个玩家那里收取多少抽成都具有极大的不可控性。诈骗,则是一种以非法占有为目的的骗财行为,庄家通过欺骗行为使得玩家产生错误认识,玩家基于该错误认识处分财物,因此庄家通过诈骗取财的行为具有极大的可控性。由此可见,二者的主要区别在于庄家从玩家处取财的行为是否具有可控性,与之相对应,即玩家输钱的行为是否具有偶然性。正如何兵教授总结,"在网络赌博中,被法院判处诈骗罪的案例有一个共同特征:被告人通过登录其开设的网络平台后台,修改中奖号码,使原本赢钱的被害人输钱;或者通过封锁受害人账号限制提现而直接非法占有受害人的财产。若客户每次交易的风险其实都是50%,不会因为业务员喊单而提高风险……则和诈骗有很大不同”①。

因此,应当从整体上判断操控行为是否具有维持赌场运转的功能性,或者是否具有从特定玩家处取财的可控性。倘若庄家虽有实施操控行为,但该行为是为了保证赌博活动的顺利进行,或者并不能导致特定玩家必然丧失财产,则不能以诈骗罪论处。只有庄家的操控行为属全盘操控,以致玩家输赢不具有偶然性的程度,才应以诈骗罪定罪处罚。

具有上述两个特征而不构成诈骗罪的后台操控行为,多发于“二元期权”型赌博网站,这根源于期货型赌博的行为模式:玩家以未来某段时间外汇的价格走势为投注对象与庄家(平台)对赌,买对涨跌方向即可盈利交易金额的80%,买错则本金全归庄家所有,盈亏结果不与价格实际涨跌幅度挂钩,仅与涨跌方向有关。由于同一时间段内下注的会有许多玩家,对于庄家来说买涨和买跌的人数越相近其盈利额越大,因此庄家凭借能在后台看到参赌人员投注金额及买涨买跌情况的优势地位,实时修改平台显示的汇率涨跌数据,以使两方人数达到均衡。本案中的被告人黄某便通过风控软件进行后台操作:若买涨的人多就降低数值、抑制汇率上涨;若买跌的人多就提高数值、阻止汇率下跌;若差不多均等则不操作,从而保持每盘买涨买跌的人数动态平衡。

在此情形下,庄家幕后操控的目的是保持买涨买跌的人数相等,一般而言,庄家每天会挑一至两个时间段在后台操纵,以保证自己的固定获利额度而不至于亏钱,但不会一直操控,否则太过明显。其本质是为开设赌场、保证赌博网站顺利运转的行为。同时,在整个开设赌场的行为中仅存在部分操控,而非全盘操控的行为,此时很难分离非法获利中的操控部分与非操控部分,基于证据存疑时有利于被告人的原则,从整体上应当认定为开设赌场罪。此外,其操控行为对于个人玩家而言,并没有导致财产损失的必然性,玩家每次是赌输还是赌赢仍然是不可控制的,具有偶然性、投机性和射幸性。因此,“二元期权”赌博网站的部分后台操控行为不应当构成诈骗罪。

---

① 张熹珑、苏有鹏:《赌局还是骗局? 员工被指假扮“大神”,受害者三万余》,载《南方周末》2021年12月6日,第9版。

辩护攻略

开设赌场罪的行为人往往会同时触犯诈骗罪，"出老千"诈赌的行径层出不穷，但并非所有存在后台操控赌局输赢的赌博网站都必然触犯诈骗罪。辩护人应当精准识别操控行为的功能、目的与所致后果，只要符合以下条件之一，则该操控行为是否构成诈骗罪仍有商榷余地。

首先，结合案涉赌博网站的运作模式，尤其关注期权交易、网络"一元购"等新型赌博的运作模式，从整体上判断该行为是否具有维持赌场运转、保证赌博顺利的功能性。

其次，审查该行为是否会导致特定玩家必然损失财产，换言之，在操控行为作用下，该盘赌局是否仍具有偶然性、投机性、射幸性，庄家对个人玩家每局的输赢是否具有控制力。

最后，查清赌博网站仅有部分操控，还是全盘操控；如果仅对一小部分投资进行后台操控，是否能计算出该部分的非法获利。倘若现有客观证据无法将操控部分与非操控部分进行分离，则本着证据存疑有利于被告人的基本原则，从整体上应认定为开设赌场罪。

法院判决

庭审过程中，被告人及其辩护人均对本案的定性提出异议，均认为本案应定性为赌博罪或开设赌场罪，同时认为认定诈骗罪的话定罪数额无法查清。

经审理查明，被告人自 2017 年 11 月 24 日开始运作"金某国际"赌博网站，进行网络赌博活动，到 2017 年 12 月 4 日，因被告人的获利少，又投资购买了风控软件来操控后台，对赌博活动的输赢进行后台操控。公诉机关指控诈骗罪，也是基于被告人在网络赌博活动中进行后台操控、骗取玩家这一行为。被告人虽然进行后台操控，但并非对所有的玩家或每一笔投入都进行后台操控，从各被告人的供述来看，仅是对一小部分投资进行后台操控。现有证据无法将进行操控的部分与未进行操控的部分客观分离。其购买风控软件的目的就是操控赌博软件的后台,以求最大化的非法获利,在无法分离操控部分及未操控部分的情况下,应本着存疑有利于被告人的原则,从整体上认定为开设赌场罪。

相关法律规定

《刑法》(2023 年修正)

第二百六十六条 【诈骗罪】诈骗公私财物,数额较大的,处三年以下有期徒刑、拘役或者管制,并处或者单处罚金;数额巨大或者有其他严重情节的,处三年以上十年以下有期徒刑,并处罚金;数额特别巨大或者有其他特别严重情节的,处十年以上有期徒刑或者无期徒刑,并处罚金或者没收财产。本法另有规定的,依照规定。

第三百零三条第二款 【开设赌场罪】开设赌场的,处五年以下有期徒刑、拘役或者管制,并处罚金;情节严重的,处五年以上十年以下有期徒刑,并处罚金。

最高人民法院、最高人民检察院、公安部《办理跨境赌博犯罪案件若干问题的意见》(公通字〔2020〕14 号)

四、关于跨境赌博关联犯罪的认定

(一)使用专门工具、设备或者其他手段诱使他人参赌,人为控制赌局输赢,构成犯罪的,依照刑法关于诈骗犯罪的规定定罪处罚。

网上开设赌场,人为控制赌局输赢,或者无法实现提现,构成犯罪的,依照刑法关于诈骗犯罪的规定定罪处罚。部分参赌者赢利、提现不影响诈骗犯罪的认定。

……

最高人民法院、最高人民检察院《关于办理诈骗刑事案件具体应用法律若干问题的解释》(法释〔2011〕7 号)

第一条第一款 诈骗公私财物价值三千元至一万元以上、三万元至十万元以上、五十万元以上的,应当分别认定为刑法第二百六十六条规定的"数额较大"、"数额巨大"、"数额特别巨大"。

类似案例

案号:(2014)滁刑终字第00019号

2012年4月至6月12日,被告人李某甲、李某乙与何某胜等人经事先预谋,分工负责,通过只赢不输的所谓赌博形式骗取他人钱财共计41万元。2012年4月至5月,被告人刘某甲与桑某、孙某良等人经事先预谋,分工负责,通过只赢不输的所谓赌博形式骗取他人钱财。刘某甲参与骗取35.6万元,桑某骗取31.6万元。

法院经审理查明,对上诉人李某甲、刘某甲、桑某、李某乙及其辩护人提出原判定诈骗罪不能成立,应为赌博罪的意见,经查,四上诉人供述和田某、周某、李某丙、郑某乙、刘某丙、黄某、范某等人证言及相关物证、书证等证据证明李某甲、刘某甲、桑某、李某乙伙同他人以合伙假赌赢取他人钱财诱骗田某、周某、李某丙、郑某乙、刘某丙、黄某参赌,但均不能证明四上诉人完全控制赌局以欺骗方法获取钱财,本案四上诉人行为符合赌博罪构成要件,而认定本案四上诉人行为构成诈骗罪证据不足,对四上诉人和辩护人此意见予以采纳。

四、向他人提供账户帮助收取诈骗资金可能不构成诈骗罪

案号:(2021)晋11刑终13号

关键词:帮助信息网络犯罪活动罪;支付结算;共犯;明知

裁判规则:网络犯罪案件中,提供支付结算帮助的行为人在主观上对侵害法益有所认识,但无证据证实行为人对于具体的犯罪对象、行为性质、行为结果系明知,那么其不构成上游犯罪的共犯,而构成帮助信息网络犯罪活动罪。

案情要点:

· 2019年以来,被告人陈某为谋取非法利益,多次雇佣多人注册公司、开设对公账户,并绑定U盾、手机银行进行出卖,为电信网络诈骗犯罪分子收取资金提供工具。

· 一审法院认为,被告人陈某明知他人实施电信网络诈骗犯罪,而雇佣、介绍下家办理账户进行出卖,为他人实施诈骗提供资金支付结算账户,数额巨大,其行为已构成诈骗罪,被判处有期徒刑3年。

· 判后,陈某认为无证据证明其明知上家利用注册的公司和账户用于电信诈骗,其不构成诈骗罪,遂提出上诉。

· 二审法院认为,现有证据不足以证明其和上线具有实施诈骗犯罪的通谋,但结合其犯罪行为、认知能力、既往经历、交易对象等情况,可以认定其明知他人利用信息网络实施犯罪仍提供帮助。改判陈某犯帮助信息网络犯罪活动罪,判处有期徒刑1年6个月(减一半刑期)。

规则分析

在网络犯罪中,由于犯罪行为具有复杂性的特点,行为人犯罪的完成不仅需

要网络技术的支持,其违法所得还要借助另外的支付结算帮助。这就形成了提供用于犯罪的技术服务产业链和支付结算业务产业链。

随着公安部“断卡”“清网”等行动的展开,帮助信息网络犯罪活动罪作为一项补充性罪名用来单独打击网络犯罪中这种提供技术和结算帮助的行为。但该类型的帮助行为与许多网络犯罪中以共犯论处的帮助行为有相似之处,因此许多本应属于帮助信息网络犯罪活动的行为,常常以上游犯罪的共犯被判处刑罚。

以结算帮助为例,由于行为外观的高度相似,要辨明究竟是帮助信息网络犯罪活动罪还是上游犯罪的共犯关键在于行为人的主观方面。虽然帮助信息网络犯罪活动罪与其上游犯罪的共犯都有为他人利用信息网络实施犯罪提供帮助的故意,但它们对明知的程度要求是不同的,所以对明知程度的审查是确定此罪与彼罪的关键。

一般来说,上游犯罪共犯的成立要求行为人明知其犯罪的具体内容,而帮助信息网络犯罪活动罪的成立则要求行为人明知其是网络犯罪即可。最高人民法院、最高人民检察院颁布的《关于办理非法利用信息网络、帮助信息网络犯罪活动等刑事案件适用法律若干问题的解释》第 11 条为认定帮助信息网络犯罪活动罪中的“明知”列举了 6 种具体类型,如提供专门用于违法犯罪的程序、工具,接到举报后不履行法定管理职责等,这些行为都没有直接参与上游犯罪活动,具有一定的独立性、概括性。由此可见,成立帮助信息网络犯罪活动罪仅需要对上游犯罪达到明知其侵害法益类型的程度,而对其犯罪对象、行为性质、行为结果均没有要求。

所以,结合其认知能力、既往经历,以及审查其行为次数和手段、与实行犯的关系、获利情况、是否曾因电信网络诈骗受过处分以及是否故意规避调查等情况后,如果仍没有足够的证据能充分印证行为人认识到上游实施犯罪的具体情况,那么其不构成上游犯罪的共犯,仅有可能构成帮助信息网络犯罪活动罪。

辩护攻略

现有判例中对“明知”的认定进行分析的过程较为笼统，法院的改判通常以“现有证据不足以证明其和上线具有实施上游犯罪的通谋”作为出罪的理由，辩护人可以重点审查在案证据，如被告人的供述与辩解、通话记录、聊天记录、转账记录等，重点考察行为人与被帮助对象是否存在犯意联络，有无明确分工或利润分配等，排除行为人对上游犯罪的明知达到具体的程度，以变更为量刑更轻的帮助信息网络犯罪活动罪。

法院判决

二审法院认为，上诉人陈某明知他人利用信息网络实施犯罪，仍通过开办银行卡、电话卡等方式为犯罪分子提供帮助，情节严重，其行为构成帮助信息网络犯罪活动罪。虽现有证据不足以证明其和上线具有实施诈骗犯罪的通谋，但结合其犯罪行为、认知能力、既往经历、交易对象等情况，可以认定其明知他人利用信息网络实施犯罪仍提供帮助。故部分上诉、辩护意见成立，二审法院予以采纳。

相关法律规定

《刑法》(2023 年修正)

第二百八十七条之二　【帮助信息网络犯罪活动罪】明知他人利用信息网络实施犯罪，为其犯罪提供互联网接入、服务器托管、网络存储、通讯传输等技术支持，或者提供广告推广、支付结算等帮助，情节严重的，处三年以下有期徒刑或者拘役，并处或者单处罚金。

单位犯前款罪的，对单位判处罚金，并对其直接负责的主管人员和其他直接责任人员，依照第一款的规定处罚。

有前两款行为,同时构成其他犯罪的,依照处罚较重的规定定罪处罚。

最高人民法院、最高人民检察院、公安部《关于办理电信网络诈骗等刑事案件适用法律若干问题的意见(二)》(法发〔2021〕22号)

七、为他人利用信息网络实施犯罪而实施下列行为,可以认定为刑法第二百八十七条之二规定的"帮助"行为:

(一)收购、出售、出租信用卡、银行账户、非银行支付账户、具有支付结算功能的互联网账号密码、网络支付接口、网上银行数字证书的;

(二)收购、出售、出租他人手机卡、流量卡、物联网卡的。

八、认定刑法第二百八十七条之二规定的行为人明知他人利用信息网络实施犯罪,应当根据行为人收购、出售、出租前述第七条规定的信用卡、银行账户、非银行支付账户、具有支付结算功能的互联网账号密码、网络支付接口、网上银行数字证书,或者他人手机卡、流量卡、物联网卡等的次数、张数、个数,并结合行为人的认知能力、既往经历、交易对象、与实施信息网络犯罪的行为人的关系、提供技术支持或者帮助的时间和方式、获利情况以及行为人的供述等主客观因素,予以综合认定。

……

最高人民法院、最高人民检察院《关于办理非法利用信息网络、帮助信息网络犯罪活动等刑事案件适用法律若干问题的解释》(法释〔2019〕15号)

第十一条　为他人实施犯罪提供技术支持或者帮助,具有下列情形之一的,可以认定行为人明知他人利用信息网络实施犯罪,但是有相反证据的除外:

(一)经监管部门告知后仍然实施有关行为的;

(二)接到举报后不履行法定管理职责的;

(三)交易价格或者方式明显异常的;

(四)提供专门用于违法犯罪的程序、工具或者其他技术支持、帮助的;

(五)频繁采用隐蔽上网、加密通信、销毁数据等措施或者使用虚假身份,逃避监管或者规避调查的;

(六)为他人逃避监管或者规避调查提供技术支持、帮助的;

（七）其他足以认定行为人明知的情形。

类似案例

案号:(2021)赣05刑终74号

根据查明的事实可以认定,戴某、林某锋对“李某珍”犯罪团伙从事何种具体犯罪行为没有明确清晰的认识,该犯罪团伙亦没有如实告知戴某、林某锋该设备的具体用途,难以认定戴某、林某锋与该犯罪团伙构成共同犯罪。

五、为近亲属掩饰、隐瞒网络犯罪所得，人民法院应采取何种态度

案号：(2017)苏13刑终13号

关键词：掩饰、隐瞒网络犯罪所得；近亲属上下游犯罪；免予刑事处罚

裁判规则：诈骗犯罪既遂之后，行为人帮助转移犯罪所得，不构成诈骗罪的帮助犯，构成掩饰、隐瞒犯罪所得罪，上游网络犯罪社会危害性大，行为人即使是为其近亲属掩饰、隐瞒犯罪所得，根据司法解释属于可以免予刑事处罚情形的，办案机关也会从严把握，不会一律免除刑罚。

案情要点：

· 2015年10月28日，胡某红明知其丈夫刘某光、其姊妹胡某华、姊妹的丈夫胡某平三人建立虚假的购枪网站，以卖枪为名骗取他人钱财，仍然帮助将诈骗所得的23800元犯罪所得从自动取款机取出。

· 一审法院认为，被告人胡某红明知刘某光、胡某平实施诈骗犯罪，仍提供资金支持、费用结算等帮助，以共同犯罪论处。胡某红被判处诈骗罪，判处拘役5个月，缓刑10个月，并处罚金5000元。

· 宣判后，人民检察院抗诉称，原审被告人胡某红事先不知道刘某光实施诈骗行为，胡某红的取款行为系独立的窝藏、转移赃款行为，构成掩饰、隐瞒犯罪所得罪。

· 二审法院认为，原审被告人胡某红构成掩饰、隐瞒犯罪所得罪。虽胡某红为近亲属掩饰、隐瞒犯罪所得可以认定为犯罪情节轻微，免予刑事处罚，但是鉴于当前利用通讯网络犯罪频发，本案系利用通讯网络犯罪，社会危害较大，对原审被告人胡某红不宜免予刑事处罚，可对其单处罚金。判处胡某红罚金5000元(撤销拘役5个月，缓刑10个月的主刑，独立适用附加刑)。

规则分析

作为新型犯罪的网络诈骗日渐增多，犯罪分子为套取非法所得，往往会形成“诈骗—套取现金”层层分工的固定上下游犯罪模式。掩饰、隐瞒犯罪所得、犯罪所得收益罪是典型的下游犯罪，与上游犯罪紧密关联。套现行为具有较强的隐蔽性，因此会对套现行为的定性产生分歧，认定成立诈骗罪的共同犯罪或是赃物犯罪。

根据最高人民法院、最高人民检察院《关于办理诈骗刑事案件具体应用法律若干问题的解释》（法释〔2011〕7号）第7条的规定，明知他人实施诈骗犯罪，为其提供费用结算等帮助的，以共同犯罪论处。最高人民法院、最高人民检察院、公安部《关于办理电信网络诈骗等刑事案件适用法律若干问题的意见（二）》（法发〔2021〕22号）第11条规定：明知是电信网络诈骗犯罪所得及其产生的收益，予以转账、套现、取现，符合《刑法》第312条第1款规定的，以掩饰、隐瞒犯罪所得、犯罪所得收益罪追究刑事责任。事前通谋的，以共同犯罪论处。两部司法解释虽然都规定了“明知”的心理状态，但区分诈骗罪与掩饰、隐瞒犯罪所得、犯罪所得收益罪并非依据其主观心理状态，关键在于行为人介入犯罪的时间点。套现行为人与电信网络诈骗犯存在事前通谋，或者明知他人实施电信网络诈骗犯罪而帮助套现，则构成诈骗罪；在电信网络诈骗犯罪既遂之后，套现行为人明知其所取款项为犯罪所得及其产生的收益而帮助套现，则构成掩饰、隐瞒犯罪所得、犯罪所得收益罪。[①] 对于事前通谋的共同犯罪，犯罪故意包括认识因素、意志因素与意思联络。[②] 共犯的处罚依据在于共犯通过正犯的行为间接对法益造成侵害。本案中，胡某红“明知”其在自动取款机上所取款项为诈骗所得，一审人民法院仅根据胡某红“明知”的主观心理状态，就直接认定胡某红为诈骗罪的

---

① 参见许桂敏、王晓宇：《电信网络诈骗取现行为的定性辨析》，载《黑龙江社会科学》2023年第2期。

② 参见高铭暄、马克昌主编：《刑法学》（第10版），北京大学出版社、高等教育出版社2022年版，第165页。

共犯,一审法院犯了主观归罪的错误,并未区分胡某红介入犯罪的时间节点。二审人民法院认定胡某红虽明知他人犯罪所得而帮助套现、转移,但套现行为在诈骗犯罪既遂之后,无法成立诈骗罪的帮助犯,构成掩饰、隐瞒犯罪所得罪。

掩饰、隐瞒犯罪所得、犯罪所得收益罪作为赃物犯罪,因其妨碍了司法管理秩序,为上游犯罪提供了“保护伞”,所以成为立法者重点打击的对象。古有“亲亲得相守匿”,其是指直系三代血亲之间和夫妻之间有罪可以相互包庇隐瞒,不应当追究其包庇隐瞒的刑事责任。现行刑法为维护司法管理秩序,将近亲属之间帮助、隐匿行为纳入刑法的打击圈。同时,借鉴了“亲亲得相守匿”的理念。考虑近亲属之间的特殊身份关系,根据最高人民法院《关于审理掩饰、隐瞒犯罪所得、犯罪所得收益刑事案件适用法律若干问题的解释》(法释〔2021〕8 号)第 2 条第 2 项的规定,为近亲属掩饰、隐瞒犯罪所得及其产生的收益且系初犯、偶犯的,可以认定为犯罪情节轻微,免予刑事处罚。胡某红为其丈夫、姊妹、姊妹的丈夫掩饰、隐瞒犯罪所得且为初犯,可以认定为犯罪情节轻微。我国电信网络诈骗犯罪层出不穷,给人民的生命财产造成严重损失,对网络诈骗犯罪的犯罪所得掩饰、隐瞒的行为应当从严把握,不宜直接免予刑事处罚。又因其近亲属关系间的特殊性,可予以适当减轻刑罚,以打击网络犯罪产生的整个犯罪链。

辩护攻略

在办理涉及上下游犯罪案件的过程中,辩护人需要注意区分犯罪嫌疑人介入犯罪的时间节点。虽然下游犯罪的犯罪嫌疑人明知为犯罪所得、犯罪所得收益而为其套现,但是只要在上游犯罪既遂之后,就无法加入上游犯罪。上游犯罪的社会危害性在一般情况下应当大于下游犯罪,故要争取认定下游犯罪进而凸显下游犯罪在危害结果、侵害法益等方面均小于上游犯罪的特点以减少量刑。

近亲属间的特殊身份关系,因具有较强的亲密性与伦理性,所以涉近亲属的上下游犯罪关系不同于其他犯罪人之间的上下游犯罪关系。辩护人可以从上下游犯罪嫌疑人的近亲属关系角度出发,合理利用掩饰、隐瞒犯罪所得、犯罪所得收益罪司法解释中关于近亲属间掩饰、隐瞒犯罪所得、犯罪所得收益的规定,从而免除刑事处罚;即使不能完全免除刑事处罚,也可以争取适用缓刑、独立适用附加刑,从而确保获取满意的量刑结果。

法院判决

原审被告人胡某红明知他人犯罪所得而帮助转移,其帮助取款是在被害人将被骗款项汇至诈骗犯罪分子控制的账户、诈骗犯罪既遂之后,无法成立诈骗罪的帮助犯,其构成掩饰、隐瞒犯罪所得罪。原审认定被告人胡某红构成诈骗罪属于定性错误,应予纠正,检察机关在一审时指控原审被告人胡某红构成诈骗罪亦属不当,现提出抗诉理由成立,并且有利于原审被告人,予以支持。原审被告人胡某红犯罪后投案自首,系为近亲属掩饰、隐瞒犯罪所得,认罪态度较好,有关司法解释规定对此情形可以认定为犯罪情节轻微,免予刑事处罚。但是,鉴于当前利用通讯网络犯罪频发,本案系利用通讯网络犯罪,社会危害较大,对原审被告人胡某红不宜免予刑事处罚,可对其单处罚金。

相关法律规定

《刑法》(2023 年修正)

第六十七条第一款　【自首】犯罪以后自动投案,如实供述自己的罪行的,是自首。对于自首的犯罪分子,可以从轻或者减轻处罚。其中,犯罪较轻的,可以免除处罚。

第三百一十二条第一款　【掩饰、隐瞒犯罪所得、犯罪所得收益罪】明知是犯罪所得及其产生的收益而予以窝藏、转移、收购、代为销售或者以其他方法掩饰、隐瞒的,处三年以下有期徒刑、拘役或者管制,并处或者单处罚金;情节严重的,处三年以上七年以下有期徒刑,并处罚金。

最高人民法院、最高人民检察院《关于办理诈骗刑事案件具体应用法律若干问题的解释》(法释〔2011〕7号)

第七条 明知他人实施诈骗犯罪,为其提供信用卡、手机卡、通讯工具、通讯传输通道、网络技术支持、费用结算等帮助的,以共同犯罪论处。

最高人民法院、最高人民检察院、公安部《关于办理电信网络诈骗等刑事案件适用法律若干问题的意见(二)》(法发〔2021〕22号)

十一、明知是电信网络诈骗犯罪所得及其产生的收益,以下列方式之一予以转账、套现、取现,符合刑法第三百一十二条第一款规定的,以掩饰、隐瞒犯罪所得、犯罪所得收益罪追究刑事责任。但有证据证明确实不知道的除外。

(一)多次使用或者使用多个非本人身份证明开设的收款码、网络支付接口等,帮助他人转账、套现、取现的;

(二)以明显异于市场的价格,通过电商平台预付卡、虚拟货币、手机充值卡、游戏点卡、游戏装备等转换财物、套现的;

(三)协助转换或者转移财物,收取明显高于市场的"手续费"的。

实施上述行为,事前通谋的,以共同犯罪论处;同时构成其他犯罪的,依照处罚较重的规定定罪处罚。法律和司法解释另有规定的除外。

最高人民法院《关于审理掩饰、隐瞒犯罪所得、犯罪所得收益刑事案件适用法律若干问题的解释》(2021年修正)

第二条 掩饰、隐瞒犯罪所得及其产生的收益行为符合本解释第一条的规定,认罪、悔罪并退赃、退赔,且具有下列情形之一的,可以认定为犯罪情节轻微,免予刑事处罚:

(一)具有法定从宽处罚情节的;

(二)为近亲属掩饰、隐瞒犯罪所得及其产生的收益,且系初犯、偶犯的;

(三)有其他情节轻微情形的。

类似案例

案号:(2021)粤0303刑初810号

被告人黄某笙是初犯,自愿认罪、悔罪并积极退赃、退赔,并且系为近亲属掩饰、隐瞒犯罪所得,对黄某笙予以从轻、减轻处罚有事实和法律依据。综合考虑被告人黄某笙、黄某翰的犯罪情节、悔罪表现、退赃退赔并取得被害人谅解的事实等,依法对二人适用缓刑。

六、涉案财物被扣押，还有拿回来的希望吗

案号：(2021) 冀 0803 刑初 65 号

关键词：查封、扣押；非涉案财物；普通涉案财物；返还

裁判规则：公诉机关提供的证据若不能证明公安机关扣押的财物是被告人进行犯罪活动所使用，或扣押的财物并不以专门从事犯罪活动为目的，只是临时用于犯罪活动，法院综合财物使用情况，可以判决对相关财物予以返还。

案情要点：

· 2020 年 10 月，被告人李某成、王某伟购置了"多卡宝"、手机和电话卡后，在驾驶的蓝色大众轿车上及日租房内架设"多卡宝"设备，为他人实施的网络诈骗活动提供通讯网络帮助。

· 公安机关扣押被告人黑色手机两部、蓝色轿车一辆、车钥匙一把、行驶证一本。

· 法院审理查明：公安机关扣押的两部手机与进行诈骗的两部手机不相符，被扣车辆只是临时用于犯罪活动。

· 法院判决，公安机关将扣押的被告人的黑色手机两部、轿车、车钥匙及行驶证分别返还被告人。

规则分析

《刑事诉讼法》第 141 条第 1 款规定，公安机关"在侦查活动中发现的可用以证明犯罪嫌疑人有罪或者无罪的各种财物、文件，应当查封、扣押；与案件无关的财物、文件，不得查封、扣押"。从文义上看，关于"应当查封、扣押"范围的规定仍然较为模糊。实践中，公安机关为了查清案件事实，在前期侦查过程中，会选择对与案件有关联的财物进行查封、扣押。但是，财物与案件有关联，并不一

定属于规定中“应当查封、扣押”的范围。结合上述案例来看,至少有两类财物(非涉案财物、普通涉案财物)不属于应当查封、扣押的范围。

非涉案财物,是指控方无证据证明与案件有关的财物。本案中,办案机关移交的二被告人两部手机的 IMEI 号码(类似手机身份证号)与在犯罪中所使用的手机的 IMEI 号码不相符合,即无证据证明这两部手机与该案有关,属于法律明确规定“不得查封扣押”的财物。普通涉案财物,是指偶尔或临时用于犯罪,对犯罪的完成没有起到决定性和促进性的作用,与犯罪行为之间没有经常性、直接性的联系,在证明行为人实施犯罪行为的事实上关联性及证明力较弱的财物。本案中,被告人的行为是使用“多卡宝”设备拨打受害人电话实施电信诈骗,这一行为发生在被扣押的轿车内仅出于偶然原因,被告人使用轿车主要出于日常用途。因此,轿车与被告人的犯罪行为之间的相关性并未达到“可以用于证明被告人有罪或无罪”的程度,仅是用于说明被告人实施某次犯罪行为的场所。轿车属于“普通涉案财物”,不属于“应当查封、扣押的财物”。

辩护攻略

规则的模糊性在一定程度上也留下分析与辩护的空间。刑事辩护过程中,辩护人可以关注财物是否属于“应当查封、扣押”的范围,并结合财物的性质、权属、主要用途及其与被告人行为的联系紧密程度对相关财物进行分析。经分析后,确有证据的,辩护人可以向办案单位提供,用于证明相关财物属于“非涉案财物”“普通涉案财物”。也可以依据《刑事诉讼法》第 117 条及时向有关机关进行申诉或者控告,以保障被告人及相关人员的权益。除了本案中的“非涉案财物”“普通涉案财物”,实践中,财物价值与行为的社会危害性相当也是法院用作衡量是否没收财物的标准。

法院判决

法院认为，涉案电话号码为183××××2936，使用该号码的两部手机的IMEI号码和公安机关扣押的二被告人两部手机的IMEI号码不相符，公诉机关提供的证据尚不能证实公安机关扣押在案的二被告人的两部手机是供二被告人进行犯罪活动所使用，故扣押在案的二被告人两部手机可不予没收。二被告人虽曾使用车牌号为京Q×××××的蓝色大众高尔夫轿车进行犯罪活动，但因该车辆为被告人王某伟日常生活用车，并不以专门从事犯罪活动为目的，只是临时用于犯罪活动，综合考虑该车实际情况，可以对该车辆不予没收。

相关法律规定

《刑事诉讼法》(2018年修正)

第一百一十七条　当事人和辩护人、诉讼代理人、利害关系人对于司法机关及其工作人员有下列行为之一的，有权向该机关申诉或者控告：

(一)采取强制措施法定期限届满，不予以释放、解除或者变更的；

(二)应当退还取保候审保证金不退还的；

(三)对与案件无关的财物采取查封、扣押、冻结措施的；

(四)应当解除查封、扣押、冻结不解除的；

(五)贪污、挪用、私分、调换、违反规定使用查封、扣押、冻结的财物的。

受理申诉或者控告的机关应当及时处理。对处理不服的，可以向同级人民检察院申诉；人民检察院直接受理的案件，可以向上一级人民检察院申诉。人民检察院对申诉应当及时进行审查，情况属实的，通知有关机关予以纠正。

第一百四十一条第一款　在侦查活动中发现的可用以证明犯罪嫌疑人有罪或者无罪的各种财物、文件，应当查封、扣押；与案件无关的财物、文件，不得查封、扣押。

第一百四十五条　对查封、扣押的财物、文件、邮件、电报或者冻结的存款、汇款、债券、股票、基金份额等财产,经查明确实与案件无关的,应当在三日以内解除查封、扣押、冻结,予以退还。

《人民检察院刑事诉讼涉案财物管理规定》(高检发〔2015〕6 号)

第四条　人民检察院查封、扣押、冻结、保管、处理涉案财物,必须严格依照刑事诉讼法、《人民检察院刑事诉讼规则(试行)》以及其他相关规定进行。不得查封、扣押、冻结与案件无关的财物。凡查封、扣押、冻结的财物,都应当及时进行审查;经查明确实与案件无关的,应当在三日内予以解除、退还,并通知有关当事人。

严禁以虚假立案或者其他非法方式采取查封、扣押、冻结措施。对涉案单位违规的账外资金但与案件无关的,不得查封、扣押、冻结,可以通知有关主管机关或者其上级单位处理。

查封、扣押、冻结涉案财物,应当为犯罪嫌疑人、被告人及其所扶养的亲属保留必需的生活费用和物品,减少对涉案单位正常办公、生产、经营等活动的影响。

中共中央办公厅、国务院办公厅《关于进一步规范刑事诉讼涉案财物处置工作的意见》(中办发〔2015〕7 号)

二、规范涉案财物查封、扣押、冻结程序。查封、扣押、冻结涉案财物,应当严格依照法定条件和程序进行。严禁在立案之前查封、扣押、冻结财物。不得查封、扣押、冻结与案件无关的财物。凡查封、扣押、冻结的财物,都应当及时进行审查;经查明确实与案件无关的,应当在三日内予以解除、退还,并通知有关当事人。

查封、扣押、冻结涉案财物,应当为犯罪嫌疑人、被告人及其所扶养的亲属保留必需的生活费用和物品,减少对涉案单位正常办公、生产、经营等活动的影响。

公安机关、国家安全机关决定撤销案件或者终止侦查、人民检察院决定撤销案件或者不起诉、人民法院作出无罪判决的,涉案财物除依法另行处理外,应当解除查封、扣押、冻结措施,需要返还当事人的应当及时返还。

在查封、扣押、冻结涉案财物时,应当收集固定依法应当追缴的证据材料并随案移送。

中共中央、国务院《关于完善产权保护制度依法保护产权的意见》

五、严格规范涉案财产处置的法律程序

进一步细化涉嫌违法的企业和人员财产处置规则，依法慎重决定是否采取相关强制措施。确需采取查封、扣押、冻结等措施的，要严格按照法定程序进行，除依法需责令关闭企业的情形外，在条件允许情况下可以为企业预留必要的流动资金和往来账户，最大限度降低对企业正常生产经营活动的不利影响。采取查封、扣押、冻结措施和处置涉案财物时，要依法严格区分个人财产和企业法人财产。对股东、企业经营管理者等自然人违法，在处置其个人财产时不任意牵连企业法人财产；对企业违法，在处置企业法人财产时不任意牵连股东、企业经营管理者个人合法财产。严格区分违法所得和合法财产，区分涉案人员个人财产和家庭成员财产，在处置违法所得时不牵连合法财产。完善涉案财物保管、鉴定、估价、拍卖、变卖制度，做到公开公正和规范高效，充分尊重和依法保护当事人及其近亲属、股东、债权人等相关方的合法权益。

类似案例

1. 案号：(2021)云0828刑初736号

法院认为，对于扣押的被告人严某堂的手机一部，在案证据不能证明系被告人供犯罪所用，应不予没收。

2. 案号：(2021)云0924刑初652号

法院认为，公诉机关提出对被告人张某杰所驾驶的无牌照摩托车依法予以没收、上缴国库的公诉意见，因该辆摩托车权属不清，不予没收。

扩展阅读

001.跨境电子取证与数据主权问题
——以最高人民检察院指导案例为切入点

2020年4月8日，最高人民检察院发布第十八批指导性案例（本文中简称第十八批案例），三起案件均为网络犯罪案例（检例第67号、第68号、第69号）。这是最高人民检察院第二次发布网络犯罪指导性案例，与以往不同，这批案例的主题是电子取证的合法性和电子数据的客观性等问题。

一直以来，最高人民检察院指导性案例主要涉及新型案件、热点案件，用以指导解决常见多发或棘手问题。该批案例中的张某闵等52人电信网络诈骗案（检例第67号）（本文中简称67号案例）反映了网络犯罪的跨境趋势，也体现出电子证据在查办此类案件中的关键作用。笔者以跨境电子取证为视角，简要介绍、分析当前境内外的相关规定及变化趋势，并希望借此引起读者对数据主权问题的重视。

1. 电子证据是打击跨境网络犯罪的关键

与传统犯罪不同，借助于现代网络技术，网络犯罪可以是集团化大范围、大跨度作案。以67号案例为例，涉案犯罪集团便是在印度尼西亚和肯尼亚对中国国内居民进行电信网络诈骗。

针对电信网络诈骗犯罪的跨境趋势，近三年来，公安部组织了64次跨境打击行动，在东南亚、欧洲、非洲的30多个国家开展追捕行动，取缔了216个跨境电信网络诈骗窝点，抓获犯罪嫌疑人3159名。[①]

对于部分近年来典型跨境网络犯罪案件，笔者以表格的形式汇总如下（详见表5-1）。

---

① 参见《「诚信建设万里行」打击治理电信网络新型违法犯罪　依法保护群众财产权益》，载百家号“央广网”，https://baijiahao.baidu.com/s?id=1641002695837809545&wfr=spider&for=pc。

表5-1 近年来典型跨境网络犯罪情况汇总

案件名称	发案时间	案情概况	涉案地区	案件成效
“5·13”跨境特大电信诈骗案	2011年5月	冒充各地公安机关、银行、电信等人员，称受骗市民因涉及洗钱、吸毒等案件需要将钱转到“安全账户”	广东等省，柬埔寨、印度尼西亚、韩国等国家	抓获犯罪嫌疑人29名，缴获赃款50余万元，摧毁话务窝点4个、各类团伙13个，缴获手机、电脑、银行卡、IC卡、虚假身份证件等
武汉1700万元特大跨境电信诈骗案	2015年5月	冒充公检法机关、邮政工作人员等对企业负责人实施诈骗	湖北等省，柬埔寨等国家	捣毁诈骗窝点5个、抓获嫌疑人80余名，缴获电脑、U盾、诈骗剧本等
肯尼亚系列诈骗案	2015年9月	冒充公检法机关向我国大陆拨打诈骗电话	肯尼亚等国家，我国台湾地区等地	2016年4月8日，肯尼亚警方抓获32名我国大陆嫌疑人，45名我国台湾地区嫌疑人
中西警方“长城行动”	2016年1月	在西班牙巴塞罗那和马德里等地设置诈骗窝点	西班牙等国家，我国台湾地区等地	2016年12月13日行动，抓获200余名主要来自我国台湾地区的嫌疑人，查明诈骗金额1600万余欧元
“网络刷单”系列诈骗案	2018年5月	在QQ等社交平台上以网络购物刷单的名义进行诈骗	河南、广东等省，老挝等国家	2019年1月，工作组联合老挝警方先后5次对9个诈骗窝点开展收网行动，打掉11个犯罪团伙，共抓获犯罪嫌疑人191名，现场扣押了一大批作案工具

资料来源：丁晨：《电信网络诈骗案件侦查中的跨境合作问题研究》，中国人民公安大学硕士学位论文，第16页。

可见，近年来，公安机关打击跨境网络犯罪的力度不可谓不大，但不可否认的是，该类犯罪目前仍处于高发状态。跨境网络犯罪往往涉及大量的境外证据和庞杂的电子数据，公安机关的取证工作面临巨大的困难。因此，如何高效、有力地打击该类犯罪,是摆在司法机关面前的一道难题。

使用电子数据是打击网络犯罪的“最佳方式”,已经成为国际社会的共识。在2019年的联合国网络犯罪政府间专家组第五次会议中,参会各国的有关人士普遍认为,未来要有效应对网络犯罪,跨境数据取证(电子取证)将成为关键。①

作为打击网络犯罪的关键,电子数据拥有传统证据所不具备的易保管、隐蔽性强、可反复重现等特性。由此,打击跨境网络犯罪的核心问题十分明显:如何进行跨境电子取证以及如何保证电子数据的真实性、完整性、合法性。

以67号案例为例,该案中的跨境电子数据先由外国司法机关获取存储介质,再通过司法协助或外交的方式将存储介质移交给我国司法机关,为保证其合法性,67号案例提出如“移交过程中应注意审查过程是否连续、手续是否齐全”等指导意见。同时,为了保证存储介质中数据真实性与完整性,67号案例还提出了“对从境外起获的存储介质中提取、恢复的电子数据应当进行无污损鉴定,将起获设备的时间作为鉴定的起始基准时间,以保证电子数据的客观、真实、完整”的指导意见。

虽然67号案例指向的是从境外起获的存储介质中提取电子数据,而不是直接从位于境外的设备中提取数据,但由此也可窥见电子数据境外取证合法性、真实性、完整性的重要性以及我国司法机关对该类问题的重视程度。

2. 我国跨境电子取证相关规定的变化及实务现状

我国对跨境电子取证的程序规定,最早见于2005年由公安部发布的《计算机犯罪现场勘验与电子证据检查规则》,该文件首次对远程勘验进行了详细规定。该文件虽未明确指出可以适用远程勘验的情况,但对于表5－2中一系列文件的制定奠定了基础。

---

① 参见裴炜:《未来犯罪治理的关键:跨境数据取证》,载《中国信息安全》2019年第5期。

表 5-2 近年来我国跨境电子取证规定概览

时间	文件名	内容
2010 年	最高人民法院、最高人民检察院、公安部《关于办理网络赌博犯罪案件适用法律若干问题的意见》	对于电子数据存储在境外的,取证过程必须由见证人见证,可以对取证过程拍照或者录像
2014 年	最高人民法院、最高人民检察院、公安部《关于办理网络犯罪案件适用刑事诉讼程序若干问题的意见》(已废止)	原始存储介质位于境外的,可以远程提取电子数据,但应当说明原因,有条件的,应当进行取证过程的录像
2016 年	最高人民法院、最高人民检察院、公安部《关于办理刑事案件收集提取和审查判断电子数据若干问题的规定》	对过往有关跨境电子取证的规定进行了系统的总结,明确在必要时可以对远程计算机信息系统进行网络远程勘验。第一次提出采取技术侦查措施必须经过严格的批准手续
2018 年	《国际刑事司法协助法》	办案机关需要外国协助调查取证的,应当以请求刑事司法协助的方式获取境外电子数据
2019 年	《公安机关办理刑事案件电子数据取证规则》	明确网络在线提取的数据对象是“公开发布的电子数据、境内远程计算机信息系统上的电子数据”。需要进一步查明法定情形的,应当使用正式的访问权限登录系统,通过网络远程勘验的方式进行,若使用技术侦查措施进行网络远程勘验,则需要按照有关规定办理批准手续 简而言之,该文件虽然对远程技术侦查做了一些限制,但对跨境电子取证,并没有明确的规定

以上是对我国现有规范的梳理,那么在司法实践中,又是怎么操作的呢?跨境电子取证,是主要通过如67号案例的刑事司法协助程序进行还是侦查机关未经他国同意通过远程方式的单边取证居多?

笔者通过无讼网站进行了案例检索,结果分别如下:以“刑事案件—司法协助—境外—电子数据”为关键词,经筛选后有效案件仅有1件;①以“刑事案件—电子数据—法院观点:远程勘验—法院观点:境外”为关键词,经筛选后有效案件却有13件。可见,单边取证的方式似乎在实务中运用得更多。究其原因,司法

① 广东省珠海市香洲区人民法院刑事判决书,(2017)粤0402刑初887号。

协助方式虽然充分尊重了他国主权,符合我国提倡的数据主权原则,但在实践中却受请求国内部的层层申报,被请求国的审查、配合度、司法制度不同,以及流程不同等因素的影响,往往效率低下。而缺乏国际条约支持的单边取证虽可能引发国际礼让和主权尊重方面的争议,但却具有很强的效率优势。

司法实践中电子数据单边取证主要有以下几种方式。

第一种是浏览服务器连接的境外公开网页,通过截图、录像、拍照等方式固定网页数据作为电子数据,这是最常被采用的一类取证方式,常与其他跨境电子数据取证措施同时适用。通常由公安机关网安部门工作人员在线提取,而后出具网络在线提取笔录作为法庭证据。

第二种是通过输入用户名和密码的方式进行远程勘验提取境外服务器数据。公安机关在前期侦查中获取嫌疑人管理涉案平台的账户和密码,而后由公安机关网安部门工作人员输入用户名和密码登录平台,获取境外服务器数据。

第三种是技术侦查,由专业人员采用技术手段获取境外服务器内存储的电子数据,而后形成电子数据检验报告或电子数据司法鉴定报告作为案件定罪量刑的证据。从裁判文书来看,这里的“专业人员”一般是公安机关网络安全或技术侦查人员,也可能是专业电子数据鉴定机关的技术人员。①

需要注意的是,第一种做法所取得的电子数据是《公安机关办理刑事案件电子数据取证规则》中网络远程勘验的对象,即“公开发布的电子数据”。而对于第二种、第三种做法,由于现行规定没有对境外电子数据的远程勘验进行明确授权,建议辩护律师对案件中此类证据的合法性问题予以高度关注。

3. 跨境单边电子取证对国家网络数据主权的影响

对比前述我国相关规定的变化,我们可以发现,在2018年的《国际刑事司法协助法》出台之前,我国的有关规定是允许直接从位于境外的存储介质中提取电子数据的。但是,在《国际刑事司法协助法》出台之后,公安部《公安机关办理刑事案件电子数据取证规则》中对于远程取证的对象则只限定于“公开发布的电

① 参见叶媛博:《我国跨境电子取证制度的现实考察与完善路径》,载《河北法学》2019年第11期。

子数据、境内远程计算机信息系统上的电子数据”,也就是说公安机关的取证规则中并没有明确授权公安机关可以对位于境外的远程计算机信息系统中的电子数据进行网络在线取证。

为什么会出现这样的变化？其中很重要的一个原因,就是电子数据的主权问题。

早期有学者认为网络空间主权是国家主权在网络空间的自然延伸。随着研究的深入,有学者将网络主权分为“网络物理层主权”、“网络逻辑层主权”和“网络数据主权”。[①]

按照这一理论,数据主权是网络主权的组成部分。从我国现行《国家安全法》《网络安全法》《网络安全审查办法》的规定来看,我国在立法层面上赞同网络空间主权的观点。

依据长久以来的国际法原则,属地原则是一国主权的重要体现,电子数据的存储介质若在一国领域之内,出于尊重国家主权的目的,他国应当通过司法协助获取电子数据。

与此相呼应,境外部分国家的规定也提出,一国对位于其境内介质中存储的数据拥有无可争议的刑事取证管辖权。[②] 例如,英国法官在签发远程搜查令状时,需要判断警方的侦查行为是否会跨越国境。如果违法从境外收集数据,法院在后续程序中可能会将该证据予以排除。[③] 2009 年,美国在其发布的《刑事侦查中计算机搜查扣押与电子证据收集指引》中提醒,未经许可进入他国计算机系统可能触及国家主权问题。[④] 2014 年“微软—爱尔兰案”中,爱尔兰政府向美国法院声明对涉案数据的主权管辖,强调只有通过两国之间的双边刑事司法协助机

---

① 参见许可:《数据主权视野中的 CLOUD 法案》,载《中国信息安全》2018 年第 4 期。

② 参见梁坤:《基于数据主权的国家刑事取证管辖模式》,载《法学研究》2019 年第 2 期。

③ See Ulrich Sieber & Nicolas von zur Mihlen eds. , *Access to Telecommunication Data in Criminal Justice*, Duncker & Humblot, 2016, p. 730.

④ See CCIPS, *Searching and Seizing Computers and Obtaining Electronic Evidence in Criminal Investigations*, U. S. Department of Justice, http://www.justice.gov/criminal/cybercrime/docs/ssmanual2009.pdf, visited on Nov. 1, 2018.

制,才能由爱尔兰官方对相应数据进行调查。[①]

因此,一国对位于其境内存储介质中的数据拥有主权,另一国若仅凭国内规定就直接对该国计算机系统进行远程调查取证,很有可能被认定为侵犯该国的数据主权,进而可能导致外交风险。2000 年,美国联邦调查局在调查一起黑客案件的过程中,在未经俄罗斯官方许可的情况下,使用秘密获得的嫌疑人用户名和密码登录俄方境内的计算机系统,在线提取涉案数据。此案引发俄罗斯方面强烈的外交抗议。[②] 在本国立法没有明确授权允许跨境单方电子取证的情况下,所获得的证据更是会面临着合法性问题的考验。

基于上述数据存储地模式确立的数据主权原则,我国的《网络安全法》第 37 条明确规定,"关键信息基础设施的运营者在中华人民共和国境内运营中收集和产生的个人信息和重要数据应当在境内存储"。

《网络安全审查办法》进一步明确了电子数据主权的重要性,该办法第 1 条规定:"为了确保关键信息基础设施供应链安全,保障网络安全和数据安全,维护国家安全,根据《中华人民共和国国家安全法》、《中华人民共和国网络安全法》、《中华人民共和国数据安全法》、《关键信息基础设施安全保护条例》,制定本办法。"可见,关键信息基础设施中的数据与国家安全息息相关,出于维护国家安全的考虑,数据主权是必须要声明和主张的。

但难以否认的是,我国司法实务中存在的单边取证行为可能是对数据存储地模式的一种突破,反映了数据管控确实难以完全限制于一国疆土之内的实际状况和尴尬之处,由此国际上关于境外跨境电子取证的政策也处在不断变化之中。

4. 境外跨境电子取证规则的变化趋势

随着互联网技术的迭代发展,特别是云计算技术的成熟,传统的数据主权以存储介质所属地的管辖已经发生松动,其刑事管辖界限客观上已经变得较为模

---

① See Brief for Ireland as Amicus Curiae Supporting Appellant at 4, 7, In re Warrant to Search a Certain E－mail Account Con－trolled & Maintained by Microsoft Corp., No. 14－2985 －CV (2d Cir. Dec. 23, 2014).

② See Russell G. Smith, Peter Grabosky & Gregor Urbas, *Cyber Criminals on Trial*, Cambridge University Press, 2004, p. 58.

糊,境外诸多案例及现行立法也都反映出这种变化趋势。

2001 年 11 月,欧盟成员国以及美国等 30 个国家和地区共同签署了第一部针对网络犯罪行为的国际公约《网络犯罪公约》,其内容主要包括两个方面:一方面,各缔约国认同电子数据存储介质所属地管辖;另一方面,公约规定了两种突破属地管辖的例外模式,一是取证国可以在线提取公开资料,无论数据位于何处,二是只要数据控制者同意,不需要经过电子数据存储介质所在国的同意,即数据控制者模式。

2013 年,美国办案机构在调查案件时要求微软公司提供相关邮件信息,但该信息存储在爱尔兰都柏林的服务器上,办案机构的要求遭到拒绝,理由是爱尔兰政府认为其对该数据具有主权。这便是前文提及的跨境电子取证史上有名的"微软—爱尔兰案"。

2018 年 3 月,美国针对此案发布了《澄清合法使用境外数据法》(Clarify Lawful Overseas Use of Data Act,CLOUD Act),其主要内容包括美国政府可以要求境内云服务提供者提供位于境外服务器上的数据,即依据数据控制者模式确立了所谓的长臂管辖原则。

2018 年 4 月,受《澄清合法使用境外数据法》影响,欧盟委员会宣布,计划建立"欧洲数据提交令"和"欧洲数据保存令"重要制度。根据欧洲数据提交令,成员国可直接强制欧盟境内的服务提供者提供电子数据,而无论相应数据到底是否存储于欧盟境内。根据欧洲数据保存令,成员国可强制要求欧盟境内的服务提供者对特定数据予以保存。①

通过以上规则的发展变化,我们可以看到,欧美国家已经在利用自身互联网的发展优势,试图突破传统的数据属地管辖,通过强制网络服务提供者披露数据的方式单边获取他国境内数据。由此可以预见,我国国内产生的电子数据很可能也将面临欧美国家单边长臂获取的风险。对此,我国高度重视这个问题,并采取了必要的应对措施。我国之所以拒绝参加《网络犯罪公约》,理由之一就是

---

① 参见梁坤:《欧盟跨境快捷电子取证制度的发展动向及其启示》,载《中国人民公安大学学报(社会科学版)》2019 年第 1 期。

“该公约32条b款所规定了直接跨境取证措施,这与国家司法主权之间的关系值得探讨”①。美国的《澄清合法使用境外数据法》颁布之后,对该法案所规定的长臂管辖权,我国也持反对立场,同年即在我国《国际刑事司法协助法》中规定:非经同意,中国境内的机构、组织和个人不得向外国提供证据材料。但是,在跨境刑事电子数据取证方面,一方面,有关司法机关要高度注意,要尽量通过国际刑事司法协助的方式进行取证,扩大适用67号案例中适用的双边司法协助,大力推动加入类似于《网络犯罪公约》类型的多边司法协助机制,以减少单边跨境取证的适用,避免不必要的外交争端;另一方面,我们也要完善国内立法,对此类证据的合法性问题作出明确的解释。

结 语

67号案例的内容向我们展示了可以通过传统司法协助的方式直接获取境外电子数据的存储介质,但传统的司法协助有可能无法“一网打尽”所有的跨境网络犯罪。例如,对于“暗网”中的数据,可能无法确定数据的实际物理存储位置;云计算技术也会导致数据的具体位置难以确定。现阶段打击跨境网络犯罪与尊重一国数据主权确实存在矛盾,但这种矛盾显然不是不可调和的,这是网络技术发展的必然。笔者有信心,随着网络与人类生活的进一步融合,未来国际上将会对跨境电子取证与数据主权如何调和的问题达成共识。

002. 用于直播打赏的违法所得应否被刑事追缴

“网络直播”作为互联网时代一种新型经济形式,其互动性强、选择性多、时空限制较小等特点使得这一新兴传播方式独占鳌头。随着微信、支付宝、银行网银等支付方式的普及,用户可以通过多种方式打赏主播以表达自己的喜爱。用户也会因为打赏主播而得到主播的更多互动,来换取精神上的愉悦。由此,用户为得到主播的更多青睐而使用更多资金在平台充值,部分非理性用户的打赏资

① 《中国代表团出席“联合国网络犯罪问题政府间专家组”》,载中华人民共和国常驻维也纳联合国和其他国际组织代表团网,http://vienna.china-mission.gov.cn/chn/hyyfy/201303/t20130304_8859092.htm。

金源于违法所得。使用“赃款”打赏主播的案件频繁出现于新闻报道之中,引发社会层面广泛关注。面对网络打赏追缴这一刑民交叉的问题,既要考虑刑事法律的规定,又要审视民法所确定的基础法律关系。对于正常经营的直播平台,用于直播打赏的违法所得是否应当被办案机关追缴?

1. 刑事追缴的范围

我国《刑法》第 64 条规定了刑事追缴制度,对于违法所得应当予以追缴。此条对“违法所得”的规定过于笼统,对于刑事追缴的范围无明确规定。第三人涉及“违法所得”会给刑事追缴带来诸多困难,刑事追缴也非一言能蔽之的问题,故需要进一步明确纳入刑事追缴的“违法所得”的范围。

最高人民法院、最高人民检察院《关于办理诈骗刑事案件具体应用法律若干问题的解释》第 10 条规定,行为人已将诈骗财物用于清偿债务或者转让给他人,具有下列情形之一的,应当依法追缴:对方明知是诈骗财物而收取的、对方无偿取得诈骗财物的、对方以明显低于市场的价格取得诈骗财物的、对方取得诈骗财物系源于非法债务或者违法犯罪活动的。对于他人善意取得诈骗财物的,不予追缴。同时,最高人民法院《关于刑事裁判涉财产部分执行的若干规定》第 11 条第 1 款规定,被执行人将刑事裁判认定为赃款赃物的涉案财物用于清偿债务、转让或者设置其他权利负担,具有下列情形之一的,人民法院应予追缴:第三人明知是涉案财物而接受的、第三人无偿或者以明显低于市场的价格取得涉案财物的、第三人通过非法债务清偿或者违法犯罪活动取得涉案财物的、第三人通过其他恶意方式取得涉案财物的。

根据上述法律规定可得知,第三人非善意、有瑕疵地取得涉案财物所有权的,应当纳入刑事追缴的范围。安提戈涅曾说过“法律之内,应有天理人情在”,在维护社会公平正义的法律秩序之下,仍需要追求朴素的人情。在满足特定条件的情况下,则可以排除刑事追缴,即善意取得,“善意取得”是第三人对抗刑事追缴程序的唯一例外。

违法所得用于直播打赏更具有特殊性,用户将违法所得转化为虚拟货币,第三人即直播平台难以识别用户对虚拟货币的“权利外观”,若直播平台满足善意取得的各项要件,则应当不予刑事追缴。

2. 网络直播打赏的性质

打赏起源于杂耍、戏曲等街头艺术形式,信息网络将“打赏”行为由线下带到了线上。网络直播行业是随着互联网兴起的网络经济模式,其有别于传统的演艺模式,网络直播行业以打赏获取服务报酬为主要盈利模式。网络直播打赏是用户为了表达对网络主播喜爱的一种轻型物质激励模式,以此激励主播创作出更优质的直播作品。直播秀场随着用户的需求不断提升服务水平,用户的打赏力度也大幅度上升,为得到主播更多的关注与互动,用户使用“违法所得”打赏主播的情形层出不穷。网络直播平台因直播获得的收益,一旦查明资金来源为违法所得就被刑事追缴,不利于维护直播平台正常经营下的合法利益,更不利于维护社会主义市场经济的交易稳定。

各大网络直播平台中的《充值服务协议》明确表示,打赏礼物属于在线支付的充值类商品。在网络直播平台的特定环境下,虚拟道具礼物跟货币具有等价意义。得到虚拟道具礼物打赏的主播根据道具礼物的价值和直播平台的分成规定,双方各自提取金额比例。笔者根据现有的裁判文书发现,对于用户打赏给主播的虚拟道具礼物具有不同的裁判观点,分为服务合同说和赠与合同说两种。

具体而言,善意取得必须是有偿行为,如果打赏是对主播提供服务支付相应的对价,则两者之间是服务合同关系,办案单位不应当追缴已经打赏的财物。如果打赏行为是单方的、无偿的,则两者之间是赠与合同关系,办案单位可以对涉案财物予以追缴。笔者更加赞同服务合同说。

(1)服务合同说

笔者通过检索相关判例发现,绝大多数判决书认定用户打赏主播虚拟道具为“网络服务合同”关系[例如,(2020)浙01民终3982号、(2020)皖02民终2598号、(2021)京0491民初4906号、(2021)鲁0481民初701号、(2023)鲁07民终613号]。用户与直播平台所签订的《用户注册协议》《充值服务协议》系双方真实意思表示,合法有效,受到法律保护。网民注册成为直播平台的用户,继而使用真实货币在直播平台进行充值兑换成虚拟道具礼物,从而能够进入直播平台提供的直播间观看直播并向主播发送虚拟道具礼物。用户在观看直播时,使用虚拟道具享受了增值服务,获得了与网络游戏体验相似的精神上的满足感。简单而言,用户充值取得虚拟道具对主播进行打赏,并非无所得,显然其行为不具备单务性、无偿性,应为网络消费行为,而非赠与行为。

善意取得须满足“善意、合理对价、转移占有”的条件。对于直播平台而言,推定平台一方为善意是应有之义。根据我国的监管法规,直播平台对平台主播和平台用户享有一定的监管义务。通过对《网络直播营销管理办法(试行)》、《移动互联网应用程序信息服务管理规定》、国家市场监督管理总局《关于加强网络直播规范管理工作的指导意见》等监管法规的整理,可得知直播平台只需要尽到对打赏用户身份的核实义务,即直播平台会对打赏用户进行实名制监管。用户在注册平台账号、充值打赏前,平台都会收集用户的个人真实身份信息。但是,同时根据《个人信息保护法》的规定,平台收集个人信息的,应当限于实现处理目的的最小范围,不得过度收集个人信息。因此,网络直播平台一般只会收集用户的姓名、电话、邮件、联系地址等基本信息,履行平台应尽的基本审查义务。直播平台每日资金流水高速化、动态化,核查每一笔资金来源耗费的资源过于庞大,对于用户打赏主播所用的钱款,直播平台没有能力去识别打赏的资金是否为违法所得。在正常经营的一般社会活动中,食宿、交通等社会交易场所既没有能力也没有法定义务去核实交易对象支付价款的来源;就连金融机构——银行在接受客户存款的时候,也没有义务去核实每一笔存款流水是否为违法所得,法律不强人所难。在市场交易过程中的各个主体都没有能力鉴别资金来源时,法官就不能认定直播平台未尽到平台应尽的注意义务、缺乏有效监管。直播平台善意、不知情地接受违法所得充值,并将收取的充值费用转化为直播平台的运营、广告投放、流量宣传等,应当认可直播平台已经取得用户充值款项的所有权。

网络直播具有开放性、即时性,直播面向不特定对象,用户可随进随出直播秀场,对主播的直播服务感到满意即可自愿打赏,但并不能当然以此来否定网络直播服务的对价性。同时,平台以视频、音频、图文等形式向公众提供互联网直播服务,为用户提供差异化的虚拟货币消费等各项产品或服务,必然会产生一定的人力物力支出,故其应当享有因提供互联网直播服务而获取经济利益的权利。平台通过用户的打赏行为,以及通过与主播关于分成的约定,进而获取一定的经济利益,是用户自主选择的商业经营模式,属于意思自治的范畴。在推定直播平台善意地得到用户充值的条件下,亦可推定主播得到用户打赏为善意。

平台提供的虚拟道具商品、主播因直播内容或个人魅力所获得的用户打赏是否属于最高人民法院《关于刑事裁判涉财产部分执行的若干规定》第 11 条第 1 款第 2 项规定的"第三人无偿或者以明显低于市场的价格取得涉案财物"? 网络直播因不受时空限制,所以用户随时随地都能观看直播。用户是否打赏主播、打赏主播金额大小与用户的消费能力、精神需求、观看体验等主观因素密切相关。对于平台提供的虚拟道具商品而言,用户充值属于网络交易行为。市场经济下的交易行为主张意思自治,各大网络平台提供了不同价位的充值商品,用户根据公平市场交易准则购买相应的商品,直播平台根据用户充值打赏的金额提供不同的打赏礼物特效、获得不同的头衔、优化直播画面、推送直播热度等特殊的直播效果服务,显然是有偿的对价服务。

对于主播而言,现如今直播打赏一掷千金的现象屡见不鲜,甚至有的头牌大主播开播一次收入就能达到上百万元。从用户观看某一主播直播时间的维度看,短时间内其所接受到主播提供的秀场服务较少,内心的精神体验也相对较少,因此打赏力度也相对较小;从长时间的维度来看,主播的秀场直播服务与打赏金额会更加明显,往往会出现巨额打赏。涉案财物中的巨额打赏并未在"是否明显高于市场价格"部分应当被刑事追缴的考虑范围之内。仅根据主播的基础粉丝量、直播在线观看人数、在线活跃度等信息难以衡量直播行业的市场价格。虽然难以通过量化的方式确定打赏支出与直播服务成本的对价,但是不能因为难以量化就将其视为赠与行为。主播按照用户偏好进行表演,用户和主播之间形成契约关系,该契约关系的形成条件之一就是打赏行为。直播平台与主播是两体一面的关系,二者在用户充值并打赏层面已经形成了利益捆绑,直播平台的运营支出与主播的表演服务共同构成了服务合同中与用户充值打赏的对价。打赏的有偿性具有利润驱动性,能够促使主播更用心表演提供服务,也能够促进直播平台不断优化网络技术,整合资源,为用户提供更加优质的服务。

对于新媒体直播行业而言,正常运营的直播平台和人们喜闻乐见的直播内容为人们的闲暇时光增添了一份乐趣。将正常运营的直播平台所得到的直播打赏等合法收入全部予以刑事追缴,不仅对直播平台,而且会对整个社会的服务业带来巨大的冲击,使市场交易存在巨大的风险。这一做法最终会导致主播的直播内容、直播秀场的氛围、直播平台的环境都将停滞不前,这对于整个新媒体直播行业的发展是不利的。知识产权中表演者权具有有偿性等特点也决定了网络直播打赏行为不是一般的赠与或者附条件赠与,而应成立新型网络服务合同。同时,国家网信办、全国"扫黄打非"办等部门在"深入推进网络直播行业专项整治和规范管理"的工作部署会上,明确了直播打赏作为平台和主播履行服务合同的法律性质。

故此,笔者认为网络服务合同完全符合善意取得的规定,从根本上否定了违法所得用于直播打赏应当刑事追缴的路径,足以对抗刑事追缴。

(2)赠与合同说

个别判决书认定用户打赏主播虚拟道具为"赠与合同"关系,笔者仅检索到2例判决认定打赏主播为赠与合同,分别为(2018)黑01民终5591号和(2020)浙0305民初188号判决书。赠与合同说认为,用户在观看主播直播过程中并不需要另行支付虚拟货币费用,而是在其对主播的直播内容感到满意或者赞赏的情况下,通过用虚拟货币购买礼物的方式打赏,对充值打赏有绝对控制权,可以自主决定是否打赏、对哪位主播进行打赏、打赏多少礼物。即使用户未对主播进行打赏行为,平台也不会因此限制用户使用平台的基本功能。因此,用户向主播打赏的行为应定性为赠与行为,不符合善意取得的对价性,应当予以刑事追缴。

笔者认为这种观点是不合理的。在用户打赏之后,用户享受了直播平台和主播带来的增值服务,平台和主播消耗了各种人力、物力和社会资源,且直播平台和主播并未有任何过错的情形下不宜将所打赏的财物全部予以追缴。网络直播平台成立的初始目的就是商业盈利,这使其有别于公益网络平台。追缴全部直播打赏对社会主义市场经济容易产生不稳定的影响,是一种显失公平的做法,不符合公平交易原则。

3. 探析:直播平台涉违法所得的部分充值追缴厘定

直播打赏需要通过现金充值购买网络直播平台虚拟道具商品的方式实现,故用于直播打赏的违法所得被刑事追缴具有更多的特殊性,不同于普通财物。购买直播平台虚拟道具商品的违法所得涉及被害人、善意的第三方平台、平台主播,存在民法善意取得与刑事追缴的冲突。界定合理范围保护各方权益,必须综合考量交易公平原则和交易安全原则,兼顾互联网经济的特性,以维护社会稳定和正常的市场交易秩序。如果严格执行赃款一追到底,将会导致市场交易主体对所要达成的交易怀着高度不安全感和对自己是否拥有交易所得财产所有权的极度不确信。

对于用户使用违法所得用于直播打赏,司法机关不能"一刀切"、无差别地将全部充值打赏金额予以追缴,应当视情况而定。在善意取得的规则当中,打赏的违法所得何时完成交付是考虑应否刑事追缴的关键因素。直播平台的打赏通常包括用户向直播平台充值、用户使用虚拟货币购买虚拟道具礼品、用户使用虚拟道具礼物打赏主播、直播平台与主播之间的收益分成四个行为。从法律关系上厘清资金流转过程,有助于确定刑事追缴的范围。

市面上各大平台均在平台主页界面提供了充值通道,用户可不进入某一具体直播间便完成充值行为,充值选项设置与特定主播、特定直播间或虚拟道具商品无直接关联性。此时,用户充值并非为打赏而交付资金,因为直播平台的虚拟货币具有财产价值,除用于对直播间的打赏之外,用户还可以购买头衔、爵位、个性化服务等其他非直播间的增值服务。用户在充值后打赏前仍然占有虚拟货币的所有权,虚拟货币从充值开始就存储在平台的服务器上,但并非用户指示平台交付打赏。① 从各大平台公布的信息来看,平台在收到用户充值后没有立即确认收入,而是将收入予以延时确认,只有在用户将虚拟货币转换成道具礼物打赏给主播或者购买其他平台增值服务时才确认收入,以此来确定资金转移交付的

① 参见周捷:《犯罪所得的网络打赏是否应当纳入刑事追缴范围——基于民刑衔接二元视角的分析和探究》,全国法院第30届学术讨论会会议论文,2019年6月20日于呼和浩特。

时间点。现金被充值兑换成平台虚拟货币并非服务合同关系的内容,而使用虚拟礼物打赏给主播时,方才完成打赏这一服务中对价的支付。[①] 对于用户充值而未使用的平台虚拟货币,平台和主播尚未付出对应的资源或劳动,并未形成网络服务合同关系,这一部分虚拟货币相当于储存在直播平台的“储蓄款”,不属于平台经营取得的收入对价,对于用违法所得的已充值而未消费的虚拟货币,平台应当配合司法机关,将上述虚拟财产反向兑换成法定货币予以刑事追缴,以此更能体现善意取得规则在赃款打赏行为中的制度价值。

但是在多数的情况下,用户只有在自身具有打赏需求时才会进行充值,也即充值和兑换礼物打赏几乎同时发生,用户通过网络支付途径将资金转移给直播平台时,平台便取得了货币的所有权。直播平台和主播提供了相应的服务对价,此种情况下符合善意取得制度的要件,司法机关不应当通过刑事程序追缴该赃款,若有争议应通过民事诉讼另行解决。

结 语

当前正值网络直播行业的治理时期,网络直播平台行为的合法化、规范化是健康网络生态发展的需求。这就需要更加清楚地认识网络直播平台中的法律关系,尤其是打赏用户与直播主播之间的服务合同关系。一般情况下使用赃款在直播间打赏主播,主播和平台取得收入符合善意取得规则,不应当被刑事追缴。在“清朗”系列专项活动的开展下,网络环境得到大幅提升,信息网络文化也日益满足人民美好生活的需要。网络直播行业作为网络服务行业的重中之重,直播平台自身应尽到监管义务,为人们提供更多喜闻乐见的直播内容。

注:以上讨论均是建立在直播平台和主播作为合法正常经营的主体之上的,不存在直播平台与主播通过直播“杀猪盘”等非法方式骗取用户打赏的资金以及其他直播平台或主播已涉嫌刑事犯罪的情况。此外,以上内容仅讨论用户使用直播平台或直播间内的线上充值打赏行为,线下转账支付并不在笔者讨论范围内。

---

① 参见孟强、张静静:《善意取得抑或赃款追缴——赃款直播打赏民刑交叉问题的实证研究》,载《北京理工大学学报(社会科学版)》2022 年第 2 期。

第六章

破坏计算机信息系统罪

一、制作外挂可能并不构成破坏计算机信息系统罪

案号:(2015)武侯刑初字第55号

关键词:网络游戏;外挂;计算机犯罪;侵犯著作权罪

裁判规则:当行为人在制作、销售、使用网游外挂被控计算机犯罪时,如果该外挂并未干扰游戏运行并造成严重后果,经司法鉴定,该外挂与原游戏的程序具有高度相似性,那么其行为符合“复制发行”的要求,罪名应改为侵犯著作权罪。

案情要点:

·2012年6月至12月,被告人肖某某制作游戏《新惊天动地》的外挂程序,与他人共同使用,刷取游戏币出售,获利674800元。

·2012年12月7日,《新惊天动地》的著作权人游某某秋公司发现该游戏中有大量异常账号使用外挂,影响游戏运营,遂向成都市公安局网络安全保卫支队报案。

·2013年10月24日,公诉机关认为被告人肖某某等人的行为均已构成破坏计算机信息系统罪,提起公诉。

·2013年11月11日,四川省成都市武侯区人民法院认定被告人肖某某等人犯破坏计算机信息系统罪,判处被告人有期徒刑6年6个月。

·宣判后,肖某某等人提出上诉。

·2014年4月17日,四川省成都市中级人民法院作出发回重审的裁定。

·2015年3月25日,四川省成都市武侯区人民法院认为,被告人肖某某所制作的网络游戏外挂程序与《新惊天动地》游戏程序具有高度的相似性,其行为符合“复制发行”的要求,其行为属于侵犯著作权行为。① 被告人肖某某犯侵犯著作权罪,判处有期徒刑3年,缓刑4年。

---

① 现为“侵害著作权行为”。

规则分析

区别于过去的单机游戏，在目前网络游戏的语境中，玩家可以通过网络游戏客户端登录游戏，通过向网游服务器发送数据包，再以由服务器响应的方式与其他玩家形成线上互动（详见图6－1）。

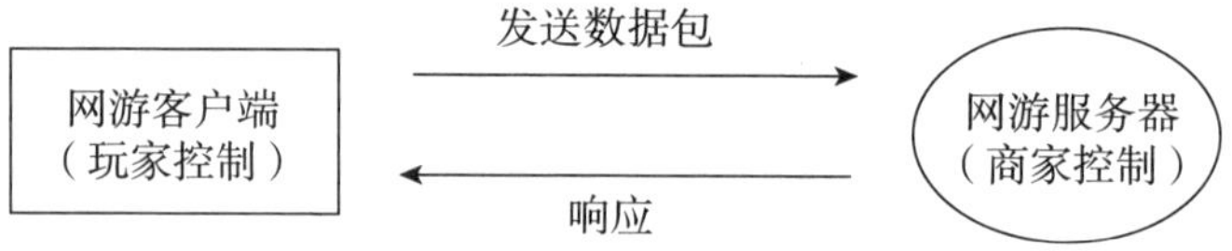

图6－1　网络游戏外挂示意

网游外挂会对客户端、数据包、服务器之一施加影响，使用外挂的玩家相较未使用的玩家在游戏能力上可以取得不平等的明显优势地位，从而实现“作弊”效果，因此外挂也被称为“作弊器”。

本案中的外挂对网游客户端及发送的数据包施加了影响，实现了自动创建游戏角色、自动执行任务、自动打怪、自动捡取物品、自动使用物品等效果。本案中公诉人认为，该外挂干扰了游戏运营系统，因此构成破坏计算机信息系统罪。但实际上，如果外挂仅针对客户端和数据包实施影响，很少会干扰游戏的正常运行，这就如同在一场考试中，某考生作弊，很难被认为直接干扰了整场考试，况且，外挂的目的就是在游戏中作弊，如果影响了游戏的正常运行，作弊方式也将无法实现。

不仅如此，2011年最高人民法院研究室《关于制作、销售网络游戏外挂程序如何处理问题的研究意见》载明“对于制作、销售网络游戏外挂程序的行为，要全面综合判断行为的社会危害性，秉持刑法的谦抑性，慎用刑事制裁手段。对于社会危险性严重、确需追究刑事责任的制作、销售互联网游戏外挂程序行为，也应妥善选择适用罪名。对制作、销售网络游戏外挂程序的行为应以侵犯著作权罪定罪处罚，不宜适用非法经营罪、破坏计算机信息系统罪等其他罪名”。

所以，当进行司法鉴定后，如果外挂没有破坏游戏的正常运行且与该游戏程序具有高度相似性，则行为人制作、销售、使用外挂的行为应该被认定为侵犯著作权。

辩护攻略

此类案件中，司法机关常以行为人违法所得数额作为入罪或量刑的重要标准。破坏计算机信息系统罪中，入罪的违法所得标准仅为0.5万元，升格量刑幅度仅为2.5万元，而侵犯著作权罪中，入罪与升格标准分别为3万元及15万元，前者罪名的最高刑期为15年，后者仅为10年。这意味着，一样的违法所得数额，如果实施的行为被认定为侵犯著作权，有可能受到较轻的处罚，甚至不构成刑事犯罪。

笔者建议，在网游外挂刑事案件中，辩护人可以关注外挂程序本身运作的方式及产生的后果，并建议办案机关委托司法鉴定机构对外挂与原游戏程序相似性进行司法鉴定，如果能够达到高度相似标准，不妨以改定侵犯著作权罪作为辩护方案，以实现有效辩护的目的。

法院判决

法院认为，被告人肖某某等人为了牟取非法利益，违反国家规定，在《新惊天动地》游戏客户端不具备自动进行游戏、自动创建游戏角色、自动执行任务、自动打怪、自动捡取物品、自动使用物品等功能的情况下，增加了以上自动实现的功能，该功能的实现必须复制互联网游戏程序的源代码，而被告人肖某某所制作的网络游戏外挂程序与《新惊天动地》游戏程序具有高度的相似性。同时，被告人要想使其制作的外挂程序与《新惊天动地》游戏对接，势必要破译和擅自使用原网络游戏的通信协议，截取并修改游戏发送到游戏服务器的数据，修改客户端内存中的数据，以达到增强客户端各种自动功能的目的。因此，其行为符合“复制发行”的要求，其行为已构成侵犯著作权罪。

相关法律规定

《刑法》(2023 年修正)

第二百一十七条　【侵犯著作权罪】以营利为目的,有下列侵犯著作权或者与著作权有关的权利的情形之一,违法所得数额较大或者有其他严重情节的,处三年以下有期徒刑,并处或者单处罚金;违法所得数额巨大或者有其他特别严重情节的,处三年以上十年以下有期徒刑,并处罚金:

(一)未经著作权人许可,复制发行、通过信息网络向公众传播其文字作品、音乐、美术、视听作品、计算机软件及法律、行政法规规定的其他作品的;

(二)出版他人享有专有出版权的图书的;

(三)未经录音录像制作者许可,复制发行、通过信息网络向公众传播其制作的录音录像的;

(四)未经表演者许可,复制发行录有其表演的录音录像制品,或者通过信息网络向公众传播其表演的;

(五)制作、出售假冒他人署名的美术作品的;

(六)未经著作权人或者与著作权有关的权利人许可,故意避开或者破坏权利人为其作品、录音录像制品等采取的保护著作权或者与著作权有关的权利的技术措施的。

最高人民法院、最高人民检察院《关于办理侵犯知识产权刑事案件具体应用法律若干问题的解释》(法释〔2004〕19 号)

第五条　以营利为目的,实施刑法第二百一十七条所列侵犯著作权行为之一,违法所得数额在三万元以上的,属于"违法所得数额较大";具有下列情形之一的,属于"有其他严重情节",应当以侵犯著作权罪判处三年以下有期徒刑或者拘役,并处或者单处罚金:

(一)非法经营数额在五万元以上的;

(二)未经著作权人许可,复制发行其文字作品、音乐、电影、电视、录像作品、计算机软件及其他作品，复制品数量合计在一千张（份）以上的；

（三）其他严重情节的情形。

以营利为目的，实施刑法第二百一十七条所列侵犯著作权行为之一，违法所得数额在十五万元以上的，属于“违法所得数额巨大”；具有下列情形之一的，属于“有其他特别严重情节”，应当以侵犯著作权罪判处三年以上七年以下有期徒刑，并处罚金：

（一）非法经营数额在二十五万元以上的；

（二）未经著作权人许可，复制发行其文字作品、音乐、电影、电视、录像作品、计算机软件及其他作品，复制品数量合计在五千张（份）以上的；

（三）其他特别严重情节的情形。

原新闻出版总署（现由国家新闻出版署行使职权）、原信息产业部（现由工信部行使职权）、原国家工商行政管理总局（现由国家市场监督管理总局行使职权）、国家版权局、全国“扫黄打非”工作小组办公室《关于开展对“私服”、“外挂”专项治理的通知》（新出联〔2003〕19号）

“私服”、“外挂”违法行为是指未经许可或授权，破坏合法出版、他人享有著作权的互联网游戏作品的技术保护措施、修改作品数据、私自架设服务器、制作游戏充值卡（点卡），运营或挂接运营合法出版、他人享有著作权的互联网游戏作品，从而谋取利益、侵害他人利益。“私服”、“外挂”违法行为属于非法互联网出版活动，应依法予以严厉打击。

类似案例

案号：（2014）龙泉刑初字第390号

法院认为，被告人李某某、项某某、胡某某、刘某某为了牟取非法利益，违反国家规定，在《穿越火线》游戏客户端不具备透视功能的情况下，增加了透视功能，该功能的实现必须复制互联网游戏程序的源代码，而被告人李某某制作的网络游戏外挂程序与《穿越火线》游戏程序具有高度的相似性。同时，被告人要想使其制作的外挂程序与《穿越火线》游戏对接，势必要破译和擅自使用原网络游戏的通信协议，截取并修改游戏发送到游戏服务器的数据，修改客户端内存中的数据，以达到增强客户端透视功能的目的，其行为符合“复制发行”的要求，故四人的行为属于侵犯著作权行为。[①]

① 现为“侵害著作权行为”。

二、用木马侵入计算机不一定构成破坏计算机信息系统罪

案号:(2019)川01刑终886号

关键词:木马病毒;广告植入;破坏计算机信息系统;非法控制计算机信息系统

裁判规则:制造木马病毒非法植入广告的行为人,其行为如果没有危害到计算机信息系统的安全,只是单纯地获取原有数据加以控制,并且没有造成计算机系统不能运行的后果,则其应改判为非法控制计算机信息系统罪。

案情要点:

· 2017年1月起至2018年3月止,被告人何某骏等人为牟取非法利益,故意制作了木马病毒并恶意传播,导致大量腾讯QQ用户被强制加好友、群组,被迫接受营销广告。

· 一审法院认为,何某骏等人故意制作、传播恶意木马程序,影响计算机系统正常运行,后果特别严重,其行为已构成破坏计算机信息系统罪,判处何某骏有期徒刑5年6个月。

· 判后,何某骏不服,提出上诉。其辩护人提出何某骏并无破坏计算机信息系统的犯意及客观行为,本案应认定为非法控制计算机信息系统罪,原判认定违法所得事实不清等上诉理由及辩护意见。

· 二审法院认为,何某骏等人不具有破坏计算机信息系统的犯罪故意,其行为也未造成计算机系统不能正常运行或影响其正常运行,亦未因投放木马程序造成严重后果,不符合破坏计算机信息系统罪的犯罪构成。改判何某骏非法控制计算机信息系统罪,判处有期徒刑4年6个月(减1年刑期)。

规则分析

破坏计算机信息系统罪和非法控制计算机信息系统罪都是我国计算机网络犯罪刑法规制体系中常见的罪名，但由于网端结构的复杂性和网络攻击模型的多样性，实践中常出现网络攻击行为认定不清的情况。从行为方式来看，《刑法》规定的破坏计算机信息系统罪的第三种行为方式为故意制作、传播计算机病毒等破坏性程序，而非法控制计算机信息系统罪表现为对该计算机信息系统实施非法控制。在行为外观上，利用木马病毒非法植入广告更像是一种破坏性行为，这可能是检察机关或一审法院容易认定该行为构成破坏计算机信息系统罪的原因。但这并不是认定该罪的关键。因为单从行为来看，控制与破坏并非互斥的关系，破坏的行为往往以控制为前提，控制的行为中往往蕴含着破坏。所以单看行为外观而不去讨论行为的本质是难以正确归罪的。

实际上，这两个罪名最大的区别在于保护法益与行为结果。从法益的角度出发，破坏计算机信息系统罪的保护法益是计算机信息系统安全，而非法控制计算机信息系统罪的保护法益是计算机系统的控制权。非法侵入计算机信息系统后，并未破坏计算机信息系统的功能和数据，而是通过控制计算机信息系统实施特定的操作，使该计算机信息系统处于被控制的状态，实际上侵害的是对该计算机信息系统的控制权，应当被认定为非法控制计算机信息系统。从行为结果出发，构成破坏计算机信息系统罪要求造成影响计算机系统正常运行的严重后果，而非法控制计算机信息系统罪的结果中并没有针对计算机系统本身的规定。就非法控制行为而言，单纯的控制行为并不会导致计算机系统的崩溃、中断、迟缓等情形，所以也不会造成计算机系统不能正常运行的严重程度。

在本案中，何某骏的目的为控制他人 QQ 加入指定群组，而非意图破坏 QQ 程序本身。同时，该木马程序未对 QQ 程序增改而仅利用其本身具有的添加好友和群的功能，不妨碍其主要功能正常运行，并未达到严重后果的情形。故在二审中改判为非法控制计算机信息系统罪。

辩护攻略

非法控制计算机信息系统罪的最高刑档是3年以上7年以下有期徒刑，而破坏计算机信息系统罪的最高刑档是5年以上有期徒刑。可见，相同情形下，如果以非法控制计算机信息系统罪定罪获得的量刑可能会更轻。这就需要辩护人用精准的目光看到这两罪之间的区别，围绕保护法益与行为结果寻找有利于行为人的辩护角度，从而达到罪轻辩护的目的。

法院判决

法院认为，各上诉人及原审被告人不具有破坏计算机信息系统的犯罪故意，其行为也未造成计算机系统不能正常运行或影响其正常运行，亦未因投放木马程序造成严重后果，不符合破坏计算机信息系统罪的犯罪构成。根据主客观相一致原则，各上诉人及原审被告人的行为均构成非法控制计算机信息系统罪。

相关法律规定

《刑法》(2023年修正)

第二百八十五条第二款　【非法获取计算机信息系统数据、非法控制计算机信息系统罪】违反国家规定，侵入前款规定以外的计算机信息系统或者采用其他技术手段，获取该计算机信息系统中存储、处理或者传输的数据，或者对该计算机信息系统实施非法控制，情节严重的，处三年以下有期徒刑或者拘役，并处或者单处罚金；情节特别严重的，处三年以上七年以下有期徒刑，并处罚金。

第二百八十六条　【破坏计算机信息系统罪】违反国家规定，对计算机信息系统功能进行删除、修改、增加、干扰，造成计算机信息系统不能正常运行，后果严重的，处五年以下有期徒刑或者拘役；后果特别严重的，处五年以上有期徒刑。

违反国家规定，对计算机信息系统中存储、处理或者传输的数据和应用程序进行删除、修改、增加的操作，后果严重的，依照前款的规定处罚。

故意制作、传播计算机病毒等破坏性程序，影响计算机系统正常运行，后果严重的，依照第一款的规定处罚。

单位犯前三款罪的，对单位判处罚金，并对其直接负责的主管人员和其他直接责任人员，依照第一款的规定处罚。

最高人民法院、最高人民检察院《关于办理危害计算机信息系统安全刑事案件应用法律若干问题的解释》(法释〔2011〕19 号)

第一条　非法获取计算机信息系统数据或者非法控制计算机信息系统，具有下列情形之一的，应当认定为刑法第二百八十五条第二款规定的“情节严重”：

（一）获取支付结算、证券交易、期货交易等网络金融服务的身份认证信息十组以上的；

（二）获取第（一）项以外的身份认证信息五百组以上的；

（三）非法控制计算机信息系统二十台以上的；

（四）违法所得五千元以上或者造成经济损失一万元以上的；

（五）其他情节严重的情形。

实施前款规定行为，具有下列情形之一的，应当认定为刑法第二百八十五条第二款规定的“情节特别严重”：

（一）数量或者数额达到前款第（一）项至第（四）项规定标准五倍以上的；

（二）其他情节特别严重的情形。

明知是他人非法控制的计算机信息系统，而对该计算机信息系统的控制权加以利用的，依照前两款的规定定罪处罚。

第六条　故意制作、传播计算机病毒等破坏性程序，影响计算机系统正常运行，具有下列情形之一的，应当认定为刑法第二百八十六条第三款规定的“后果严重”：

（一）制作、提供、传输第五条第（一）项规定的程序，导致该程序通过网络、存储介质、文件等媒介传播的；

（二）造成二十台以上计算机系统被植入第五条第（二）、（三）项规定的程序的；

（三）提供计算机病毒等破坏性程序十人次以上的；

（四）违法所得五千元以上或者造成经济损失一万元以上的；

（五）造成其他严重后果的。

实施前款规定行为，具有下列情形之一的，应当认定为破坏计算机信息系统"后果特别严重"：

（一）制作、提供、传输第五条第（一）项规定的程序，导致该程序通过网络、存储介质、文件等媒介传播，致使生产、生活受到严重影响或者造成恶劣社会影响的；

（二）数量或者数额达到前款第（二）项至第（四）项规定标准五倍以上的；

（三）造成其他特别严重后果的。

类似案例

案号：（2017）琼 97 刑终 74 号

本案中，上诉人符某琳并未危害被害人计算机信息系统的安全，也没有对受害人计算机系统中已有的数据、应用程序进行删除、修改等操作。其在受害计算机系统网站植入广告的行为不是增加了该计算机网站的广告功能，而是利用了该网站的广告功能，也没有造成严重的后果，故其行为符合《刑法》第 285 条第 2 款的规定，构成非法控制计算机信息系统罪。

三、雇佣黑客非法获取数据，业务却遭层层转包，转包者构成什么罪名

案号：(2019)闽01刑终402号

关键词：修改数据；层层转包；破坏计算机信息系统；非法获取计算机信息系统数据

裁判规则：行为人转包非法获取数据的业务，如果其仅对获取行为有概括的明知，对通过破坏系统达到获取效果的具体操作方法并不知晓，则不应以破坏计算机信息系统罪处理，应修改罪名为非法获取计算机信息系统数据罪。

案情要点：

·2017年8月，胡某平（另案处理）联系被告人瞿某涛想获取某网上商城积分，最终约定1个积分0.225元，瞿某涛联系被告人陈某约定1个积分0.15元、陈某联系被告人张某炜约定1个积分0.125元、张某炜联系被告人汪某达约定1个积分0.1元、汪某达联系李某（另案处理）约定1个积分0.05元，李某通过黑客软件获取商城积分。本案当事人获取积分兑换现金流程以示意图形式呈现如下（详见图6-2）。

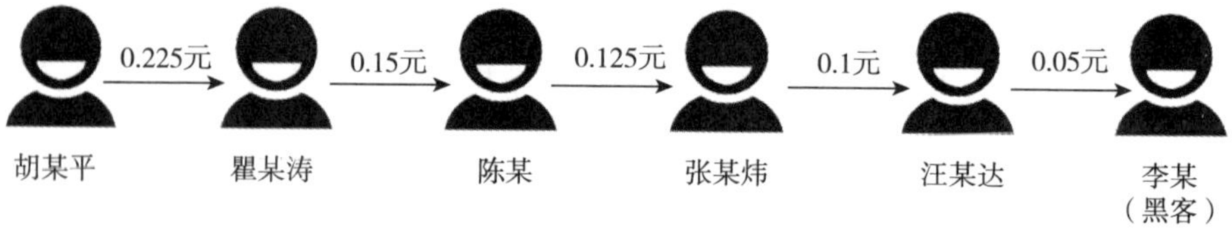

图6-2　本案当事人获取积分兑换现金流程

·本案中，胡某平按照上述联系顺序将需要充值积分的账户、密码层层发送至李某，由李某通过黑客软件入侵网上商城非法充值积分。截至2017年8月31日，上述被告人非法充值积分达597万分。

·一审法院认为，被告人瞿某涛、陈某、张某炜（三转包者）违反国家规定，对计算机信息系统中的数据进行修改、增加的操作，后果特别严重，其行为均已构成破坏计算机信

息系统罪。被告人瞿某涛犯破坏计算机信息系统罪,判处有期徒刑 6 年 6 个月,被告人陈某犯破坏计算机信息系统罪,判处有期徒刑 5 年,被告人张某炜犯破坏计算机信息系统罪,判处有期徒刑 5 年。

· 判后,张某炜等人均提出上诉,认为其主观心态与客观行为均不符合破坏计算机信息系统罪构成要件,应定性为非法获取计算机信息系统数据罪。

· 二审法院认为对瞿某涛、陈某、张某炜的行为定性不当,改判瞿某涛犯非法获取计算机信息系统数据罪,判处有期徒刑 5 年 6 个月,陈某犯非法获取计算机信息系统数据罪,判处有期徒刑 4 年,张某炜犯非法获取计算机信息系统数据罪,判处有期徒刑 4 年(各减少 1 年刑期)。

规则分析

现行《刑法》中对破坏计算机信息系统罪规定了三种行为模式:第一种为删除、修改、增加、干扰计算机信息系统功能的行为,这种行为模式中,《刑法》明确规定了须“造成计算机信息系统不能正常运行”的结果。第二种针对的是删除、修改、增加计算机信息系统中的数据和应用程序的操作,对该类行为没有要求达到对计算机系统产生何种影响的程度。第三种是投放病毒类的行为模式,该种行为对造成计算机信息系统产生何种结果也有具体的规定。因此,由于刑法对第二种行为模式即修改数据型破坏计算机信息系统的犯罪结果没有具体且明确的规定。在实践中,一些针对计算机信息系统内数据的犯罪常常出现适用意见不一致的情况。

非法获取计算机信息系统数据罪和修改数据型破坏计算机信息系统罪的犯罪对象都是计算机信息系统中的数据,前者的行为模式为非法侵入计算机信息系统后获取数据,后者的行为模式是通过对数据进行修改来破坏计算机信息系统。但由于获取计算机系统数据的方式具有多样性,破坏计算机系统的方式也需要对数据进行操作,两者可能会在处理数据的行为上有重合。

在这种争议较大的罪名中,除了从客观构成要件出发去判断,在难以分清行为性质的时候,从主观目的出发也是区分此罪与彼罪的方法。根据主客观相一致的原则,构成修改数据型破坏计算机信息系统罪需要有修改系统数据的故意,如果行为人对进行犯罪的具体手段没有明知,仅是知道通过该手段来获取数据,则不宜以破坏计算机信息系统罪来定罪,以非法获取计算机信息系统数据罪更为合适。

在本案中,购买数据的需求经过多次转手最终落入黑客李某手中,最终实施修改系统数据的行为人仅李某一人。对于中间转包者来说,其目的是获得转包差价,用何种方式获取数据其不在乎,也不了解,并且数据被获取的方式本就有很多种。因此,查明转包者的主观认识情况尤为重要,如果转包者仅向下游表示要获取数据,但对如何获取并无明确要求,难以认定其有破坏计算机信息系统的故意,因此不构成破坏计算机信息系统罪,但构成非法获取计算机信息系统数据罪。

辩护攻略

实务中,获取数据行为容易与修改数据的行为混淆,前者可能构成非法获取计算机信息系统数据罪,后者可能构成破坏计算机信息系统罪,相较而言,前者系轻罪。那么出现混淆后,辩护人如何才能达到轻罪辩护的效果呢?笔者认为,首先,应当审查客观方面,对行为人实施的行为类别进行区分,而区分前提则是对相关的专业知识予以掌握;其次,应当审查主观方面,即行为人主观上对行为的认识情况,如在本案中,转包人并非破坏行为实施人,二审法院通过审查客观证据也认定其主观上没有破坏的故意,所以与行为实施人分别被判处不同罪名。

法院判决

经查,瞿某涛、陈某、张某炜层层单线联系。过程中,瞿某涛、陈某、张某炜均未直接参与操作黑客软件侵入系统或直接与李某联系,上述人员到案后始终供称其主观仅明知积分是通过黑客技术获得的,对具体操作手法并不知晓。在案原审被告人、各上诉人的微信聊天记录等证据，亦未能证实上述人员主观明知李某修改系统数据获取积分的犯罪手段。从在案证据来看，宜认定瞿某涛、陈某、张某炜的主观仅概括明知积分是通过黑客手段非法获取的，至于是直接提取还是通过修改数据获取的则并不明确，故从有利于被告人角度出发，结合个人违法所得情况，宜认定瞿某涛、陈某、张某炜的行为构成非法获取计算机信息系统数据罪。

相关法律规定

《刑法》(2023 年修正)

第二百八十五条第二款　【非法获取计算机信息系统数据、非法控制计算机信息系统罪】违反国家规定，侵入前款规定以外的计算机信息系统或者采用其他技术手段，获取该计算机信息系统中存储、处理或者传输的数据，或者对该计算机信息系统实施非法控制，情节严重的，处三年以下有期徒刑或者拘役，并处或者单处罚金；情节特别严重的，处三年以上七年以下有期徒刑，并处罚金。

第二百八十六条　【破坏计算机信息系统罪】违反国家规定，对计算机信息系统功能进行删除、修改、增加、干扰，造成计算机信息系统不能正常运行，后果严重的，处五年以下有期徒刑或者拘役；后果特别严重的，处五年以上有期徒刑。

违反国家规定，对计算机信息系统中存储、处理或者传输的数据和应用程序进行删除、修改、增加的操作，后果严重的，依照前款的规定处罚。

故意制作、传播计算机病毒等破坏性程序，影响计算机系统正常运行，后果严重的，依照第一款的规定处罚。

单位犯前三款罪的，对单位判处罚金，并对其直接负责的主管人员和其他直接责任人员，依照第一款的规定处罚。

最高人民法院、最高人民检察院《关于办理危害计算机信息系统安全刑事案件应用法律若干问题的解释》(法释〔2011〕19 号)

第一条　非法获取计算机信息系统数据或者非法控制计算机信息系统，具有下列情形之一的，应当认定为刑法第二百八十五条第二款规定的“情节严重”：

（一）获取支付结算、证券交易、期货交易等网络金融服务的身份认证信息十组以上的；

（二）获取第（一）项以外的身份认证信息五百组以上的；

（三）非法控制计算机信息系统二十台以上的；

（四）违法所得五千元以上或者造成经济损失一万元以上的；

（五）其他情节严重的情形。

实施前款规定行为，具有下列情形之一的，应当认定为刑法第二百八十五条第二款规定的“情节特别严重”：

（一）数量或者数额达到前款第（一）项至第（四）项规定标准五倍以上的；

（二）其他情节特别严重的情形。

明知是他人非法控制的计算机信息系统，而对该计算机信息系统的控制权加以利用的，依照前两款的规定定罪处罚。

第四条　破坏计算机信息系统功能、数据或者应用程序，具有下列情形之一的，应当认定为刑法第二百八十六条第一款和第二款规定的“后果严重”：

（一）造成十台以上计算机信息系统的主要软件或者硬件不能正常运行的；

（二）对二十台以上计算机信息系统中存储、处理或者传输的数据进行删除、修改、增加操作的；

（三）违法所得五千元以上或者造成经济损失一万元以上的；

（四）造成为一百台以上计算机信息系统提供域名解析、身份认证、计费等基础服务或者为一万以上用户提供服务的计算机信息系统不能正常运行累计一小时以上的；

（五）造成其他严重后果的。

实施前款规定行为，具有下列情形之一的，应当认定为破坏计算机信息系统“后果特别严重”：

（一）数量或者数额达到前款第（一）项至第（三）项规定标准五倍以上的；

（二）造成为五百台以上计算机信息系统提供域名解析、身份认证、计费等基础服务或者为五万以上用户提供服务的计算机信息系统不能正常运行累计一小时以上的；

（三）破坏国家机关或者金融、电信、交通、教育、医疗、能源等领域提供公共服务的计算机信息系统的功能、数据或者应用程序，致使生产、生活受到严重影响或者造成恶劣社会影响的；

（四）造成其他特别严重后果的。

四、通过不法技术手段获取游戏币不一定构成破坏计算机信息系统罪

案号：(2021)粤0103刑初237号

关键词：破坏计算机信息系统罪；非法获取计算机信息系统数据罪；虚拟财产；计算机信息系统安全

裁判规则：网络游戏虚拟财产在刑法意义上属于计算机信息系统数据，采用编辑程序或者安装非法插件等方式获取运营商虚拟币的行为，如果没有影响计算机信息系统正常运行，不构成破坏计算机信息系统罪，而只构成非法获取计算机信息系统数据罪。

案情要点：

·2020年7月，被告人杨某把LL软件下载到其苹果手机后，发现该软件在海南音某网络科技有限公司的A直播App以人民币充值虚拟货币“蓝钻”(1元人民币等于100“蓝钻”)时，可以干扰苹果支付和A平台收款验证系统，重复下单但无须支付。之后被告人杨某在A平台上物色玩家，称可以以50%的价格帮玩家充值“蓝钻”，同时提供自己的支付宝给玩家进行转账充值。截至案发，被告人杨某充值金额合计67309.20元，玩家转给其支付宝账号共15000元。

·公诉机关广东省广州市荔湾区人民检察院以被告人杨某犯破坏计算机信息系统罪向法院提起公诉，认为被告人杨某违反国家规定，对计算机信息系统功能干扰，造成计算机信息系统不能正常运行，后果特别严重，应在5年以上幅度内量刑。

·被告人杨某及其辩护人对公诉机关指控的罪名提出异议，提出其行为至多涉嫌非法获取计算机信息系统数据罪，认定构成破坏计算机信息系统罪的证据不足。

·法院认为，辩护人关于被告人杨某行为定性的辩护意见有理，予以采纳。公诉机关指控被告人杨某犯破坏计算机信息系统罪的罪名有误，予以纠正；判决被告人杨某犯非法获取计算机信息系统数据罪，判处有期徒刑3年，缓刑3年6个月。

规则分析

随着网络游戏产业的发展,运用技术手段干扰计算机系统进而获取网络游戏运营商虚拟财产的这类行为进入案件高发期。由于行为对象是游戏币或游戏道具等虚拟财产,实践中对此定性不一,笔者检索到大量案例将此定性为非法获取计算机信息系统数据的行为,但也有部分法院会以破坏计算机信息系统罪定罪处罚。争议焦点在于虚拟财产的刑法属性以及破坏计算机信息系统的行为本质。

首先,本案所涉犯罪对象,如游戏币、游戏道具、游戏装备等虚拟财产,其刑法属性应为计算机信息系统数据。原文化部、商务部《关于加强网络游戏虚拟货币管理工作的通知》对虚拟财产作如下定义:"是指由网络游戏运营企业发行,游戏用户使用法定货币按一定比例直接或间接购买……并以特定数字单位表现的一种虚拟兑换工具。"换言之,虚拟财产的使用范围仅限于兑换自身提供的网络游戏产品和服务,不得用于支付、购买实物或者兑换其他单位的产品和服务,因此虚拟财产不具有自由交换的现实流通性,不具有交换属性,[①]本质上有别于刑法意义上的财产。同时,在《刑法修正案(七)》增设非法获取计算机信息系统数据罪之后,最高人民法院研究室公布了《关于利用计算机窃取他人游戏币非法销售获利如何定性问题的研究意见》,其中写道:"本质上是电磁记录,是电子数据,这是虚拟财产的物理属性……这种电磁记录、电子数据在刑法上的法律属性是计算机信息系统数据。"[②]由此可见,无论是从物理属性还是其自身并不具有交换性而言,虚拟财产在我国司法实践中的刑法属性都应当归为计算机系统数据。

其次,本案所涉行为侵犯的法益是计算机信息系统的数据安全,并非计算机

① 参见陈兴良:《虚拟财产的刑法属性及其保护路径》,载《中国法学》2017 年第 2 期。

② 喻海松:《最高人民法院研究室关于利用计算机窃取他人游戏币非法销售获利如何定性问题的研究意见》,载张军主编:《司法研究与指导》(总第 2 辑),人民法院出版社 2012 年版。

信息系统安全和正常运用。这是破坏计算机信息系统罪和非法获取计算机信息系统数据罪的本质区别。对于破坏计算机信息系统罪,《刑法》第 286 条第 1 款和第 3 款中明确要求了影响计算机信息系统这一后果要件;在第 2 款中尽管没有直接的后果性表述,但通过明确犯罪对象必须同时是数据和应用程序的“复合性”特征(对计算机信息系统中存储、处理或者传输的数据和应用程序进行删除、修改、增加的操作),与第 1 款、第 3 款在后果要件上保持了同质性,①毕竟只有同时对数据和应用程序进行删除等操作才可能影响计算机信息系统的正常运行,进而造成严重后果。换言之,如果只是单纯地调整、修改数据,计算机信息系统自身的运行并不会受到影响。

因此,尽管两罪在删除、修改、增加数据的行为模式上有一定重合之处,破坏计算机信息系统罪侵害的法益并非信息数据本身,而是储存信息数据的计算机系统的整体状态,此时必须用行为的目的性和后果的破坏性来对破坏加以限缩——只有当删除、修改、增加数据的行为影响数据的正常运行或效用时方可构成破坏计算机信息系统罪。本案中,杨某利用信息软件零元购入虚拟币,其本质是在网络游戏运营环境中修改、增加新的电磁数据,是“为他人非法建立新的占有关系”而伴随的数据修改和增加,而非以“破坏相关数据”为目的,并且其修改行为并未对网游数据造成严重的、不可逆的破坏后果,也未影响游戏数据的正常运行,因此不宜以破坏计算机信息系统罪定罪处罚。

辩护攻略

相较于破坏计算机信息系统罪,非法获取计算机信息系统数据罪的法定刑更低,侵害的法益层级更低,获得缓刑的可能性也更高(只有被判拘役或 3 年以下有期徒刑才有可能获得缓刑)。首先,辩护人应当解释清楚网络游戏虚拟财产的刑法属性,根据原文化部、商务部《关于加强网络游戏虚拟货币管理工作的通

① 参见王华伟:《破坏计算机信息系统罪的教义学反思与重构》,载《东南大学学报(哲学社会科学版)》2021 年第 6 期。

知》和最高人民法院研究室的法律意见，明确游戏币、游戏道具等在刑法意义上是信息系统数据而非财产。其次，该二罪在广义的“删除、修改、增加计算机信息系统数据”行为模式上有所重合，此时应重点关注破坏计算机信息系统罪犯罪对象的复合性（同时针对数据和应用程序）、行为的目的性（破坏相关数据）和后果的破坏性（影响计算机信息系统正常运行），将行为人利用非法软件或自行编辑程序以获取虚拟币的行为排除在破坏计算机信息系统之外。

法院判决

关于被告人杨某行为的定性问题，经查，现有证据无法证实被告人杨某利用外挂软件的行为造成了 A 直播 App 计算机信息系统不能正常运行，并且根据主客观相一致的原则，主观上被告人杨某利用外挂软件在 A 直播 App 上充值仅是为了获得一定数额的“蓝钻”以便打折出售获利，客观上被告人杨某使用外挂软件的行为并未对 A 直播 App 计算机系统功能造成实质性破坏。

另外，被告人杨某通过技术手段获取到的 A 直播 App 上的“蓝钻”本质上是虚拟货币的一种，而虚拟货币的法律属性是计算机信息系统数据，所以，被告人杨某通过技术手段获取“蓝钻”的行为应定性为非法获取计算机信息系统数据罪。

相关法律规定

《刑法》（2023 年修正）

第二百八十五条第二款 【非法获取计算机信息系统数据、非法控制计算机信息系统罪】违反国家规定，侵入前款规定以外的计算机信息系统或者采用其他技术手段，获取该计算机信息系统中存储、处理或者传输的数据，或者对该计算机信息系统实施非法控制，情节严重的，处三年以下有期徒刑或者拘役，并处或者单处罚金；情节特别严重的，处三年以上七年以下有期徒刑，并处罚金。

第二百八十六条 【破坏计算机信息系统罪】违反国家规定，对计算机信息系统功能进行删除、修改、增加、干扰,造成计算机信息系统不能正常运行,后果严重的,处五年以下有期徒刑或者拘役;后果特别严重的,处五年以上有期徒刑。

违反国家规定,对计算机信息系统中存储、处理或者传输的数据和应用程序进行删除、修改、增加的操作,后果严重的,依照前款的规定处罚。

故意制作、传播计算机病毒等破坏性程序,影响计算机系统正常运行,后果严重的,依照第一款的规定处罚。

单位犯前三款罪的,对单位判处罚金,并对其直接负责的主管人员和其他直接责任人员,依照第一款的规定处罚。

原文化部、商务部《关于加强网络游戏虚拟货币管理工作的通知》(文市发〔2009〕20 号)

(一)本通知所称的网络游戏虚拟货币,是指由网络游戏运营企业发行,游戏用户使用法定货币按一定比例直接或间接购买,存在于游戏程序之外,以电磁记录方式存储于网络游戏运营企业提供的服务器内,并以特定数字单位表现的一种虚拟兑换工具……

类似案例

1. 案号:(2021)桂 12 刑终 199 号

2019 年年底以来,被告人庞某琪租用被告人吴某富等人的钓鱼网站盗取他人的 QQ 账号和密码,并以所得的账号信息登录“地下城与勇士”游戏盗取账户内的游戏币,再通过“7881 游戏交易平台”将这些游戏币出售,违法所得 29069 元。

法院认为,QQ 账号、密码以及关联游戏账号等虚拟财产均是腾某公司计算机系统中存储的重要数据,被告人利用钓鱼网站非法获取腾某公司用户 QQ 账号和密码的行为,以及非法获取关联游戏账号虚拟财产的行为,属于非法获取计算机信息系统数据的行为,该行为符合非法获取计算机信息系统数据罪的犯罪构成。认定被告人庞某琪犯非法获取计算机信息系统数据罪,判处有期徒刑 1

年3个月，并处罚金1万元。

2. 案号：(2021)沪0120刑初404号

2020年10月23日，被告人曹某某、陈某某、王某某、程某某四人为牟取非法利益，通过各自注册的B平台账号，利用平台充值漏洞非法充值FIL币，并将上述非法获取的FIL币利用B平台转换为泰达币(USDT)，最终通过交易变现为现金。经查，被告人曹某某获利198535.76元，被告人陈某某获利175850元，被告人王某某获利149884.30元，被告人程某某获利95000元。

法院认为，被告人曹某某、陈某某、王某某、程某某违反国家规定，采用技术手段，获取计算机信息系统中存储、处理、传输的数据，并进行出售牟利，情节特别严重，其行为均已触犯刑法，构成非法获取计算机信息系统数据罪。

3. 案号：(2020)苏1282刑初336号

2018年7月，王某越(已判决)发现C虚拟货币网络平台存在系统漏洞，登录在该平台注册并获得认证的账户，在该账户有虚拟货币的情况下，点击转账，在输入的转账数量前添加负号，之后点击确认，该账户即增加相应数量的虚拟货币。之后王某越将在C平台虚增虚拟货币的方法发送至一QQ群，该QQ群成员被告人宋某丰采用上述方法在C平台上虚增泰达币(USDT)并出售，从中获利。

法院认为，被告人宋某丰违反国家规定，采用其他技术手段，获取国家事务、国防建设、尖端科学技术领域以外的计算机信息系统中存储、处理或者传输的数据，情节特别严重，其行为已构成非法获取计算机信息系统数据罪，应依法处罚。

4. 案号：(2021)粤0604刑初33号

2019年10月起，被告人马某亮为获取广州某某科技有限公司运营的YY直播网站(服务器所在地位于佛山市禅城区某地)内的虚拟财产Y币，在其住处编写程序代码，采用程序配置切换IP、自动识别处理验证码等技术手段，绕过YY系统对真实用户登录账号数量限制、封号限制等安全防护措施，通过电脑程序批量操作YY账号挂机参与YY平台活动的方式领取活动奖励的Y币。被告人马某亮通过网络寻找销售对象，并与经营淘宝网店的被告人王某森达成合意，长期以正常售价五折左右的价格向被告人王某森出售 Y 币,共计收取被告人王某森支付宝转账 258339.5 元。

法院认为,被告人马某亮采用技术手段,获取国家事务、国防建设、尖端科学技术领域以外的计算机系统中存储的数据,情节特别严重,其行为已构成非法获取计算机信息系统数据罪。

五、网游公司被“偷走”的游戏币不能用来计算经济损失

案号：(2019)闽01刑终1259号

关键词：网络游戏；虚拟货币；经济损失；责令退赔

裁判规则：当犯罪对象是网游运营商所有的虚拟货币时，如果在案证据不能证明该币具有价值性、流通性、与人民币发生过实际的兑换，其价格无法被作出明确的认定，则该币不宜认定为刑法意义上的财产，也不能以其销售价格计算被害单位经济损失。

案情要点：

·被告人肖某原系福建某某计算机网络信息技术有限公司运维部工作人员，其于2017年12月2日、2018年1月4日、2018年9月2日在没有经过公司审批的情况下，利用之前获取的CD－KEY指令，擅自通过公司电脑进入公司开发的游戏系统后台数据库，给自己的游戏账户充入需要付费购买的游戏币“魔石”“钻石”，供自己游戏使用。

·一审法院认为被告人肖某违反国家规定，破坏计算机信息系统中存储的数据，造成被害单位经济损失73102.38元，其行为已构成破坏计算机信息系统罪，并且后果特别严重。故判处肖某有期徒刑5年，责令被告人肖某退赔被害单位福建某某计算机网络信息技术有限公司73102.38元。

·判后，肖某提出上诉，其辩护人提出了依法应以非法获取计算机信息系统数据罪定罪处罚，同时从在案的证据来看，无证据证明游戏公司经济损失达到73102.3元，请求二审法院改判的辩护意见。

·二审法院认为，上诉人肖某非法侵入计算机系统，通过输入删除、修改、增加操作指令盗取计算机信息系统中的数据的行为，并未破坏计算机信息系统的数据、应用程序，不构成破坏计算机信息系统罪。本案虚拟财产不能被认定为刑法意义上的财产，原判以

销售价格计算其价值，并相应计算被害单位的经济损失，法院不予认可。

· 二审法院撤销一审法院对肖某的有期徒刑和责令退赔刑罚，改判肖某犯非法获取计算机信息系统数据罪，判处有期徒刑1年6个月。

规则分析

由于网络的迅速发展和全面普及，网络与财产的关系愈加紧密，网络中虚拟财产的使用已经成为当代人们经济生活中的一部分，法律也顺应时代的变化，在法律适用的过程中，虚拟财产应受到法律的保护几乎成为大家的共识。在刑法中，对于具有财产价值的虚拟财产应当按照财物予以刑事保护也逐渐成为一种趋势。①

但是，当案件涉及虚拟财产时，对虚拟财产性质的认定，不应该以“一刀切”的形式一概而论。网络游戏公司所开发的虚拟货币本质上是存储于计算机信息系统中的“电磁记录”，属于电子数据，其本身不具有相应的财产价值。只有当它满足一定的条件，如具备价值性、流通性等，它才能由数据转化为财物。②

与网络游戏公司不同，游戏玩家所拥有的游戏币是通过人民币购买兑换而来的，当玩家使用时，其财产也会相应消耗。如果犯罪对象是玩家账户里的游戏币，玩家的经济损失以游戏币购买价格计算是合理的。但如果犯罪对象是网络运营商自己的虚拟货币时，由于虚拟货币没有发生过兑换、流通等环节，没有产生实际的经济效益，其经济损失与玩家的经济损失则不可等同评价。③

另外，虚拟货币的价格认定也是一大难题，由于网络游戏的种类繁多，不同的游戏会有不同的游戏币获取、使用、兑换等规则，与统一发行的货币不一样，其价值是游戏公司内部自行决定的。并且，其出售金额可能受买卖双方的议价心态或议价能力的影响而上下波动。换言之，即使承认游戏币的财产属性，其价格

① 参见孙文杰：《网络虚拟财产刑法保护路径的反思与补充》，载《刑法论丛》2020年第4期。

② 参见陈罗兰：《虚拟财产的刑法意义》，载《法学》2021年第11期。

③ 参见张明楷：《非法获取虚拟财产的行为性质》，载《法学》2015年第3期。

认定也因存在诸多影响因素,而使结论可能具有较大争议。

根据《网络游戏管理暂行办法》(已废止)第19条第4项的规定,网络游戏运营企业发行网络游戏虚拟货币的,应当将网络游戏虚拟货币发生种类、价格、总量等情况按规定报送注册地省级文化行政部门备案。据此可知,虚拟货币被备案的,其价格认定尚有一定依据。

结合本案来看,涉案的游戏币"魔石"或"钻石"既不是玩家已经购买的,也未依规向行政单位备案,造成其价格无法固定,最终法院认为该涉案虚拟财产不能认定为刑法意义上的财产。

辩护攻略

网络游戏中的虚拟货币在实务中的认定仍然是一个争议话题,辩护人在面对此种情况时要对该虚拟货币的使用情况、实际价值以及被害人的实际损失加以甄别。

计算机类犯罪不是数额犯,其导致的经济损失只是认定犯罪情节的标准,在这种较为新颖和复杂的犯罪中,也许有公诉人会以销售价格直接作为经济损失认定,如果辩护人不以专业的角度更加主动地对虚拟货币进行分析,很有可能会使嫌疑人面临不利的后果。

法院判决

二审法院认为,网络虚拟财产与刑法上的财产有明显的区别,刑法上的财产具有实体性,使用即消耗,而网络虚拟财产具有虚拟性,不会因为使用而有所减少,网络运营商可以生成同种类虚拟财产且其价值难以衡量,根据福州市价格认证中心出具的关于被盗财物价格认定工作的复函,该中心无法采集到涉案"魔石""钻石"等游戏币其他市场正常交易价格,故其无法作出价格鉴定。

相关法律规定

《刑法》(2023 年修正)

第六十四条　【犯罪物品的处理】犯罪分子违法所得的一切财物,应当予以追缴或者责令退赔;对被害人的合法财产,应当及时返还;违禁品和供犯罪所用的本人财物,应当予以没收。没收的财物和罚金,一律上缴国库,不得挪用和自行处理。

第二百八十五条第二款　【非法获取计算机信息系统数据、非法控制计算机信息系统罪】违反国家规定,侵入前款规定以外的计算机信息系统或者采用其他技术手段,获取该计算机信息系统中存储、处理或者传输的数据,或者对该计算机信息系统实施非法控制,情节严重的,处三年以下有期徒刑或者拘役,并处或者单处罚金;情节特别严重的,处三年以上七年以下有期徒刑,并处罚金。

第二百八十六条　【破坏计算机信息系统罪】违反国家规定,对计算机信息系统功能进行删除、修改、增加、干扰,造成计算机信息系统不能正常运行,后果严重的,处五年以下有期徒刑或者拘役;后果特别严重的,处五年以上有期徒刑。

违反国家规定,对计算机信息系统中存储、处理或者传输的数据和应用程序进行删除、修改、增加的操作,后果严重的,依照前款的规定处罚。

故意制作、传播计算机病毒等破坏性程序,影响计算机系统正常运行,后果严重的,依照第一款的规定处罚。

单位犯前三款罪的,对单位判处罚金,并对其直接负责的主管人员和其他直接责任人员,依照第一款的规定处罚。

最高人民法院、最高人民检察院《关于办理危害计算机信息系统安全刑事案件应用法律若干问题的解释》(法释〔2011〕19 号)

第一条第一款　非法获取计算机信息系统数据或者非法控制计算机信息系统,具有下列情形之一的,应当认定为刑法第二百八十五条第二款规定的“情节严重”:

（一）获取支付结算、证券交易、期货交易等网络金融服务的身份认证信息十组以上的；

（二）获取第（一）项以外的身份认证信息五百组以上的；

（三）非法控制计算机信息系统二十台以上的；

（四）违法所得五千元以上或者造成经济损失一万元以上的；

（五）其他情节严重的情形。

第四条第一款　破坏计算机信息系统功能、数据或者应用程序，具有下列情形之一的，应当认定为刑法第二百八十六条第一款和第二款规定的“后果严重”：

（一）造成十台以上计算机信息系统的主要软件或者硬件不能正常运行的；

（二）对二十台以上计算机信息系统中存储、处理或者传输的数据进行删除、修改、增加操作的；

（三）违法所得五千元以上或者造成经济损失一万元以上的；

（四）造成为一百台以上计算机信息系统提供域名解析、身份认证、计费等基础服务或者为一万以上用户提供服务的计算机信息系统不能正常运行累计一小时以上的；

（五）造成其他严重后果的。

原文化部、商务部《关于加强网络游戏虚拟货币管理工作的通知》（文市发〔2009〕20 号）

（三）企业申请从事“网络游戏虚拟货币发行服务”业务的，除依法提交相关材料外，须在业务发展报告中提交虚拟货币表现形式、发行范围、单位购买价格、终止服务时的退还方式、用户购买方式（含现金、银行卡、网上支付等购买方式）、用户权益保障措施、技术安全保障措施等内容。

类似案例

案号：（2019）京 0105 刑初 130 号

本案游戏“热血江湖”中的“元宝”属于虚拟货币，其本质是存储于计算机信息系统中的“电磁记录”,属于电子数据,但这并不意味着被害单位不存在经济损失。公诉机关出示了相关证据予以证明,经审查被害单位出具的送检服务器日志、IOS版本违规补单损失明细表作为电子数据材料,其收集与提取不符合最高人民法院、最高人民检察院、公安部《关于办理刑事案件收集提取和审查判断电子数据若干问题的规定》的要求,不具有合法性;北京通达首诚司法鉴定所出具的司法鉴定意见书及奥迪特会计师事务所出具的《“北京中某某图网络技术有限公司”热血江湖违规补单专项审核报告书》中对检材提取的合法性提出质疑,并且后者认定被害单位损失的方法的科学性值得商榷,故本案中公诉机关出示的鉴定意见的客观性存疑,不能作为定案依据。综上,关于被害单位的经济损失数额,事实不清,证据不足。

六、破坏计算机信息系统罪中，公众号粉丝算不算系统用户

案号：(2018)浙0110刑初1000号

关键词：破坏计算机信息系统罪；后果严重；用户数量认定；重复计算；综合认定

裁判规则：在破坏计算机信息系统案对于用户数量的认定中，依据粉丝关注量认定时应考虑重复关注的情况，在具体数量无法查清时，应从有利于被告人的角度进行综合认定，以达到罪责刑相适应。

案情要点：

· 2017年4月，被告人金某在某黑客网站注册账号并购买攻击服务，于同年4月、5月多次攻击重庆某科技有限公司。

· 根据被害单位提供的材料，其使用阿某云服务器，主要用途是存放客户微信公众号的页面内容数据，该服务器IP地址的网站注册用户有9个(9个微信公众号)，每个注册用户下的累积关注粉丝数量合计167358个，公诉机关基于此指控“被告人金某实施攻击时，被害单位用户数量为10万以上”。

· 公诉机关认为，金某的行为已构成破坏计算机信息系统罪，后果特别严重。

· 法院认为，上述9个注册用户下的累计关注数量不能认定为最高人民法院、最高人民检察院《关于办理危害计算机信息系统安全刑事案件应用法律若干问题的解释》第4条第2款第2项规定中的“用户”。

· 法院根据有利于被告人的原则，认定金某实施犯罪时导致重庆某科技有限公司为近5万用户提供服务的计算机信息系统无法正常运行。公诉机关指控的后果特别严重系不当，法院不予认定。判决金某犯破坏计算机信息系统罪，判处有期徒刑3年，缓刑3年。

规则分析

破坏计算机信息系统罪是我国刑法所规定的结果犯,即不仅要实施作为具体犯罪构成客观要件的行为,而且必须发生法定的犯罪结果。[①] 因此,在破坏计算机信息系统案中,对结果的认定决定行为人的定罪与量刑。在现行刑法对于结果的规定中,用户数量是衡量标准之一。

最高人民法院、最高人民检察院《关于办理危害计算机信息系统安全刑事案件应用法律若干问题的解释》第 4 条第 1 款第 4 项对于“后果严重”的用户数量规定为“为一万以上用户提供服务的计算机信息系统不能正常运行累计一小时以上”,对于“后果特别严重”的规定则为 5 万用户。而对于“用户”的认定,法律并没有给出进一步的解释,实务界也存在争议。一种意见认为,应对用户做形式解释而不是实质解释,将用户数量解释为计算机系统本身能够提供服务的用户数量。另一种意见认为,应将用户解释为活跃用户,如在注册用户的基础上排除重复注册的用户、“僵尸用户”以及其他“虚拟用户”。[②] 在本案中,法院认同第二种观点,认为所统计出来的用户数量为累计关注数量,应该存在关注后取消关注再关注等重复关注的情况,不能客观反映实际的关注数量。最高人民法院、最高人民检察院《关于办理危害计算机信息系统安全刑事案件应用法律若干问题的解释》明确规定对计算机信息系统受攻击影响的运行时间应当累计计算,但对于用户数量则没有规定可以累加计算。因此,将“1 万/5 万以上用户”理解为累计计算的用户数量,有扩大解释之嫌,也不符合有利于被告人的刑事诉讼原则。并且,本案中所依据的标准——微信公众号的粉丝数量是动态的,受攻击时公司服务器中公众号的粉丝数量在事后无法被统计出来,本案所提供的粉丝数量是案

---

① 参见高铭暄、马克昌主编:《刑法学》(第 6 版),北京大学出版社、高等教育出版社 2014 年版,第 147 页。

② 参见李晓:《乐姿等破坏计算机信息系统案——在无法准确认定损失、用户数量的情况下,如何认定破坏计算机信息系统的“后果严重”?》,载最高人民法院刑事审判第一、二、三、四、五庭主办:《刑事审判参考》(总第 100 集),法律出版社 2015 年版,第 64 页。

发后的数据。因此，由于已无法查询微信公众号的详细粉丝数，需要结合以往已被统计的粉丝数量及增长波动情况、网站截图等其他证据综合认定用户数量。

最终，法院结合其他证据，根据存疑时有利于被告人的原则，综合认定金某所实施的行为导致被害单位为近5万用户提供服务的计算机信息系统无法正常运行，金某仅构成后果严重而非特别严重。同时，法院认为金某的行为虽对社会管理秩序造成了一定的危害，但其犯罪性质以及危害后果较小，判处金某有期徒刑3年，缓刑3年。

辩护攻略

计算机犯罪中对于用户数量的认定是一项难题，电子数据往往依附于一定的存储介质或网络环境而存在，容易因外部载体或环境的变化而变化甚至灭失，具有易改变性和易灭失性的特点。因此，电子数据的取证及认定具有较高的专业性门槛，即使采用了司法鉴定也不一定能够保证其结果的客观性。司法实践中认定犯罪结果通常需要依据被害人提供的数据，这部分数据的审查对于辩护来说尤为重要，这考验着辩护人对于电子数据的了解程度、质证水平以及相应的辩护能力。

在该类案件中，如果在案实物证据仅有被害人提供的数据，辩护人可以对其合法性、客观性、关联性提出疑问，以排除重复或无效的数据。条件允许的情况下还可以主动调查取证，收集符合客观事实的对被告人有利的证据，提供给法官进行综合认定，即使在具体数据无法核查的情况之下，存疑时也有为被告人争取无罪和罪轻的可能。

法院判决

法院认为，被告人金某违反国家规定，对计算机信息系统功能进行干扰，造成计算机信息系统不能正常运行，后果严重，其行为已构成破坏计算机信息系统罪。公诉机关指控的罪名成立，但公诉机关指控被告人金某破坏计算机信息系统的行为属后果特别严重不当,法院不予认定。

相关法律规定

《刑法》(2023 年修正)

第二百八十六条 【破坏计算机信息系统罪】违反国家规定,对计算机信息系统功能进行删除、修改、增加、干扰,造成计算机信息系统不能正常运行,后果严重的,处五年以下有期徒刑或者拘役;后果特别严重的、处五年以上有期徒刑。

违反国家规定,对计算机信息系统中存储、处理或者传输的数据和应用程序进行删除、修改、增加的操作,后果严重的,依照前款的规定处罚。

故意制作、传播计算机病毒等破坏性程序,影响计算机系统正常运行,后果严重的,依照第一款的规定处罚。

单位犯前三款罪的,对单位判处罚金,并对其直接负责的主管人员和其他直接责任人员,依照第一款的规定处罚。

最高人民法院、最高人民检察院《关于办理危害计算机信息系统安全刑事案件应用法律若干问题的解释》(法释〔2011〕19 号)

第四条 破坏计算机信息系统功能、数据或者应用程序,具有下列情形之一的,应当认定为刑法第二百八十六条第一款和第二款规定的“后果严重”:

(一)造成十台以上计算机信息系统的主要软件或者硬件不能正常运行的;

(二)对二十台以上计算机信息系统中存储、处理或者传输的数据进行删除、修改、增加操作的;

(三)违法所得五千元以上或者造成经济损失一万元以上的;

(四)造成为一百台以上计算机信息系统提供域名解析、身份认证、计费等基础服务或者为一万以上用户提供服务的计算机信息系统不能正常运行累计一小时以上的;

(五)造成其他严重后果的。

实施前款规定行为,具有下列情形之一的,应当认定为破坏计算机信息系统

“后果特别严重”：

（一）数量或者数额达到前款第（一）项至第（三）项规定标准五倍以上的；

（二）造成为五百台以上计算机信息系统提供域名解析、身份认证、计费等基础服务或者为五万以上用户提供服务的计算机信息系统不能正常运行累计一小时以上的；

（三）破坏国家机关或者金融、电信、交通、教育、医疗、能源等领域提供公共服务的计算机信息系统的功能、数据或者应用程序，致使生产、生活受到严重影响或者造成恶劣社会影响的；

（四）造成其他特别严重后果的。

类似案例

案号：（2018）苏0602刑初844号

因侦查机关取证时间相距本案案发及报案时间较长，未能及时采取封存、备份等保护电子数据完整性的措施，此时提取的电子数据的原始性、完整性难以确保。关于被害单位提供的司法鉴定意见书，经当庭质询鉴定人，该电子数据系根据委托人提出的条件进行固定的，是否有效剔除重复注册的用户不能确定。综上，关于2017年12月12日之前91家纺网注册用户达到一万个以上的证据比较充分，可以确认，但指控该网站注册用户共计52502个的在案证据不足，故法院不予采纳。

第七章

提供侵入、非法控制计算机信息系统程序、工具罪

一、销售 VPN 软件,构成犯罪吗

案号:安检刑不诉〔2021〕46 号

关键词:VPN 软件;专门用于侵入、非法控制计算机信息系统的程序或工具;非法侵入;非法获取数据;非法控制计算机信息系统

裁判规则:VPN 软件不属于专门用于侵入、非法控制计算机信息系统的程序或工具,制作、销售 VPN 软件不构成提供侵入、非法控制计算机信息系统程序、工具罪。

案情要点:

· 2020 年 1 月至 9 月,犯罪嫌疑人阮某某租用我国香港地区和新加坡、美国、日本等多个境外服务器,使用某网站搭建了 VPN 软件。

· 阮某某利用某聊天软件发布广告,以每月 10 元至 30 元不等的套餐资费通过交易平台以支付宝、微信扫码购买方式有偿推销 VPN 软件,为他人提供"翻墙"服务。该 VPN 软件被网站注册用户用于登录境外网站、免费观看付费电影等。

· 经鉴定,截至 2020 年 9 月 21 日,犯罪嫌疑人阮某某开设的网站累计用户数共 1641 个,充值金额 19198.86 元,使用该网站中的 VPN 软件可以实现跨境访问我国 IP 不能访问的境外网站的功能(俗称"翻墙")。

· 2021 年 4 月 21 日,侦查机关以阮某某涉嫌提供侵入、非法控制计算机信息系统程序、工具罪向检察机关移送起诉。

· 2021 年 11 月 29 日,检察机关认为阮某某提供的 VPN 软件不属于专门用于侵入、非法控制计算机信息系统的程序或工具,其行为不构成犯罪,决定对阮某某不起诉。

规则分析

我国互联网管理部门出于对国家安全等的考虑,采取一系列措施(这一整套限制措施,在民间被称为"防火墙",great fire wall),使我国用户无法访问许多境

外网站,部分用户访问境外网络内容需要通过“翻墙”来实现。VPN 软件是一种较为常见的“翻墙”软件。VPN 全称 virtual private network,即虚拟专用网。

技术人员会搭建一个未受有关部门封锁的中转服务器。一方面,由于中转服务器未受封锁,我国用户可以对其进行访问;另一方面,中转服务器本身就是境外服务器,其可以直接访问境外网络内容。通过中转服务器的数据中转,可以达到“翻墙”的目的。具体路径笔者用示意图总结如下(详见图 7－1)。

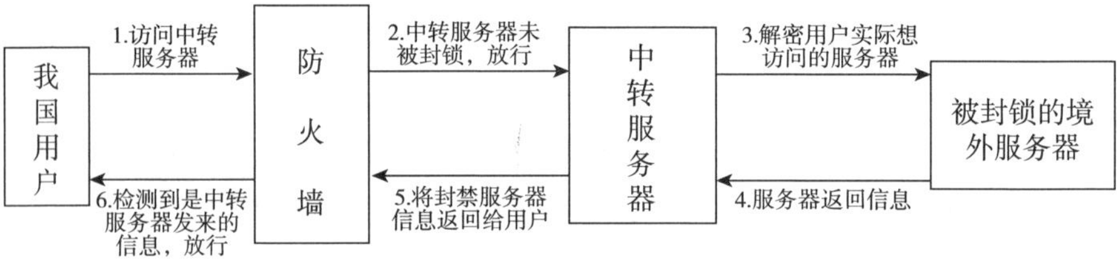

图 7－1　VPN 软件“翻墙”流程

在本案中,阮某某制作、销售 VPN 软件是否构成提供侵入、非法控制计算机信息系统程序、工具罪,其核心问题在于 VPN 软件是否属于“专门用于侵入、非法控制计算机信息系统的程序、工具”(以下简称专用工具)。根据相关规定,专用工具应当具有避开或者突破计算机信息系统安全保护措施、未经授权或者超越授权获取计算机信息系统数据或对计算机信息系统实施控制的功能。

通过对 VPN 软件“翻墙”的原理进行分析,VPN 软件虽然具有避开或突破我国“防火墙”的功能,并且其设计之初的目的就在于此,但是,VPN 软件并不具有“非法侵入”、“非法获取数据”和“非法控制计算机信息系统”的功能。

首先,从“防火墙”的角度出发,使用 VPN 软件只是避开了“防火墙”的监管和探测,并不会入侵、攻击“防火墙”,也不会影响其安全保护功能。同时,用户并未与“防火墙”进行数据交互,而是直接与境外服务器进行数据交互,其不具有也不可能具有非法获取“防火墙”数据、非法控制“防火墙”的功能。其次,从用户计算机角度出发,VPN 软件虽然具有修改用户计算机联网方式、网络参数等功能,但此种修改是访问境外网站的必要修改,用户应当对此有所认知,这也得到了用户的默许。同时,用户可以通过退出 VPN 软件等方式恢复相关设置,

VPN 软件也不具有非法控制计算机信息系统的功能。最后，从境外服务器角度出发，用户对其进行访问为正常连接，获取网页数据信息等都获得了相关许可和授权，并不属于“非法侵入”和“非法获取数据”。

综上，使用 VPN 软件虽然可以避开“防火墙”的监管和探测，但 VPN 软件并不具有“非法侵入”、“非法获取数据”或“非法控制计算机信息系统”的功能，不会对我国信息安全产生侵害，不属于“专门用于侵入、非法控制计算机信息系统的程序、工具”，制作、销售 VPN 软件的行为不构成提供侵入、非法控制计算机信息系统程序、工具罪。

辩护攻略

网络犯罪是犯罪行为与专业技术的结合，尤其在涉及软件问题时，其专业性更强。辩护人不仅需要具备法学功底，还需要深挖软件的技术原理。因此，辩护人对软件相关的专业问题不能武断地下结论，应当本着谦虚谨慎的态度，对涉案软件做到具体问题具体分析，先弄明白专业问题，再严格依据相关司法解释的规定，审查判断涉案的“翻墙”软件是否具有避开或者突破计算机信息系统安全保护措施的功能，是否具有“非法侵入”、“非法获取数据”或“非法控制计算机信息系统”的功能，以此达到最佳的辩护效果。

检察院决定

检察院认为，阮某某的提供的 VPN 软件不属于专门用于侵入、非法控制计算机信息系统的程序或工具，其上述行为不构成犯罪。

相关法律规定

《刑法》(2023 年修正)

第二百八十五条第三款　【提供侵入、非法控制计算机信息系统程序、工具罪】提供专门用于侵入、非法控制计算机信息系统的程序、工具,或者明知他人实施侵入、非法控制计算机信息系统的违法犯罪行为而为其提供程序、工具,情节严重的,依照前款的规定处罚。

最高人民法院、最高人民检察院《关于办理危害计算机信息系统安全刑事案件应用法律若干问题的解释》(法释〔2011〕19号)

第二条　具有下列情形之一的程序、工具,应当认定为刑法第二百八十五条第三款规定的"专门用于侵入、非法控制计算机信息系统的程序、工具":

(一)具有避开或者突破计算机信息系统安全保护措施,未经授权或者超越授权获取计算机信息系统数据的功能的;

(二)具有避开或者突破计算机信息系统安全保护措施,未经授权或者超越授权对计算机信息系统实施控制的功能的;

(三)其他专门设计用于侵入、非法控制计算机信息系统、非法获取计算机信息系统数据的程序、工具。

类似案例

案号:寿检一部刑不诉〔2021〕Z7号

检察院认为,许某某提供的VPN软件不属于专门用于侵入、非法控制计算机信息系统的程序或工具,其上述行为不构成犯罪。根据《刑事诉讼法》第177条第1款的规定,决定对许某某不起诉。

二、制作、销售在线学习辅助外挂程序，构成何罪

案号：(2019)苏0623刑初535号

关键词：辅助外挂程序；非法获取计算机信息系统数据罪；非法经营罪；提供侵入、非法控制计算机信息系统程序、工具罪

裁判规则：制作、销售在线学习辅助程序破坏的是学习平台的公平性，并未严重扰乱市场秩序，不宜按非法经营罪定罪处罚。但辅助程序可能具有突破计算机信息系统安全保护措施，未经授权或者超越授权获取计算机系统数据的功能，属于“专门用于侵入、非法控制计算机信息系统的程序、工具”，行为人可能构成提供侵入、非法控制计算机信息系统程序、工具罪。

案情要点：

· 2016年以来，被告人刘某为获取非法利益，在未取得相关软件平台许可和授权的前提下，先后自行编写了16个针对不同学习平台的具有自动刷机获取积分、学习时长和自动答题、自动完成考试等功能的非法外挂软件。被告人刘某非法获利912486元。

· 在16个外挂软件中，有1个软件具有获取试卷编号、调取平台服务器存储的试题、答案，实现自动答题的功能；其余15个软件仅具有模拟键鼠行为，以机器方式浏览文章、观看视频以获取学习平台积分的功能。

· 公诉机关认为，被告人刘某违反国家规定，非法获取计算机信息系统中存储的数据，并从中非法获利；未经许可擅自经营非法出版物，严重扰乱市场秩序，均达到情节特别严重的程度。其行为已经构成非法获取计算机信息系统数据罪和非法经营罪。

· 人民法院经审理，认为被告人刘某编写、销售外挂程序的行为，构成提供侵入、非法控制计算机信息系统程序、工具罪，情节特别严重。公诉机关指控被告人刘某犯非法获取计算机信息系统数据罪、非法经营罪，指控罪名不当。

· 一审宣判后，公诉机关以原审定性错误、量刑畸轻为由提出抗诉。在二审审理过程中，江苏省南通市人民检察院经审查决定撤回抗诉。之后江苏省南通市中级人民法院裁定准许撤回抗诉。

规则分析

外挂，原指一种具有增强功能的软件，目前主要用来指代对网络游戏和其他程序作弊的程序。[①] 本案被告人刘某针对不同学习平台制作、销售的辅助程序便是一种外挂。就网络外挂案件的罪名适用问题，我国经历了由“非法经营罪主流适用→非法经营罪与侵犯著作权罪并行适用→提供侵入、非法控制计算机信息系统程序、工具罪主流适用”的三个阶段。[②]

早期对该类案件适用非法经营罪的原因，主要是基于2003年原新闻出版总署等部门联合发布的《关于开展对“私服”、“外挂”专项治理的通知》中明确指出，“‘私服’、‘外挂’违法行为属于非法互联网出版活动，应依法予以严厉打击”。[③] 但是，非法经营罪所保护的是市场经济秩序，而网络外挂破坏的则是网络平台的公平性，就本案来说是学习平台积分发放统计的公平性，并不会损害市场秩序。此外，非法经营罪作为“口袋罪”也应当限缩其适用，能够以其他罪名定罪处罚的，则不再适用非法经营罪。同时，本案所涉学习平台辅助外挂程序中，有一种具有自动答题功能。其是通过学习平台的漏洞，获取生成试卷的内部编号，并根据该编号非法调用平台接口，获取了其服务器储存的试题答案，进而在考试页面将答案自动填充。应当认为，该程序具有避开或者突破计算机信息系统安全保护措施，未经授权或者超越授权获取计算机系统数据的功能，属于“专门用于侵入、非法控制计算机信息系统的程序、工具”。由于刘某提供学习平台辅助外挂程序的行为是一个帮助行为，构成提供侵入、非法控制计算机信息

---

① 参见喻海松：《网络犯罪二十讲》（第2版），法律出版社2022年版，第290页。
② 参见喻海松：《网络犯罪二十讲》（第2版），法律出版社2022年版，第283~288页。
③ 参见喻海松：《网络犯罪二十讲》（第2版），法律出版社2022年版，第284页。

系统程序、工具罪更为准确。故在本案中，人民法院否定了人民检察院就非法获取计算机信息系统数据罪、非法经营罪的指控。另外，本案被告人刘某制作的学习平台辅助外挂程序中，有一种仅具有模拟键鼠行为的功能。本案人民法院虽然未就上述两种不同外挂进行区分，但是辅助操作类外挂程序对“游戏”等的公平性影响较小，甚至“游戏”官方会推出类似“内挂”。理论上认为这类辅助操作类外挂没有侵入游戏软件本体，也并未篡改游戏软件的运行参数，不具有刑事可罚性。①

辩护攻略

在我国《刑法》中非法经营罪规定的法定刑重于提供侵入、非法控制计算机信息系统程序、工具罪，故律师在辩护时可以就罪名的具体适用展开辩护，达到减轻量刑的目的。但以上二罪名的相关司法解释对于“情节严重”和“情节特别严重”的衡量标准不同，故具体的辩护思路仍应具体问题具体分析。

同时，若案件中涉及“辅助型外挂”，律师可以通过论证该外挂未修改游戏逻辑，也未破坏技术保护措施，来排除对制作、销售辅助型外挂的刑事惩罚。

法院判决

综合控辩双方的意见，法院认为，本案的争议焦点是罪名的确定。最高人民法院、最高人民检察院《关于办理危害计算机信息系统安全刑事案件应用法律若干问题的解释》第 2 条规定，具有下列情形之一的程序、工具，应当认定为《刑法》第 285 条第 3 款规定的“专门用于侵入、非法控制计算机信息系统的程序、工具”：具有避开或者突破计算机信息系统安全保护措施，未经授权或者超越授权获取计算机系统数据的功能的；具有避开或者突破计算机信息系统安全保护措施，未经授权或者超越授权对计算机信息系统实施控制的功能的；其他专门设计

① 参见刘艳红：《人工智能时代网络游戏外挂的刑法规制》，载《华东政法大学学报》2022 年第 1 期。

用于侵入、非法控制计算机信息系统、非法获取计算机信息系统数据的程序、工具。本案被告人编写的外挂程序，未取得相关软件平台许可和授权，在运行过程中突破了计算机信息系统安全保护措施，获取相关软件系统数据，应当按照上述司法解释的规定认定为“专门用于侵入、非法控制计算机信息系统的程序、工具”。被告人刘某编写、销售外挂程序的行为，构成提供侵入、非法控制计算机信息系统程序、工具罪，情节特别严重。同时，案涉外挂程序是一种第三方应用程序，并非出版物；被告人提供外挂程序的后果是破坏了相关学习平台积分发放统计的公平性，并未严重扰乱市场秩序，故不宜按非法经营罪定罪处罚。故公诉机关指控被告人刘某犯非法获取计算机信息系统数据罪、非法经营罪，指控罪名不当，应予纠正。

相关法律规定

《刑法》(2023 年修正)

第二百二十五条　【非法经营罪】违反国家规定，有下列非法经营行为之一，扰乱市场秩序，情节严重的，处五年以下有期徒刑或者拘役，并处或者单处违法所得一倍以上五倍以下罚金；情节特别严重的，处五年以上有期徒刑，并处违法所得一倍以上五倍以下罚金或者没收财产：

（一）未经许可经营法律、行政法规规定的专营、专卖物品或者其他限制买卖的物品的；

（二）买卖进出口许可证、进出口原产地证明以及其他法律、行政法规规定的经营许可证或者批准文件的；

（三）未经国家有关主管部门批准非法经营证券、期货、保险业务的，或者非法从事资金支付结算业务的；

（四）其他严重扰乱市场秩序的非法经营行为。

第二百八十五条第二款　【非法获取计算机信息系统数据、非法控制计算机信息系统罪】违反国家规定，侵入前款规定以外的计算机信息系统或者采用其他技术手段,获取该计算机信息系统中存储、处理或者传输的数据,或者对该计算机信息系统实施非法控制,情节严重的,处三年以下有期徒刑或者拘役,并处或者单处罚金;情节特别严重的,处三年以上七年以下有期徒刑,并处罚金。

第二百八十五条第三款 【提供侵入、非法控制计算机信息系统程序、工具罪】提供专门用于侵入、非法控制计算机信息系统的程序、工具,或者明知他人实施侵入、非法控制计算机信息系统的违法犯罪行为而为其提供程序、工具,情节严重的,依照前款的规定处罚。

最高人民法院《关于审理非法出版物刑事案件具体应用法律若干问题的解释》(法释〔1998〕30 号)

第十一条 违反国家规定,出版、印刷、复制、发行本解释第一条至第十条规定以外的其他严重危害社会秩序和扰乱市场秩序的非法出版物,情节严重的,依照刑法第二百二十五条第(三)项的规定,以非法经营罪定罪处罚。

第十二条 个人实施本解释第十一条规定的行为,具有下列情形之一的,属于非法经营行为"情节严重":

(一)经营数额在五万元至十万元以上的;

(二)违法所得数额在二万元至三万元以上的;

(三)经营报纸五千份或者期刊五千本或者图书二千册或者音像制品、电子出版物五百张(盒)以上的。

具有下列情形之一的,属于非法经营行为"情节特别严重":

(一)经营数额在十五万元至三十万元以上的;

(二)违法所得数额在五万元至十万元以上的;

(三)经营报纸一万五千份或者期刊一万五千本或者图书五千册或者音像制品、电子出版物一千五百张(盒)以上的。

第十五条 非法从事出版物的出版、印刷、复制、发行业务,严重扰乱市场秩序,情节特别严重,构成犯罪的,可以依照刑法第二百二十五条第(三)项的规定,以非法经营罪定罪处罚。

最高人民法院、最高人民检察院《关于办理危害计算机信息系统安全刑事案件应用法律若干问题的解释》(法释〔2011〕19号)

第二条　具有下列情形之一的程序、工具,应当认定为刑法第二百八十五条第三款规定的“专门用于侵入、非法控制计算机信息系统的程序、工具”:

(一)具有避开或者突破计算机信息系统安全保护措施,未经授权或者超越授权获取计算机信息系统数据的功能的;

(二)具有避开或者突破计算机信息系统安全保护措施,未经授权或者超越授权对计算机信息系统实施控制的功能的;

(三)其他专门设计用于侵入、非法控制计算机信息系统、非法获取计算机信息系统数据的程序、工具。

第三条　提供侵入、非法控制计算机信息系统的程序、工具,具有下列情形之一的,应当认定为刑法第二百八十五条第三款规定的“情节严重”:

(一)提供能够用于非法获取支付结算、证券交易、期货交易等网络金融服务身份认证信息的专门性程序、工具五人次以上的;

(二)提供第(一)项以外的专门用于侵入、非法控制计算机信息系统的程序、工具二十人次以上的;

(三)明知他人实施非法获取支付结算、证券交易、期货交易等网络金融服务身份认证信息的违法犯罪行为而为其提供程序、工具五人次以上的;

(四)明知他人实施第(三)项以外的侵入、非法控制计算机信息系统的违法犯罪行为而为其提供程序、工具二十人次以上的;

(五)违法所得五千元以上或者造成经济损失一万元以上的;

(六)其他情节严重的情形。

实施前款规定行为,具有下列情形之一的,应当认定为提供侵入、非法控制计算机信息系统的程序、工具“情节特别严重”:

(一)数量或者数额达到前款第(一)项至第(五)项规定标准五倍以上的;

(二)其他情节特别严重的情形。

类似案例

案号:(2019)苏08刑终343号

对于上诉人及其辩护人、检察机关所提本案应定性为提供侵入、非法控制计算机信息系统程序、工具罪的上诉理由及意见,经查,"绝地求生"游戏系一款外国公司开发的网络游戏,其在中国的出版发行目前尚未获得有关部门的审批许可,故该游戏在我国尚未形成相应的出版市场,故销售该游戏外挂程序的行为,亦未严重扰乱相应的出版市场秩序。因此,上诉人及原审被告人制售"绝地求生"游戏外挂程序卡密的行为,不构成非法经营罪。经鉴定,涉案的游戏外挂程序破坏了游戏"Playerunknown's Battlegrounds"(中文名为绝地求生)正常的游戏流程和数据,系破坏性程序。上诉人与各原审被告人明知涉案游戏外挂程序具有避开或者突破计算机信息系统安全保护措施、未经授权获取计算机信息系统数据的功能而予以制作、销售,并且违法所得数额等犯罪情节已分别达到情节特别严重、情节严重,应依法认定为提供侵入、非法控制计算机信息系统程序、工具罪,二审法院对上诉人及其辩护人、检察机关就本案定性所提上诉理由及意见予以采纳。

第八章

传播淫秽物品牟利罪

一、淫秽视频即使数量达到情节特别严重的标准，仍有可能仅被评估为情节严重

案号：(2019)川07刑终167号

关键词：微信群；淫秽电子信息；罪责刑相适应

裁判规则：行为人使用网络社交群传播淫秽电子信息，虽然信息数量达到情节特别严重的标准，但法院仍可充分考虑传播范围、违法所得、行为人一贯表现等情节，综合评估行为的社会危害性，并参照最高人民法院、最高人民检察院《关于利用网络云盘制作、复制、贩卖、传播淫秽电子信息牟利行为定罪量刑问题的批复》第2条规定的精神，不予认定情节特别严重。

案情要点：

· 2017年年底以来，被告人刘某某为牟取利益，建立微信群A，并从其他微信群转发淫秽视频至A群。A群内成员若要观看淫秽视频，须向刘某某支付费用。至发案时，刘某某共计发送淫秽视频1336个，非法牟利7680元。

· 一审法院认为，刘某某以非法牟利为目的，利用微信群传播淫秽视频超过500个，情节特别严重，其行为已经构成传播淫秽物品牟利罪。判处刘某某有期徒刑10年2个月，并处罚金10000元。

· 判后，刘某某提出上诉。上诉人及其辩护人提出：(1)刘某某发送的视频系由完整视频分割而成的，时间较短；(2)本案应适用最高人民法院、最高人民检察院《关于利用网络云盘制作、复制、贩卖、传播淫秽电子信息牟利行为定罪量刑问题的批复》第2条综合评估社会危害性，恰当裁量刑罚，否则，将导致本案严重的罪责刑不相适应。

· 二审法院认为，上诉人刘某某以牟利为目的，利用微信群传播淫秽视频超过500个，其行为已经构成传播淫秽物品牟利罪。但可以参照最高人民法院、最高人民检察院

《关于利用网络云盘制作、复制、贩卖、传播淫秽电子信息牟利行为定罪量刑问题的批复》第2条规定的精神，综合评估上诉人行为社会危害性，不认定上诉人的犯罪情节特别严重。改判刘某某有期徒刑5年（较原判减少5年2个月刑期），并处罚金10000元。

规则分析

网络技术的发展，势必推动网络犯罪行为方式的多样化；云技术的发展应用，使网络云盘成为传播淫秽电子信息的“温床”。网络云盘具有速度快、容量大、允许大文件储存等特点，能够为用户提供文件的储存、访问、备份、共享等服务。[①] 因为网络云盘储存容量大，能够储存大量淫秽电子信息，若利用网络云盘传播淫秽电子信息，将轻易达到相关司法解释要求的入罪数量标准，甚至达到“情节严重”“情节特别严重”的数量标准。若仅根据淫秽电子信息的数量进行定罪量刑的确不会有法律适用上的问题，但是由于制作、复制、出版、贩卖、传播淫秽物品牟利罪是对社会善良风俗侵害的犯罪，其行为危害性大小还应该对传播范围及获利数额进行考量。当利用网络云盘传播淫秽电子信息数量十分巨大而传播人数及获利数额等都十分有限时，若还是仅根据数量进行定罪量刑，则难以做到罪责刑相适应，将导致量刑畸重。

为解决这一问题，最高人民法院、最高人民检察院于2017年公布了《关于利用网络云盘制作、复制、贩卖、传播淫秽电子信息牟利行为定罪量刑问题的批复》，并于2017年12月1日起施行，其具体内容为：(1)以非法牟利为目的，利用网络云盘制作、复制、贩卖、传播淫秽电子信息的行为，是否构成犯罪，适用已有的法律和司法解释；(2)在对上述行为量刑时，则不应单纯考虑淫秽电子信息的数量，而应综合考虑案件情况，确保罪责刑相适应。

本案中，虽然刘某某传播的淫秽电子信息数量已达到“情节特别严重”的标准，但综合本案情况来看，其传播淫秽电子信息的范围较小，视频时长较短，违法

---

① 参见喻海松：《网络犯罪二十讲》(第2版)，法律出版社2022年版，第568页。

所得数额也较小，若直接适用相关司法解释的定罪量刑标准将导致罪刑失衡。同时，刘某某是在微信群内传播淫秽电子信息，而并非使用网络云盘进行传播，对此，有学者认为最高人民法院、最高人民检察院《关于利用网络云盘制作、复制、贩卖、传播淫秽电子信息牟利行为定罪量刑问题的批复》虽然是直接针对利用网络云盘制作、复制、贩卖、传播淫秽电子信息行为的定罪量刑问题，但在办理其他新型淫秽电子信息刑事案件时，直接适用现有司法解释的定罪量刑标准明显失衡的，也应当借鉴最高人民法院、最高人民检察院《关于利用网络云盘制作、复制、贩卖、传播淫秽电子信息牟利行为定罪量刑问题的批复》的精神，综合考虑有关情节，充分运用自由裁量权，做到罪责刑相适应。[①] 本案二审法院正是考虑到这一点，为做到罪责刑相适应，对一审判决结果进行了纠正。

辩护攻略

罪责刑相适应是我国《刑法》的基本原则。传播淫秽电子信息行为的危害性不能仅根据传播的数量进行确定，而应当综合全案各情节进行考量。若直接根据传播淫秽电子信息的数量进行定罪量刑将导致罪刑失衡，即使当事人并非使用网络云盘传播淫秽电子信息，辩护人也可以借鉴最高人民法院、最高人民检察院《关于利用网络云盘制作、复制、贩卖、传播淫秽电子信息牟利行为定罪量刑问题的批复》中的精神，建议法院充分考虑淫秽电子信息传播范围、违法所得、行为人一贯表现以及淫秽电子信息、传播对象是否涉及未成年人等情节，从罪责刑相适应的角度展开辩护。

法院判决

本案中，上诉人刘某某以非法牟利为目的，利用微信群传播的是通过分割、剪接形成的片段短视频，每个视频长度仅有几分钟，公安机关的鉴定意见也客观

---

① 参见喻海松：《网络犯罪二十讲》（第2版），法律出版社2022年版，第570页。

地表述为“段”。这里的“一段”是否就是最高人民法院、最高人民检察院于2004年发布的《关于办理利用互联网、移动通讯终端、声讯台制作、复制、出版、贩卖、传播淫秽电子信息刑事案件具体应用法律若干问题的解释》中所指的“视频文件”的“一个”,没有权威的解释或鉴定。鉴于两上诉人在微信朋友圈内传播淫秽视频,传播的淫秽视频较短,传播的范围较小,并且无证据证明向未成年人进行传播,社会危害性也相对较小,获利金额也不大。参照最高人民法院、最高人民检察院《关于利用网络云盘制作、复制、贩卖、传播淫秽电子信息牟利行为定罪量刑问题的批复》第2条规定的精神,在本案中不单纯考虑传播淫秽电子信息的数量,并且充分考虑传播范围、违法所得、行为人一贯表现等情节,综合评估上诉人行为社会危害性,不认定上诉人的犯罪情节特别严重。原判认定上诉人的犯罪情节特别严重不当,应予以纠正。

相关法律规定

《刑法》(2023年修正)

第三百六十三条第一款　【制作、复制、出版、贩卖、传播淫秽物品牟利罪】以牟利为目的,制作、复制、出版、贩卖、传播淫秽物品的,处三年以下有期徒刑、拘役或者管制,并处罚金;情节严重的,处三年以上十年以下有期徒刑,并处罚金;情节特别严重的,处十年以上有期徒刑或者无期徒刑,并处罚金或者没收财产。

最高人民法院、最高人民检察院《关于办理利用互联网、移动通讯终端、声讯台制作、复制、出版、贩卖、传播淫秽电子信息刑事案件具体应用法律若干问题的解释》(法释〔2004〕11号)

第一条　以牟利为目的,利用互联网、移动通讯终端制作、复制、出版、贩卖、传播淫秽电子信息,具有下列情形之一的,依照刑法第三百六十三条第一款的规定,以制作、复制、出版、贩卖、传播淫秽物品牟利罪定罪处罚:

(一)制作、复制、出版、贩卖、传播淫秽电影、表演、动画等视频文件二十个以上的；

（二）制作、复制、出版、贩卖、传播淫秽音频文件一百个以上的；

（三）制作、复制、出版、贩卖、传播淫秽电子刊物、图片、文章、短信息等二百件以上的；

（四）制作、复制、出版、贩卖、传播的淫秽电子信息，实际被点击数达到一万次以上的；

（五）以会员制方式出版、贩卖、传播淫秽电子信息，注册会员达二百人以上的；

（六）利用淫秽电子信息收取广告费、会员注册费或者其他费用，违法所得一万元以上的；

（七）数量或者数额虽未达到第（一）项至第（六）项规定标准，但分别达到其中两项以上标准一半以上的；

（八）造成严重后果的。

利用聊天室、论坛、即时通信软件、电子邮件等方式，实施第一款规定行为的，依照刑法第三百六十三条第一款的规定，以制作、复制、出版、贩卖、传播淫秽物品牟利罪定罪处罚。

第二条　实施第一条规定的行为，数量或者数额达到第一条第一款第（一）项至第（六）项规定标准五倍以上的，应当认定为刑法第三百六十三条第一款规定的"情节严重"；达到规定标准二十五倍以上的，应当认定为"情节特别严重"。

最高人民法院、最高人民检察院《关于利用网络云盘制作、复制、贩卖、传播淫秽电子信息牟利行为定罪量刑问题的批复》（法释〔2017〕19 号）

一、对于以牟利为目的，利用网络云盘制作、复制、贩卖、传播淫秽电子信息的行为，是否应当追究刑事责任，适用刑法和《最高人民法院、最高人民检察院关于办理利用互联网、移动通讯终端、声讯台制作、复制、出版、贩卖、传播淫秽电子信息刑事案件具体应用法律若干问题的解释》（法释〔2004〕11 号）、《最高人民法院、最高人民检察院关于办理利用互联网、移动通讯终端、声讯台制作、复制、出版、贩卖、传播淫秽电子信息刑事案件具体应用法律若干问题的解释（二）》

(法释〔2010〕3 号)的有关规定。

二、对于以牟利为目的,利用网络云盘制作、复制、贩卖、传播淫秽电子信息的行为,在追究刑事责任时,鉴于网络云盘的特点,不应单纯考虑制作、复制、贩卖、传播淫秽电子信息的数量,还应充分考虑传播范围、违法所得、行为人一贯表现以及淫秽电子信息、传播对象是否涉及未成年人等情节,综合评估社会危害性,恰当裁量刑罚,确保罪责刑相适应。

类似案例

案号:(2021)新 01 刑终 83 号

法院认为,上诉人邓某某无视国家法律,以牟利为目的,向他人贩卖淫秽视频 489 个,非法获利 4960 元,其行为构成贩卖淫秽物品牟利罪。根据最高人民法院、最高人民检察院《关于办理利用互联网、移动通讯终端、声讯台制作、复制、出版、贩卖、传播淫秽电子信息刑事案件具体应用法律若干问题的解释》第 1 条、第 2 条的相关规定,其贩卖淫秽视频 489 个,属于情节严重的情形,依法应当判处 3 年以上 10 年以下有期徒刑,并处罚金。最高人民法院、最高人民检察院《关于利用网络云盘制作、复制、贩卖、传播淫秽电子信息牟利行为定罪量刑问题的批复》第 2 条规定:对于以牟利为目的,利用网络云盘制作、复制、贩卖、传播淫秽电子信息的行为,在追究刑事责任时,鉴于网络云盘的特点,不应单纯考虑制作、复制、贩卖、传播淫秽电子信息的数量,还应充分考虑传播范围、违法所得、行为人一贯表现以及淫秽电子信息、传播对象是否涉及未成年人等情节,综合评估社会危害性,恰当裁量刑罚,确保罪责刑相适应。根据该批复精神,上诉人邓某某贩卖淫秽视频数量虽然达到情节严重的标准,但其传播范围有限、时间较短、违法所得较少,社会危害性较小,并且构成自首,依法可以从轻、减轻处罚,根据罪责刑相一致的原则,结合其违法所得数额以及其家庭经济状况,法院认为对其判处有期徒刑 2 年 6 个月,并处罚金 10000 元为宜。公诉机关出庭意见成立,法院予以采纳。

二、组织网络色情直播构成组织淫秽表演罪而非传播淫秽物品牟利罪

案号:(2018)粤20刑终304号

关键词:直播平台;淫秽表演;放任;视频流

裁判规则:网络色情直播的诲淫性信息产生于淫秽主播本身,主播在平台上的表演是即时性的,未被固定前属于视频流形式的存在,仅有当时在线观看的观众可以看到,不具有传播可能性。网络色情直播应当被定义为“淫秽表演”而非“淫秽物品”;组织网络色情直播应当以组织淫秽表演罪而非传播淫秽物品牟利罪定罪处罚。

案情要点:

· 2016年10月,何某某与他人合谋以“打擦边球”的方式运营直播平台,用户以注册会员制的方式进行直播或收看直播,平台通过观众支付给主播的打赏费用参与分成获利。

· 运营中,何某某等人以隐藏主播房间、选择性封号等方式放任淫秽主播继续在该平台上进行淫秽表演。

· 一审法院认为,被告人何某某等人以牟利为目的,传播淫秽物品,情节特别严重,其行为均已构成传播淫秽物品牟利罪。何某某被判处有期徒刑10年6个月。

· 判后,何某某提出上诉,认为本案应定性为组织淫秽表演罪。

· 二审法院认为,本案不应定性为传播淫秽物品牟利罪,何某某等人的行为符合组织淫秽表演罪的犯罪构成,应以组织淫秽表演罪定罪量刑。判处何某某有期徒刑7年(减少3年6个月刑期)。

规则分析

随着电子信息技术的发展，最高人民法院、最高人民检察院《关于办理利用互联网、移动通讯终端、声讯台制作、复制、出版、贩卖、传播淫秽电子信息刑事案件具体应用法律若干问题的解释》通过文义解释的方法，将“淫秽物品”的范围扩大至“淫秽电子信息”。结合这一司法解释，有观点认为组织网络色情直播应当以传播淫秽物品牟利罪定罪处罚——其观众是社会不特定人，网络色情直播具有诲淫属性，也需要借助电子信息技术，并且网络色情直播的组织者多半具有牟利的主观目的。但是，“淫秽电子信息”仍然无法将“网络色情直播”包含在其中，二者之间存在本质差别。

首先，“网络色情直播”并非“淫秽电子信息”。从淫秽性信息产生的主体和传播的载体上来说，在“网络色情直播”中，淫秽性信息的产生及传播都依赖于表演者本人的肢体裸露及动作，无法脱离于“人”而独立存在，一旦表演者停止表演，则淫秽性信息不再产生；而对于“淫秽电子信息”来说，其是淫秽性信息的源发物，[①]对淫秽性信息的呈现并不依赖于“人”，可以脱离于“人”重复呈现并独立存在。另外，“网络色情直播”还具有实时性，主播会根据“刷礼物”及弹幕情况与观众进行互动，这也是已被固定的“淫秽电子信息”所不具备的特征。故“网络色情直播”并非“淫秽电子信息”，而应当属于“淫秽表演”范畴。

其次，“网络色情直播”相较于“淫秽电子信息”来说社会危害性更小。“淫秽电子信息”有一定载体，具有可再现性，能够反复被多人传播和观看。而“网络色情直播”在没有被保存和记录的情况下，直播中产生的电子数据本质上是一种未经固化的媒介，[②]仅以视频流的形式存在，仅有当时在线观看的观众可以看到，一旦淫秽表演者结束表演，观众既无法反复观看，亦无法转给他人观看，达不

① 参见陈奕屹：《论网络直播平台经营者放任平台内色情直播行为的刑事责任——评“LOLO”平台经营者制作、复制、出版、贩卖、传播淫秽物品牟利案》，载《法律适用》2019 年第 24 期。

② 参见陈奕屹：《论网络直播平台经营者放任平台内色情直播行为的刑事责任——评“LOLO”平台经营者制作、复制、出版、贩卖、传播淫秽物品牟利案》，载《法律适用》2019 年第 24 期。

到传播淫秽物品牟利罪罪质所要求的社会危害性。[①]

综上，“网络色情直播”并不属于“淫秽物品”或“淫秽电子信息”，在将其固定之前不具有被反复观看的可能性。本案中，何某某、陈某某组建色情直播平台，并为主播在平台上进行淫秽表演提供帮助，引起了大量观众的观看。但本案的色情直播并不具有点播、回放或下载视频的功能，并非“淫秽物品”，以传播淫秽物品牟利罪定罪处罚并不准确，也达不到该罪要求的社会危害性，而应当以组织淫秽表演罪定罪处罚。

辩护攻略

在网络犯罪背景之下，“淫秽电子信息”的传播范围非常广泛，一旦构成传播淫秽物品牟利罪则很容易达到“情节特别严重”的量刑标准，即在 10 年以上有期徒刑或者无期徒刑幅度内进行量刑。虽然“网络色情直播”同样具有诲淫性、受众广的特点，但是“网络色情直播”并不属于“淫秽电子信息”，而应当定义为“淫秽表演”。组织淫秽表演罪的最高量刑幅度是 3 年以上 10 年以下有期徒刑，在组织网络色情直播的情形下，辩护人可以针对当事人涉嫌的罪名进行辩护。若将罪名由传播淫秽物品牟利罪改为组织淫秽表演罪，则能够实现有效辩护。

法院判决

关于本案的定性问题，经查，根据最高人民法院、最高人民检察院《关于办理利用互联网、移动通讯终端、声讯台制作、复制、出版、贩卖、传播淫秽电子信息刑事案件具体应用法律若干问题的解释》第 9 条的规定，“淫秽物品”包括具体描绘性行为或者露骨宣扬色情的淫秽性的视频文件、音频文件、电子刊物、图片、文章、短信息等互联网、移动通讯终端电子信息和声讯台语音信息。现有证据未反

① 参见喻海松：《网络犯罪二十讲》（第 2 版），法律出版社 2022 年版，第 573 页。

映××直播平台具有点播、回放或下载视频的功能，淫秽主播在××直播平台上的表演是即时性的，不具有视频文件、音频文件等文件的形式，而属于视频流形式，仅有当时在线观看的观众可以看到，一旦淫秽表演者结束表演，观众既无法反复观看，亦无法转给他人观看。而在具有视频文件、音频文件的情况下，淫秽文件获得者可将文件再传播给他人，通过不断的二次传播使淫秽文件得到广泛的传播，造成的社会危害性明显较大。综上，二审法院认为本案不应定性为传播淫秽物品牟利罪。何某某等人组建××直播平台运营团队，开发、维护××直播平台，该平台为可供淫秽表演者向观众表演的场地，并且该平台的运营费用均由何某某等人提供，即何某某等人实施了为淫秽表演提供场地、提供资金等组织行为。对此，二审法院认为何某某等人的行为符合组织淫秽表演罪的犯罪构成，应以组织淫秽表演罪定罪量刑。

相关法律规定

《刑法》(2023 年修正)

第三百六十三条第一款 【制作、复制、出版、贩卖、传播淫秽物品牟利罪】以牟利为目的，制作、复制、出版、贩卖、传播淫秽物品的，处三年以下有期徒刑、拘役或者管制，并处罚金；情节严重的，处三年以上十年以下有期徒刑，并处罚金；情节特别严重的，处十年以上有期徒刑或者无期徒刑，并处罚金或者没收财产。

第三百六十五条 【组织淫秽表演罪】组织进行淫秽表演的，处三年以下有期徒刑、拘役或者管制，并处罚金；情节严重的，处三年以上十年以下有期徒刑，并处罚金。

最高人民法院、最高人民检察院《关于办理利用互联网、移动通讯终端、声讯台制作、复制、出版、贩卖、传播淫秽电子信息刑事案件具体应用法律若干问题的解释》(法释〔2004〕11 号)

第一条 以牟利为目的，利用互联网、移动通讯终端制作、复制、出版、贩卖、传播淫秽电子信息，具有下列情形之一的，依照刑法第三百六十三条第一款的规定，以制作、复制、出版、贩卖、传播淫秽物品牟利罪定罪处罚：

（一）制作、复制、出版、贩卖、传播淫秽电影、表演、动画等视频文件二十个以上的；

（二）制作、复制、出版、贩卖、传播淫秽音频文件一百个以上的；

（三）制作、复制、出版、贩卖、传播淫秽电子刊物、图片、文章、短信息等二百件以上的；

（四）制作、复制、出版、贩卖、传播的淫秽电子信息，实际被点击数达到一万次以上的；

（五）以会员制方式出版、贩卖、传播淫秽电子信息，注册会员达二百人以上的；

（六）利用淫秽电子信息收取广告费、会员注册费或者其他费用，违法所得一万元以上的；

（七）数量或者数额虽未达到第（一）项至第（六）项规定标准，但分别达到其中两项以上标准一半以上的；

（八）造成严重后果的。

利用聊天室、论坛、即时通信软件、电子邮件等方式，实施第一款规定行为的，依照刑法第三百六十三条第一款的规定，以制作、复制、出版、贩卖、传播淫秽物品牟利罪定罪处罚。

第二条　实施第一条规定的行为，数量或者数额达到第一条第一款第（一）项至第（六）项规定标准五倍以上的，应当认定为刑法第三百六十三条第一款规定的"情节严重"；达到规定标准二十五倍以上的，应当认定为"情节特别严重"。

第九条第一款　刑法第三百六十七条第一款规定的"其他淫秽物品"，包括具体描绘性行为或者露骨宣扬色情的诲淫性的视频文件、音频文件、电子刊物、图片、文章、短信息等互联网、移动通讯终端电子信息和声讯台语音信息。

类似案例

案号:(2017)浙0205刑初399号

法院认为,被告人张某某、夏某某以网络直播方式组织进行淫秽表演,其行为均已构成组织淫秽表演罪。

三、渠道商为淫秽视频 App 进行推广不构成传播淫秽物品牟利罪

案号:(2020)粤0781刑再1号

关键词:传播淫秽物品牟利罪;帮助信息网络犯罪活动罪;广告推广;主观明知

裁判规则:不直接传播淫秽物品,而只是对淫秽视频 App 进行广告推广,无论是否明知被推广 App 的服务内容,都是为信息网络犯罪活动提供广告推广的帮助,构成帮助信息网络犯罪活动罪,不构成传播淫秽物品牟利罪。

案情要点:

· 2016年11月至2017年5月,被告人许某明在明知W公司的某App播放大量淫秽视频的情况下,为获取利益,通过网络帮助W公司推广该App。作为渠道商,被告人许某明从W公司的下线代理商处获得App下载链接,将其置于相关网页吸引用户。

· 一审法院认为,被告人许某明构成传播淫秽物品牟利罪,情节特别严重,依据上线代理商汇入款项数额认定其获利1610242.22元。判处有期徒刑3年4个月,并处罚金7万元,并追缴违法所得。

· 判决生效后,经被告人许某明的近亲属申诉,法院提起再审。被告人许某明及其辩护人认为被告人行为应当构成帮助信息网络犯罪活动罪,并且违法所得认定应扣除推广其他弹窗广告的分成。

· 再审法院认为,原审被告人许某明仅为涉案App的渠道商,主要对涉案App进行广告宣传以及营销而非直接将淫秽物品进行传播,其行为更加符合帮助信息网络犯罪活动罪的构成要件。同时,法院支持了数额认定扣除其他弹窗广告分成的辩护意见。最终,改判被告人许某明犯帮助信息网络犯罪活动罪,判处有期徒刑2年6个月(减10个月刑期),处罚金7万元,并追缴违法所得。

规则分析

信息网络时代，传播淫秽物品牟利、开设赌场等犯罪行为具有主要依托网络平台展开的态势。相应地，这些信息网络犯罪活动需要大量在外围为其提供推广、结算、技术支持的人。对于为上游信息网络犯罪提供推广等帮助的行为要如何定性，实践和学理常常以行为人对上游犯罪内容是否明知与其明知程度为标准，进行罪名之间的区分。而本案的核心争议就在于，行为人将淫秽视频 App 的下载链接置于相关网页进行推广并获取广告推广的报酬，并且对被推广链接传播淫秽物品牟利的犯罪事实主观明知，是构成传播淫秽物品牟利罪，还是仅构成法定刑较轻的帮助信息网络犯罪活动罪？

在以往的司法实践中，不少司法解释、规范性文件规定，只要行为人明知他人实施犯罪而为其提供帮助，即成立共同犯罪。例如，2010 年最高人民法院、最高人民检察院发布的《关于办理利用互联网、移动通讯终端、声讯台制作、复制、出版、贩卖、传播淫秽电子信息刑事案件具体应用法律若干问题的解释（二）》第 6 条第 1 款规定，“电信业务经营者、互联网信息服务提供者明知是淫秽网站，为其提供互联网接入、服务器托管、网络存储空间、通讯传输通道、代收费等服务，并收取服务费，具有下列情形之一的……以传播淫秽物品牟利罪定罪处罚”。又如，根据 2010 年最高人民法院、最高人民检察院、公安部发布的《关于办理网络赌博犯罪案件适用法律若干问题的意见》，明知是赌博网站，而为其提供投放广告帮助的，属于开设赌场罪的共同犯罪。但是，以上司法解释都发布于 2015 年《刑法修正案（九）》增设帮助信息网络犯罪活动罪之前，可以说是此类帮助行为未能正犯化时为更好打击犯罪而作出的规定。既然已经有了帮助信息网络犯罪活动罪，基于网络犯罪中帮助行为具有较高的相对独立性的特点，为达到罪刑责相适应的结论，对此类帮助行为的定性或许应当进行新的反思。有学者就主张，对于帮助他人利用信息网络实施犯罪，适用共同犯罪以帮助犯论处的，宜限于“通谋”的情形；对于主观上仅具有明知，并且对于后续实施的信息网络犯罪未实际参与的,原则上宜以帮助信息网络犯罪活动罪论处。[①]

司法实践中,由于这些司法解释仍然有效,对于有司法解释规定应以上游信息网络犯罪共犯论处的,仍会以上游犯罪罪名论处。这种延续的做法或许是新形势下出于严厉规制部分网络犯罪行为刑事政策的需要,又或许只是长期实践的历史惯性,但无论如何,这些司法解释导致存在传播淫秽物品牟利、开设赌场等行为的帮助犯以正犯标准定罪量刑因而最终量刑畸高的情况。但是,对于仅为传播淫秽物品牟利行为提供推广服务而未实际参与传播淫秽物品的行为,并无此类司法解释。回归共同犯罪的基本原理,类似本案的广告推广行为不应定性为传播淫秽物品牟利罪的正犯,而属于帮助犯,在信息网络犯罪帮助犯正犯化时代应以帮助信息网络犯罪活动罪论处。具体而言,将淫秽视频 App 的下载链接置于相关网页进行推广,其客观行为并非直接推广淫秽视频本身,同时其行为目的在于收取该 App 运营商的推广报酬,而非最高人民法院、最高人民检察院《关于办理利用互联网、移动通讯终端、声讯台制作、复制、出版、贩卖、传播淫秽电子信息刑事案件具体应用法律若干问题的解释(二)》第 7 条第 1 款规定的"以牟利为目的,通过投放广告等方式向其直接或者间接提供资金,或者提供费用结算服务"。因此,此类行为构成帮助信息网络犯罪活动罪,不构成传播淫秽物品牟利罪。

本案中,被告人许某明仅为涉案 App 的渠道商,主要对涉案 App 进行广告推广而不直接传播淫秽视频,其行为属于上游传播淫秽物品牟利的帮助行为,应认定为帮助信息网络犯罪活动罪,再审法院纠正了一审判决的错误定性。

辩护攻略

传播淫秽物品牟利罪的法定刑最高可达无期徒刑,同时情节认定标准很低,在信息网络时代很容易达到"情节严重"或"情节特别严重"的数量标准。相比

① 参见喻海松:《新型信息网络犯罪司法适用探微》,载《中国应用法学》2019 年第 6 期。

之下,帮助信息网络犯罪活动罪的法定刑最高仅为 3 年,认定不同罪名导向的量刑结果可能差异巨大。因此,辩护人需要准确识别当事人的具体行为性质,明晰若当事人仅对上游淫秽视频运营方提供广告推广帮助而并未参与传播淫秽视频,无论其是否明知上游犯罪情况,都不能构成传播淫秽物品牟利罪,而仅能构成帮助信息网络犯罪活动罪。辩护人应当结合相关判例和共同犯罪基本原理展开论证,如能改换罪名为法定刑较轻的帮助信息网络犯罪活动罪,则可实现有效辩护。

法院判决

再审法院认为,原审被告人许某明无视国家法律,明知他人利用信息网络实施犯罪,为其犯罪提供广告推广的帮助,情节严重,其行为已构成帮助信息网络犯罪活动罪。本案中,原审被告人许某明为涉案 App 的渠道商,为获取利益,在网站投放涉案 App 的广告,主要是对涉案 App 进行广告宣传以及营销,而非直接将淫秽物品进行传播,是为信息网络犯罪活动提供广告推广的帮助,更加符合帮助信息网络犯罪活动罪的构成要件。原审判决认定被告人许某明的行为构成传播淫秽物品牟利罪的定性有误,导致量刑失衡,应予以纠正。

相关法律规定

《刑法》(2023 年修正)

第二百八十七条之二　【帮助信息网络犯罪活动罪】明知他人利用信息网络实施犯罪,为其犯罪提供互联网接入、服务器托管、网络存储、通讯传输等技术支持,或者提供广告推广、支付结算等帮助,情节严重的,处三年以下有期徒刑或者拘役,并处或者单处罚金。

单位犯前款罪的,对单位判处罚金,并对其直接负责的主管人员和其他直接责任人员,依照第一款的规定处罚。

有前两款行为,同时构成其他犯罪的,依照处罚较重的规定定罪处罚。

第三百六十三条第一款　【制作、复制、出版、贩卖、传播淫秽物品牟利罪】以牟利为目的，制作、复制、出版、贩卖、传播淫秽物品的，处三年以下有期徒刑、拘役或者管制，并处罚金；情节严重的，处三年以上十年以下有期徒刑，并处罚金；情节特别严重的，处十年以上有期徒刑或者无期徒刑，并处罚金或者没收财产。

最高人民法院、最高人民检察院《关于办理利用互联网、移动通讯终端、声讯台制作、复制、出版、贩卖、传播淫秽电子信息刑事案件具体应用法律若干问题的解释》（法释〔2004〕11号）

第一条第一款　以牟利为目的，利用互联网、移动通讯终端制作、复制、出版、贩卖、传播淫秽电子信息，具有下列情形之一的，依照刑法第三百六十三条第一款的规定，以制作、复制、出版、贩卖、传播淫秽物品牟利罪定罪处罚：

（一）制作、复制、出版、贩卖、传播淫秽电影、表演、动画等视频文件二十个以上的；

（二）制作、复制、出版、贩卖、传播淫秽音频文件一百个以上的；

（三）制作、复制、出版、贩卖、传播淫秽电子刊物、图片、文章、短信息等二百件以上的；

（四）制作、复制、出版、贩卖、传播的淫秽电子信息，实际被点击数达到一万次以上的；

（五）以会员制方式出版、贩卖、传播淫秽电子信息，注册会员达二百人以上的；

（六）利用淫秽电子信息收取广告费、会员注册费或者其他费用，违法所得一万元以上的；

（七）数量或者数额虽未达到第（一）项至第（六）项规定标准，但分别达到其中两项以上标准一半以上的；

（八）造成严重后果的。

第二条　实施第一条规定的行为，数量或者数额达到第一条第一款第（一）项至第（六）项规定标准五倍以上的，应当认定为刑法第三百六十三条第一款规定的“情节严重”;达到规定标准二十五倍以上的,应当认定为“情节特别严重”。

类似案例

1. 案号:(2019)粤07刑终121号

一审法院认为,被告人潘某强、黄某宇参与相关App推广业务的行为构成传播淫秽物品牟利罪。被告人潘某强因帮助支付结算行为构成帮助信息网络犯罪活动罪,数罪并罚,决定执行有期徒刑5年6个月,并处罚金280000元;被告人黄某宇判处有期徒刑3年8个月,并处罚金80000元。

二审法院认为,本案中,上诉人潘某强等人帮助投放涉案App的广告,进行涉案App的广告宣传,对涉案App进行营销,从而推广涉案App的行为,符合帮助信息网络犯罪活动罪中的“广告推广”帮助行为的认定。上诉人潘某强等人为A公司接收涉案App的部分用户充值资金、抽取部分资金作为报酬以及帮助A公司推广涉案App获取利润的行为,为帮助信息网络犯罪活动的不同表现形式,均符合帮助信息网络犯罪活动罪中的帮助行为,均应认定为帮助信息网络犯罪活动行为。改判上诉人潘某强犯帮助信息网络犯罪活动罪,判处有期徒刑2年6个月(减3年刑期),并处罚金200000元(减80000元罚金);原审被告人黄某宇犯帮助信息网络犯罪活动罪,判处有期徒刑2年5个月(减1年3个月刑期),并处罚金80000元。

2. 案号:(2019)粤07刑终120号

一审法院认为,被告人李某在明知A公司的涉案App利用淫秽视频骗取用户充值资金的情况下,为获取利益,通过网络帮助A公司推广上述App并获利21767.6元,构成传播淫秽物品牟利罪,判处有期徒刑1年1个月,并处罚金25000元。

二审法院认为,一审被告人李某出于牟利目的,明知涉案App具有以淫秽视频诱导、骗取充值资金的功能及特征仍提供网络广告推广帮助,属于明知他人利用信息网络实施犯罪,为其提供广告推广帮助,情节严重,构成帮助信息网络犯罪活动罪。一审判决对原审被告人李某行为定性不准,依法予以纠正,以帮助信息网络犯罪活动罪定罪处罚。

3. 案号:(2019)粤07刑终139号

一审法院认为,被告人冼某文等人构成传播淫秽物品牟利罪,被告人冼某文被判处有期徒刑4年6个月,并处罚金12万元,其他被告人分别被判处有期徒刑3年至3年9个月不等,并处罚金6万元至8万元不等。

二审法院认为,本案中,上诉人冼某文等人为涉案App的代理商或渠道商,为获取利润推广涉案App,进行涉案App的广告宣传和营销,并非直接传播淫秽物品,冼某文等人的行为更符合帮助信息网络犯罪的犯罪构成,应以帮助信息网络犯罪活动罪进行定罪处罚。改判上诉人冼某文等人犯帮助信息网络犯罪活动罪,上诉人冼某文被判处有期徒刑2年10个月(减1年8个月刑期),并处罚金12万元,其他上诉人和原审被告人分别被判处有期徒刑2年5个月至2年6个月(减5个月至1年4个月刑期),并处罚金2万元至7万元不等(减1万元至6万元罚金)。

四、传播淫秽物品牟利罪中，“实际被点击数”如何计算

案号：(2010)眉东刑初字第118号

关键词：传播淫秽物品牟利罪；实际被点击数；无效点击；自点击；非淫秽电子信息

裁判规则：第三方机构统计的整个网站的被点击数不能等同于淫秽电子信息的“实际被点击数”，司法解释规定的“实际被点击数”是指社会公众通过互联网、IP地址访问某淫秽网站后点击淫秽电子信息的有效次数，“实际被点击数”应当扣除非淫秽电子信息的点击数和无效点击的数量、自点击数等。

案情要点：

·2009年11月20日，被告人邱某某先后制作了5个淫秽网站，并通过第三方机构对网站流量进行统计。被告人通过出售网站以及让商家付费在其余网站上投放广告的方式获利2000余元。其中三个淫秽网站实际被点击量(从2009年12月7日至2010年1月8日)共计5595957次。

·公诉机关根据点击量认为被告人的行为构成传播淫秽物品牟利罪，情节特别严重。

·辩护人认为，司法解释所称“实际被点击数”与第三方统计的“点击数”不同，“实际点击数”应当扣除网站上非淫秽内容点击数、弹窗点击数、自行刷新点击数，不应当认定被告人传播淫秽物品牟利罪属于“情节特别严重”。

·人民法院认为无法判断淫秽电子信息的“实际被点击数”是否达到“情节特别严重”，公诉机关指控被告人传播淫秽物品牟利“情节特别严重”，证据不足，不予支持。

规则分析

进入信息网络时代，传播淫秽信息的途径逐渐由线下转至线上，“实际被点击数”就是我国最高司法机关为适应网络传播犯罪，对定罪量刑标准作出的探索与适用。“实际被点击数”越多，意味着接触淫秽电子信息人数越多，传播范围越广，危害程度也就越高。

作为对网站流量进行统计的第三方，其统计监测的网站点击数量与“实际被点击数”有所不同，无论何人点击网站内何种内容，都会增加网站中的点击数量。而“实际被点击数”是对淫秽电子信息传播范围的考量，应当是社会公众对淫秽电子信息的有效点击次数，也就是说网站建立者会为推广其网站增加网站流量或对网站系统进行测试而自行改动网站内信息点击的数量，由于此时并未扩大淫秽电子信息的传播范围，故不应当计算在“实际被点击数”中；社会公众对网站中非淫秽信息的点击数量，由于对非淫秽电子信息的访问并不会造成淫秽电子信息的传播，不应当计算在“实际被点击数”中；社会公众点击网站中淫秽电子信息后并未成功访问，由于此时传播行为处于未完成形态，也不应当计算在“实际被点击数”中。

本案中，第三方机构对淫秽网站统计的点击次数达到 5595957 次，但由于其中包含了非淫秽电子信息的点击数、无效点击数、自点击数，当排除上述点击数后，人民法院无法判断淫秽电子信息的“实际被点击数”是否达到“情节特别严重”，故没有支持公诉机关的指控。

辩护攻略

在传播淫秽电子信息犯罪中，“实际被点击数”事实上是以淫秽电子信息的传播范围作为认定标准。只有传播行为导致淫秽电子信息的影响范围真正地扩大才应当对其进行处罚。故在为此类犯罪进行辩护时，应当审查统计的网站点击数中是否包含了对非淫秽电子信息点击、自点击、无效点击的数量，以上点击数均应当被排除。另外，还有观点认为，可以根据 IP 地址来计算“实际被点击数”，相同的 IP 地址意味着相同的人，同一人反复观看淫秽电子信息多次，其危害性也远不及多人各观看一次。故同一人对同一淫秽电子信息的反复点击也不应当计算在“实际被点击数”中，这一观点也可以运用在对类案的辩护中。

法院判决

涉案网站的页面内容主要是淫秽电子信息，但也包含一定的非淫秽电子信息，其中淫秽电子信息包括点击后能够打开或观看的有效信息和不能正常打开或观看的无效信息。登录互联网的任一不特定人员点击上述任何内容一次，点击数均会增加一次，但是该点击数是整个网站的被点击数，不能等同于淫秽电子信息的“实际被点击数”，司法解释规定的“实际被点击数”是指社会公众通过互联网、IP 地址访问某淫秽网站后点击的有效的淫秽电子信息次数，“实际被点击数”应当扣除非淫秽电子信息的点击数和无效点击的数量、自点击数等。本案中，公诉机关指控三被告人所制作网站的 5595957 次点击数系整个网站所有页面内容的点击数，包括了非淫秽电子信息的点击数、无效点击数、自点击数，法院无法判断淫秽电子信息的“实际被点击数”是否达到“情节特别严重”，因此公诉机关指控三被告人传播淫秽物品牟利“情节特别严重”，证据不足，法院不予支持。

相关法律规定

《刑法》(2023 年修正)

第三百六十三条第一款 【制作、复制、出版、贩卖、传播淫秽物品牟利罪】以牟利为目的，制作、复制、出版、贩卖、传播淫秽物品的，处三年以下有期徒刑、拘役或者管制，并处罚金；情节严重的，处三年以上十年以下有期徒刑，并处罚金；情节特别严重的，处十年以上有期徒刑或者无期徒刑，并处罚金或者没收财产。

最高人民法院、最高人民检察院《关于办理利用互联网、移动通讯终端、声讯台制作、复制、出版、贩卖、传播淫秽电子信息刑事案件具体应用法律若干问题的解释》(法释〔2004〕11号)

第一条第一款　以牟利为目的,利用互联网、移动通讯终端制作、复制、出版、贩卖、传播淫秽电子信息,具有下列情形之一的,依照刑法第三百六十三条第一款的规定,以制作、复制、出版、贩卖、传播淫秽物品牟利罪定罪处罚:

(一)制作、复制、出版、贩卖、传播淫秽电影、表演、动画等视频文件二十个以上的;

(二)制作、复制、出版、贩卖、传播淫秽音频文件一百个以上的;

(三)制作、复制、出版、贩卖、传播淫秽电子刊物、图片、文章、短信息等二百件以上的;

(四)制作、复制、出版、贩卖、传播的淫秽电子信息,实际被点击数达到一万次以上的;

(五)以会员制方式出版、贩卖、传播淫秽电子信息,注册会员达二百人以上的;

(六)利用淫秽电子信息收取广告费、会员注册费或者其他费用,违法所得一万元以上的;

(七)数量或者数额虽未达到第(一)项至第(六)项规定标准,但分别达到其中两项以上标准一半以上的;

(八)造成严重后果的。

第二条　实施第一条规定的行为,数量或者数额达到第一条第一款第(一)项至第(六)项规定标准五倍以上的,应当认定为刑法第三百六十三条第一款规定的"情节严重";达到规定标准二十五倍以上的,应当认定为"情节特别严重"。

类似案例

1. 案号:(2019)闽0304刑初337号

辩护人陈某提出"公诉机关认定涉案点击数达到190940人次的证据不足"

的辩护意见。经查,某某小说平台后台管理系统截图显示同一部小说的“总阅读人数”与“总充值人数”数量相去甚远,公诉机关以“总阅读人数”来认定实际被点击数,无法排除涉案公司在推广公众号的过程中产生的点击数,故公诉机关认定涉案点击数达到190940人次的证据不足,辩护人该辩护意见成立。

2. 案号:(2019)皖0124刑初112号

对于公诉机关指控被告人隆某某单独或者与被告人蒋某共同在手机平台进行多场淫秽色情直播表演,每场在线观看人数5000至6000人不等的公诉意见及被告人蒋某提出公诉机关指控的在线观看其淫秽色情直播表演人数不准确的辩解意见,经查,公安机关通过远程取证方式获取的该人数,因公诉机关提供的证据不能排除在手机App平台传播被告人隆某某、蒋某淫秽色情表演过程中具有虚假计数、自点击数、无效点击数、重复计数等情形,故不能认定是被告人隆某某、蒋某传播淫秽电子信息的“实际被点击数”。对被告人蒋某的辩解意见,法院予以采信。

3.《刑事审判参考》(总第81集)第723号

四川省泸州市中级人民法院经审理认为,上诉人杨某在所建网站上链接大量淫秽电子信息并在互联网和移动通信网络中传播,加入广告联盟后,其利用淫秽电子信息增加广告点击量,以实现牟利目的,应当以传播淫秽物品牟利罪追究刑事责任。一审未区分普通电子信息与淫秽电子信息的被点击数,导致淫秽电子信息实际被点击数事实不清,故不予认定。

扩展阅读

电子数据鉴真与有效辩护

随着电子数据频繁出现在各类刑事案件证据体系中,如何对电子数据进行有效质证,越来越受到辩护律师的关注。根据电子数据所固有的特点,除从普遍适用的“三性”角度质证外,相关判例显示,律师如果从电子数据鉴真角度进行审查,熟练运用电子数据相关的规定,亦可以达到有效辩护的效果。

1. 电子数据鉴真及立法进程

鉴真,就是对实物证据的来源和提取过程提出要求,旨在鉴别证据真实性的审查方法,鉴真是实物证据具备证据能力的前提条件。①

进而,电子数据的鉴真,就是对电子数据的收集、提取、移送、展示等环节的审查,以保障庭审出示的电子数据与原始来源一致。

如果电子数据的收集、提取等过程违法,电子数据的真实性、完整性、同一性就很难被证明,有学者将此种情况称为"鉴真不能"。鉴真不能的证据当然不具有合法性、真实性,也不应当作为定案的依据。

谈到电子数据鉴真,就不得不提"快播案",此案控辩双方就电子数据鉴真问题展开了激烈的辩论,也间接推动了电子数据鉴真相关规定的发展。

2016 年 9 月,在"快播案"案发后不久,最高人民法院、最高人民检察院、公安部《关于办理刑事案件收集提取和审查判断电子数据若干问题的规定》正式公布,其中涉及电子数据鉴真的规定约占 2/3,进一步提升了电子数据收集、提取的规范性,并明确收集、提取过程不符合规定的电子数据不得作为定案的根据。

此后,2019 年公安部《公安机关办理刑事案件电子数据取证规则》,2021 年最高人民检察院《人民检察院办理网络犯罪案件规定》及修改后的最高人民法院《关于适用〈中华人民共和国刑事诉讼法〉的解释》对电子数据鉴真也作出了更具体的相关规定。

2. 案例中的电子数据鉴真

既然已有文件对电子数据鉴真进行了详细规定,那么,实践中的情况又是如何呢?

笔者通过检索相关案例得到的初步结论是:第一,实践中,仍可能存在侦查机关收集提取电子数据不规范的情形;第二,律师针对电子数据收集提取过程违法等事项,从鉴真角度进行质证,能够达到有效辩护的目的。

---

① 参见陈瑞华:《刑事证据法》(第 3 版),北京大学出版社 2018 年版,第 233 页。

(1)侦查机关收集提取电子数据不规范的情形仍可能存在

侦查机关为提取电子数据扣押、封存原始存储介质的,应当制作扣押笔录和扣押清单。

笔者以某市侵犯公民个人信息案件为例。其中23%的案例有扣押清单却没有扣押笔录;有3%的案例没有任何与收集、提取电子数据有关的材料。对于以上情况,笔者以饼状图的形式总结如下(详见图8-1)。

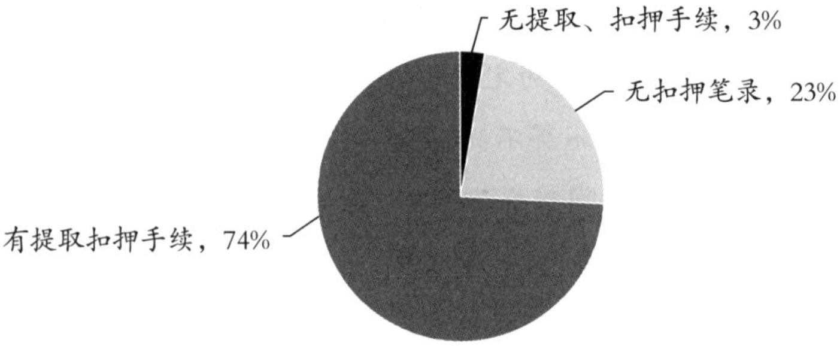

图8-1 无扣押笔录、无提取扣押手续、有提取扣押手续比例示意

注:考虑到数据基础庞大,笔者检索的案件类别及数量有限,以上结论仅供读者参考。

(2)有效辩护的典型案例

笔者通过无讼案例网检索了引用最高人民法院、最高人民检察院、公安部《关于办理刑事案件收集提取和审查判断电子数据若干问题的规定》的案例并进行筛选,挑选到以电子数据鉴真角度进行质证,最终获得法院认可,进行了有效辩护的三个典型案例做如下分析。

①没有笔录、录像的电子数据提取

黄某侵犯公民个人信息案[①]中,黄某为兜售中老年保健品,向他人购买大量公民个人信息。案发后,侦查机关对黄某的电脑进行了扣押,检查出电脑内存储的公民信息达6.52G,约551万条,并将信息提取刻录在两张光盘上。庭审中,辩方提出,两张光盘的提取过程违法,光盘来源不清,控方出示的电脑主机与所

① 参见河南省鹿邑县人民法院刑事判决书,(2018)豫1628刑初374号。

查扣的主机不具同一性。法院经审理认为，侦查机关在提取数据过程中，没有按照规定制作笔录，进行同步录音录像，统计数据未进行电子数据检查，也没有作出鉴定，无法证明数据的真实性、完整性，对提取的电子数据不予采纳。

本案中，通过律师的辩护，被告人涉嫌侵犯的公民个人信息数量由551万条，减少到14367条，并最终实现了有效的辩护。

值得注意的是，本案较完整地体现了辩护律师对电子数据的双载体鉴真。所谓双载体，是指电子数据的内部及外部载体，电子数据的外部载体是指电子数据的存储介质，在本案中就是指涉案电脑主机中的硬盘。电子数据的内部载体就是指电子数据本身。

辩护律师提出主机被查扣过程没有全程录音录像，电子数据统计方式有问题，所载信息具有不确定性，对内外载体进行了全面否定。法院也据此对此电子数据进行了果断排除。

②不受监督的“二筛”数据

唐某贩卖毒品案①中，唐某因涉嫌贩卖毒品罪被侦查机关抓获，侦查机关向唐某公司调取了唐某的转账记录，刻录成光盘一张。控方指控唐某向他人贩卖毒品69次，合计29770元。庭审中，辩方提出从光盘中二次摘录交易记录的过程没有相应的说明，收集、提取过程违反相关规定。法院经审理认为，电子数据提取过程违法，电子数据内容与其他证据相矛盾，该电子证据无法作为定案证据使用。

本案中，通过律师的辩护，最终法院仅认定一起贩卖毒品的事实，贩卖金额为500元。

值得一提的是，侦查机关向网络公司调取数据后，如果要从已调取的数据中进行二次筛选，其过程也应严格依照相关规定进行，使在法庭中出示的数据的监督链具有完整性，否则其收集、提取的过程便同样可能存在问题。本案中，辩护律师也使用了与上个案例中相同的双载体鉴真的方法，值得读者重视。

---

① 参见河北省赵县人民法院刑事判决书，(2017)冀0133刑初150号。

③“简单粗暴”的微信截图

赖某明非法持有毒品案[①]中，赖某明为吸食毒品，将毒品放置于自己的车辆内。案发后，侦查机关在其车内查获毒品，并对其手机微信聊天内容进行了截图提取。控方指控赖某明持有毒品，是为了通过微信向他人贩卖毒品，构成贩卖毒品罪。庭审中，辩方提出侦查机关未对手机依法扣押，同时微信截图的内容与侦查机关出具的办案说明存在严重矛盾。法院经审理认为，截图提取并非法定电子数据提取形式，对微信内容的提取原则上应当扣押、封存手机，并制作笔录，但侦查机关并未依法处理，同时截图内容与侦查机关出具的办案说明存在无法解释的矛盾，因此该证据不能作为定案的根据。

本案中，通过律师的辩护，最终二审法院认定赖某明贩卖毒品的事实不清，证据不足，仅构成持有毒品罪，将原审的 7 年有期徒刑改判为 3 年有期徒刑。

值得注意的是，侦查机关通过微信截图对电子数据固定的情形在实践中大量存在，本案对律师如何针对微信截图进行有效质证有一定启示作用。同时，本案辩护律师使用了双载体鉴真的方法，不仅对手机扣押提出疑问，也对电子数据本身的同一性进行否定。

通过以上案例我们可以归纳得出结论：第一，辩护律师想要让法院支持自己从鉴真角度提出的质证意见，最好同时从外部及内部载体找问题，增强意见的说服力；第二，侦查机关采用截图方式固定电子数据，也需要严格遵守相关规定；第三，侦查机关若对已经依法调取的电子数据进行二次“筛选”，也应当依据电子数据收集、提取的规定进行。

3. 扣押、封存环节中电子数据鉴真常见审查要点

根据最高人民法院《关于适用〈中华人民共和国刑事诉讼法〉的解释》，最高人民法院、最高人民检察院、公安部《关于办理刑事案件收集提取和审查判断电子数据若干问题的规定》，《人民检察院办理网络犯罪案件规定》，《公安机关办理刑事案件电子数据取证规则》等规定，可以将电子数据取证流程分为收集与提

---

① 参见重庆市第三中级人民法院刑事判决书，(2018)渝 03 刑再 5 号。

取、检查与侦查实验、检验与鉴定三大环节。收集与提取又细分为五种措施：扣押、封存原始存储介质；现场提取电子数据；网络在线提取电子数据；冻结电子数据；调取电子数据。以上所有环节，都涉及电子数据鉴真的问题，由于篇幅有限，笔者结合上文案例，仅讨论扣押、封存原始存储介质环节的鉴真问题。

(1)收集、提取的主体审查

侦查活动应当由两名以上侦查人员进行。

实践中，电子数据收集、提取的相关笔录中有时仅有一名侦查人员签字，仅有一人侦查，会造成取证过程无人监督，取证过程的合法性难以保障，笔录内容的客观性难以保障。该种情形属于最高人民法院、最高人民检察院、公安部《关于办理刑事案件收集提取和审查判断电子数据若干问题的规定》中的取证瑕疵情形，未经补正或作出合理解释的，不得作为定案的根据。

(2)打印、拍照、录像方法的合法性

实践中，有侦查机关采用对微信聊天内容拍摄固定并由当事人签字的方式提取电子数据，但该种方式被辩护律师质疑，上述案例中法院曾以提取方式不合法为由排除了该类证据。

最高人民法院《关于适用〈中华人民共和国刑事诉讼法〉的解释》再次明确了以扣押移送原始存储介质为原则，因此，只有在无法扣押移送的情况下，侦查机关才能采取其他措施。根据最高人民法院、最高人民检察院、公安部《关于办理刑事案件收集提取和审查判断电子数据若干问题的规定》第 10 条、《公安机关办理刑事案件电子数据取证规则》第 8 条，只有在既不能扣押原始存储介质也不能直接提取电子数据的情况下才可以使用打印、拍照、录像的方法。这些是不得已而为之的方法，这类方法获得的证据证明力较前者方法而言更弱，如果违反措施选择的先后顺序使用，所得到数据的真实性难以保障。

(3)对见证人的审查

见证人，顾名思义是电子数据收集、提取过程的见证者，见证人的有无及是否适格也会在一定程度上影响电子数据的真实性。辩护律师可以根据扣押笔录的内容审查是否有见证人的手写签名；扣押笔录是否记录清楚见证人的身份信息,是否存在最高人民法院《关于适用〈中华人民共和国刑事诉讼法〉的解释》第80条规定的不得担任见证人的情形。

实践中,部分侦查机关在邀请见证人时并未在笔录中详细记录见证人的身份信息,但最高人民法院《关于适用〈中华人民共和国刑事诉讼法〉的解释》第80条第2款规定"人民法院可以通过相关笔录载明的见证人的姓名、身份证件种类及号码、联系方式以及常住人口信息登记表等材料进行审查",由此可见,扣押笔录中记载清楚见证人的身份证件种类及号码、联系方式等信息已是大势所趋,辩护律师也可以据此审查见证人的身份是否适格。

(4)对取证录像的审查

没有见证人是否违法?没有见证人见证取证过程,并不必然违法。实践中,由于侦查时效性的要求,侦查机关可能无法保证每次都能及时找到合适的见证人,但固定证据迫在眉睫,此时应当依据相应规定进行录像取证。因此,在扣押过程中,没有见证人,并不必然违法,但如果既没有见证人也没有录像,取证过程显然是违法的。

扣押过程是否一定要全程录像?实践中,仍有侦查机关仅对扣押的部分过程进行录像。虽然最高人民法院、最高人民检察院、公安部《关于办理刑事案件收集提取和审查判断电子数据若干问题的规定》第15条规定,在没有见证人时,侦查机关应当对"相关活动"录像,但后来颁布的《公安机关办理刑事案件电子数据取证规则》第13条、《公安机关办理刑事案件程序规定》第194条、最高人民法院《关于适用〈中华人民共和国刑事诉讼法〉的解释》第80条都明确规定了此种情形下应当对扣押过程进行全程录像。

因此,辩护律师不仅要审查扣押过程中没有见证人时有没有录像,还要审查是否进行了全程录像。

(5)对封存方式的审查

封存的目的是使电子数据无法被修改,确保数据的同一性、完整性。常见的封存比较多样,如使用封条封住台式机机箱开口、用屏蔽袋封存手机、用物证袋封存硬盘等。但无论使用何种方式封存,侦查机关都应当依据最高人民法院、最高人民检察院、公安部《关于办理刑事案件收集提取和审查判断电子数据若干问题的规定》第 8 条、《公安机关办理刑事案件电子数据取证规则》第 11 条，对封存前后的原始存储介质进行拍照。

最后，仍要强调的是，辩护律师在扣押、封存环节进行的审查仍属于对外部载体的审查，为了能达到有效辩护的目的，辩护律师还应当结合其他证据材料来证明电子数据的内部载体，即电子数据本身由于以上环节的违法问题可能发生了变化，电子数据的真实性无法得到保证。

结　语

随着互联网行业的快速发展，电子数据在刑事案件中也起到越来越重要的作用，成为名副其实的“证据之王”。通过以上分析我们可以发现，律师如果能够熟练掌握电子数据鉴真的相关规定，熟悉关于电子数据鉴真方面的辩点，就很有可能实现有效辩护的目的。

也许有的律师会说，这些问题提了也没用，公安机关的情况说明，或随后再补手续就可以补足证据能力，达不到打掉这些证据的目的。确实，有的案件会出现这种情况，但这并不是我们不提异议的理由，况且确实还有许多有效辩护的成功案例。

法律的普及和推广乃至严格适用都需要时间，而辩护律师则是推动这一法治进程不可或缺的力量，我们每一次有理有据地提出的辩护意见，都有可能造就一个严格适用法律的机会，让我们把握好案件中的每一次机会。

第九章

掩饰、隐瞒犯罪所得、犯罪所得收益罪

提供账户帮助“洗钱”,不一定成立掩饰、隐瞒犯罪所得、犯罪所得收益罪

案号:(2021)湘0521刑初403号

关键词:银行卡;结算;洗钱;掩饰、隐瞒犯罪所得、犯罪所得收益罪;帮助信息网络犯罪活动罪

裁判规则:行为人的账户被用于帮助上游网络犯罪“洗钱”,但行为人在主观上对上游犯罪没有具体的明知,亦没有证据证明行为人用账户亲自实施了“代为取款”行为,那么行为人不构成上游犯罪的共犯,也不构成掩饰、隐瞒犯罪所得、犯罪所得收益罪,仅有可能构成帮助信息网络犯罪活动罪。

案情要点:

· 2021年1月,高某、李某合谋以在某币网上买卖虚拟货币的方式为上线洗钱,高某纠集了被告人陈某秀等人,用各自的银行卡实施洗钱行为。

· 被告人陈某秀为了获取提成,在明知涉案资金为犯罪所得的情况下仍用自己的中国农业银行卡、中国工商银行卡等6张银行卡给他人帮助结算资金,由李某负责在某币网上操作。

· 公诉机关认为,被告人陈某秀明知是犯罪所得而予以窝藏、转移,情节严重,应当以掩饰、隐瞒犯罪所得、犯罪所得收益罪追究其刑事责任。并建议判处被告人陈某秀有期徒刑4年6个月。

· 辩护人辩称,证明陈某秀亲自转移资金的证据不足,被告人的行为系提供支付结算帮助,不应定为掩饰、隐瞒犯罪所得、犯罪所得收益罪,应定为帮助信息网络犯罪活动罪。

· 法院认定,被告人陈某秀犯掩饰、隐瞒犯罪所得、犯罪所得收益罪的证据不足,但被告人陈某秀的行为符合帮助信息网络犯罪活动罪的构成要件,应认定为帮助信息网络犯罪活动罪,判处有期徒刑1年4个月,并处罚金10000元。

规则分析

近年来,随着互联网、区块链等信息技术的快速发展,虚拟货币交易市场急剧膨胀,吸引了许多投资者的目光。随着虚拟货币的投资炒币热潮,这种新型支付结算的方式也为一些传统犯罪提供了新的手段。由于虚拟货币具有匿名性、交易快捷、国际化等特点,它逐渐被运用到“洗钱”行为中。

在这类行为中,司法机关常以洗钱罪,掩饰、隐瞒犯罪所得、犯罪所得收益罪,帮助信息网络犯罪活动罪来追究行为人的责任。由于洗钱罪与掩饰、隐瞒犯罪所得、犯罪所得收益罪是法条竞合的关系,洗钱罪是针对特定的上游犯罪所得而进行规制的犯罪,因此这两种罪名的认定并不是难点。而在掩饰、隐瞒犯罪所得、犯罪所得收益罪与帮助信息网络犯罪活动罪之间,实践中常有认定不一的情况。帮助信息网络犯罪活动罪是立法上将帮助行为正犯化而形成的罪名,其本质上来说属于共同犯罪。因此,从犯罪阶段来说,帮助信息网络犯罪活动罪只能形成于上游犯罪既遂之前,而掩饰、隐瞒犯罪所得、犯罪所得收益罪只能形成于上游犯罪既遂之后。

结合本案来看,法院查明大部分转入被告人陈某秀账户的款项是由受害人直接转入的,换言之,陈某秀提供帮助的行为形成于既遂之前,不可能构成掩饰、隐瞒犯罪所得、犯罪所得收益罪。除了帮助行为介入的阶段,另一个关键的认定标准在于主观的明知程度。在主观方面,构成掩饰、隐瞒犯罪所得、犯罪所得收益罪要求明知是犯罪所得及其产生的收益,其对上游犯罪的情况是知悉的,主观上具有掩饰、隐瞒的故意。而帮助信息网络犯罪活动罪对明知的要求没有前者那样高,其是一种概括的故意,一般只要求行为人认识到对方可能实施网络犯罪即可。

在本案中,陈某秀本人的供述中无内容能证明其有掩饰、隐瞒的故意,对上游犯罪的认识也很模糊,只是知道有可能是犯罪。客观上,在案证据也不足以证明陈某秀亲自实施了取款、转款,根据主客观一致的原则,即使本案中尚有小部分款项是上游犯罪既遂后转入被告人陈某秀账户的，也不能认定其构成掩饰、隐瞒犯罪所得、犯罪所得收益罪。

辩护攻略

根据《刑法》及相关司法解释的规定，掩饰、隐瞒犯罪所得、犯罪所得收益罪，情节严重的，处 3 年以上 7 年以下有期徒刑；帮助信息网络犯罪活动罪，情节严重的，处 3 年以下有期徒刑或者拘役。所以，在犯罪金额相同的情况下，这两个罪名的量刑差异较大，掩饰、隐瞒犯罪所得、犯罪所得收益罪明显量刑更重。

在司法实践中，行为人为他人提供结算帮助的，也可能被指控构成掩饰、隐瞒犯罪所得、犯罪所得收益罪，这就要求辩护人从行为人的参与阶段、主观方面的明知内容、客观方面的行为手段，寻找到轻罪甚至无罪辩护的可能。

法院判决

证人李某 3 的证言证明，陈某秀不会操作，是他帮陈某秀操作的。被告人陈某秀虽然曾供述其有时会自己操作，但该供述并不稳定，存在反复且无其他证据予以印证，故认定被告人陈某秀犯掩饰、隐瞒犯罪所得、犯罪所得收益罪的证据不足，但被告人陈某秀的行为符合帮助信息网络犯罪活动罪的构成要件，应认定为帮助信息网络犯罪活动罪。公诉机关指控被告人陈某秀犯掩饰、隐瞒犯罪所得、犯罪所得收益罪的证据不足，法院不予支持。

相关法律规定

《刑法》(2023 年修正)

第二百八十七条之二　【帮助信息网络犯罪活动罪】明知他人利用信息网络实施犯罪，为其犯罪提供互联网接入、服务器托管、网络存储、通讯传输等技术支持，或者提供广告推广、支付结算等帮助，情节严重的，处三年以下有期徒刑或者拘役,并处或者单处罚金。

单位犯前款罪的,对单位判处罚金,并对其直接负责的主管人员和其他直接责任人员,依照第一款的规定处罚。

有前两款行为,同时构成其他犯罪的,依照处罚较重的规定定罪处罚。

第三百一十二条 【掩饰、隐瞒犯罪所得、犯罪所得收益罪】明知是犯罪所得及其产生的收益而予以窝藏、转移、收购、代为销售或者以其他方法掩饰、隐瞒的,处三年以下有期徒刑、拘役或者管制,并处或者单处罚金;情节严重的,处三年以上七年以下有期徒刑,并处罚金。

单位犯前款罪的,对单位判处罚金,并对其直接负责的主管人员和其他直接责任人员,依照前款的规定处罚。

最高人民法院《关于审理掩饰、隐瞒犯罪所得、犯罪所得收益刑事案件适用法律若干问题的解释》(法释〔2021〕8 号)

第三条 掩饰、隐瞒犯罪所得及其产生的收益,具有下列情形之一的,应当认定为刑法第三百一十二条第一款规定的"情节严重":

(一)掩饰、隐瞒犯罪所得及其产生的收益价值总额达到十万元以上的;

(二)掩饰、隐瞒犯罪所得及其产生的收益十次以上,或者三次以上且价值总额达到五万元以上的;

(三)掩饰、隐瞒的犯罪所得系电力设备、交通设施、广播电视设施、公用电信设施、军事设施或者救灾、抢险、防汛、优抚、扶贫、移民、救济款物,价值总额达到五万元以上的;

(四)掩饰、隐瞒行为致使上游犯罪无法及时查处,并造成公私财物重大损失无法挽回或其他严重后果的;

(五)实施其他掩饰、隐瞒犯罪所得及其产生的收益行为,严重妨害司法机关对上游犯罪予以追究的。

司法解释对掩饰、隐瞒涉及机动车、计算机信息系统数据、计算机信息系统控制权的犯罪所得及其产生的收益行为认定"情节严重"已有规定的,审理此类案件依照该规定。

《最高人民法院刑事审判第四庭负责人就〈最高人民法院关于审理掩饰、隐瞒犯罪所得、犯罪所得收益刑事案件适用法律若干问题的解释〉答记者问》(2015 年 5 月 11 日)

问:《解释》对掩饰、隐瞒犯罪所得、犯罪所得收益罪与上游犯罪关系的处理是如何规定的?

答:本着掩饰、隐瞒犯罪所得、犯罪所得收益罪,应当以上游犯罪事实成立为前提这一基本原则,《解释》做了两方面规定,既坚持认定本罪应当以上游犯罪事实成立为前提,又明确指出上游犯罪尚未依法裁判,但查证属实的,或查证属实后因行为人未达到刑事责任年龄等原因依法不予追究刑事责任的,均不影响掩饰、隐瞒犯罪所得、犯罪所得收益罪的认定。

最高人民法院、最高人民检察院《关于办理非法利用信息网络、帮助信息网络犯罪活动等刑事案件适用法律若干问题的解释》(法释〔2019〕15 号)

第十一条　为他人实施犯罪提供技术支持或者帮助,具有下列情形之一的,可以认定行为人明知他人利用信息网络实施犯罪,但是有相反证据的除外:

(一)经监管部门告知后仍然实施有关行为的;

(二)接到举报后不履行法定管理职责的;

(三)交易价格或者方式明显异常的;

(四)提供专门用于违法犯罪的程序、工具或者其他技术支持、帮助的;

(五)频繁采用隐蔽上网、加密通信、销毁数据等措施或者使用虚假身份,逃避监管或者规避调查的;

(六)为他人逃避监管或者规避调查提供技术支持、帮助的;

(七)其他足以认定行为人明知的情形。

第十二条第一款　明知他人利用信息网络实施犯罪,为其犯罪提供帮助,具有下列情形之一的,应当认定为刑法第二百八十七条之二第一款规定的“情节严重”:

(一)为三个以上对象提供帮助的;

(二)支付结算金额二十万元以上的;

（三）以投放广告等方式提供资金五万元以上的；

（四）违法所得一万元以上的；

（五）二年内曾因非法利用信息网络、帮助信息网络犯罪活动、危害计算机信息系统安全受过行政处罚，又帮助信息网络犯罪活动的；

（六）被帮助对象实施的犯罪造成严重后果的；

（七）其他情节严重的情形。

类似案例

案号：（2022）湘1023刑初43号

被告人曹某在长沙市天心区某酒店一房间内，将自己6222××××××××××9413中国工商银行卡、6228×××××××××××0775中国农业银行卡、6217××××××××2476中国建设银行卡、6215××××××××××0607中国银行卡租给黄某（另案处理）用于虚拟货币交易洗钱，黄某付给被告人曹某每张银行卡每周1000元租金，并按购买虚拟货币0.36%支付损耗佣金。法院认为，被告人曹某明知他人利用信息网络实施犯罪，仍为他人犯罪提供支付结算帮助，情节严重，其行为已构成帮助信息网络犯罪活动罪。

扩展阅读

审查逮捕期间，被隐没的管辖权

1. 审查逮捕期间的检察管辖

管辖是启动刑事诉讼的前提，也是保证后续诉讼程序合法的基石。

《人民检察院刑事诉讼规则》第156条、第157条规定，检察院在收到公安机关移送的提请逮捕的案卷材料时，应当立即根据案卷内容确定案件是否属于本院管辖。

此处的管辖指检察管辖，但在当前的法律规定中，检察管辖并不是一个独立的概念，检察管辖在具体案件中的判断依从于审判管辖。这是因为检察与公安共同承担控诉职能，所以侦查机关的侦查管辖对应于检察管辖，检察管辖则是依从于审判管辖，因此立法上仅规定审判管辖，而无须对检察管辖和侦查管辖作出具体规定。

检察管辖虽然在判断标准上依从于审判管辖，但是除从管辖制度本身界定公权力机关受理权限之外，检察管辖自身也有作为修正管辖错误的第一道防线的价值和功能。

虽然检察机关作为公诉机关和法律监督机关会对管辖权进行审查，但在实践中，管辖权错误的情形依然偶有发生，不仅是因为部分检察官对于管辖审查的忽视，也有对是否具有管辖权认定本身存在争议的因素。

管辖错误一旦发生，其影响的就不仅是刑事诉讼的程序运作秩序，而且直接影响被追诉人的权利保障。

2. 审查逮捕期间，检察管辖中的地域管辖错误

审查逮捕期间发生的检察管辖错误，是指地域管辖错误，并不涉及级别管辖错误。

所谓的地域管辖，指的是不同地区司法机关之间对刑事案件管辖权的划分。地域管辖的认定是根据最密切联系原则来确定的，该原则认为地域管辖的判断应当出于调查核实证据、迅速查明案情的需要，由与犯罪行为联系最为密切的犯罪地司法机关管辖；考虑到司法实践中案件情况复杂，跨地区流窜作案情况较多，将被告人的居住地也作为管辖地。因此，我国规定了以犯罪地为主、以被告人居住地为辅的地域管辖原则。

《刑事诉讼法》第25条规定："刑事案件由犯罪地的人民法院管辖。如果由被告人居住地的人民法院审判更为适宜的，可以由被告人居住地的人民法院管辖。"所以，除指定管辖的情形外，若案件办理违背该管辖规定，即属于地域管辖错误的情形。

侦查级别管辖是一项管理性法律规范，且侦查实行一体化原则，降低了约束性效力，故无须与审判管辖相对应，侦查机关即使违反级别管辖有关规定，其侦查行为仍然有效,所以在审查逮捕时不需要对级别管辖进行考虑。司法实践中,检察院批准逮捕后认为级别管辖有误,但地域管辖无误的,可以将案卷移送下级有对应地域管辖权的检察院继续承办。

在具体的司法实践中,审查逮捕期间,检察机关对地域管辖的关注度不够高。检察机关收到侦查机关移送的案卷材料后,往往去考虑案件事实是否清楚、证据是否充分的实体审查内容,却极易忽视地域管辖的问题,容易造成地域管辖错误。

3. 审查逮捕期间,检察机关应对管辖错误的不同处理方式

对于检察机关在审查逮捕期间对地域管辖错误的处理方式,目前我国相关规范性文件并没有规定,立法也未对管辖错误案件的效力和后续程序做任何规定。诉讼程序中缺少解决无权管辖的配套机制,不能适应案件处理和诉讼运行的实际需要。这导致我国司法实践中对于审查逮捕期间管辖错误的处理方式有较大争议,批准逮捕和不予批捕的做法均存在。

支持批准逮捕的观点认为,从检察机关的角度出发,如果以不具备管辖权为由不予批捕或者移送案件,既会打击公安机关的办案积极性,也与我国严厉打击犯罪的形势相违背。尤其当辩护人未对此提出异议时,检察机关在此情况下通常会选择批准逮捕,等案件移送法院时再去考虑管辖的问题,但这样的处理方式明显不符合《人民检察院刑事诉讼规则》的相关规定。

支持不予批准逮捕的观点认为,缺乏规范性文件的同时意味着处理方式由检察机关进行裁量。基于正当程序原则,当出现地域管辖错误时,由于检察机关不具有管辖权应当不予批准逮捕。不予批准逮捕的处理方式是对程序公正的尊重也是对被追诉人程序权利的保证。虽然我国现行法律中并没有规定通过存在管辖错误的程序获得的证据属于非法证据,但是刑事程序的错误依然对犯罪嫌疑人的权利造成了损害,即使在后续程序中予以修正,犯罪嫌疑人的权利受到的侵害也难以轻易平复。

无独有偶,我国台湾地区也有关于侦查法官对申请羁押的案件无管辖权时如何进行程序处理的激烈争论,并形成了四种观点:作出羁押裁定;依职权移送于管辖法院；将犯罪嫌疑人交还检察机关；将被告释放。虽然我国台湾地区的处理观点仍有争议，但是也提供了采取将犯罪嫌疑人交还检察机关或将被告释放的处理方式的选择。

上述观点中，笔者更加支持不予批准逮捕的处理方式。不予批准逮捕的处理是基于对程序正当的考量，同时这样的处理方式能从根本上修正程序错误带来的伤害。不予批准逮捕的处理方式也使管辖异议在辩护中的价值得到提升，辩护律师可以通过管辖异议的方式为当事人争取应有的权利。

4. 审查批捕期间通过管辖异议提供有效辩护

承前所述，在面对管辖错误的情况时，理论上，辩护律师可以通过提出管辖异议的辩护方式为当事人争取获得有效辩护的结果。

但笔者通过对公开案例的检索，并未顺利发现实践中采用这种辩护方式的有效辩护案例，主要原因可能是因管辖错误未被批准逮捕的案件信息尚未到能够被公布的阶段。

庆幸的是，笔者曾经代理的案件在审查逮捕期间，因存在地域管辖错误的情形，最终检察机关决定对嫌疑人不予批准逮捕。因此，审查逮捕期间，辩护律师主张存在地域管辖错误的辩护手段，仍然具有一定的实际价值。

在该案中，上游行为人向嫌疑人购买比特币，但支付的钱款系由其他若干人代付，经调查，代付人系部分电信诈骗被害人，因此嫌疑人被指控犯掩饰、隐瞒犯罪所得、犯罪所得收益罪。

审查逮捕期间，辩护律师不仅就实体方面提出辩护意见，还重点提出了管辖权异议，认为检察机关不具有该案的管辖权。

第一，在该案中，若干被害人中仅有一人转账行为地在该地，其他被害人均是在异地进行的转账，同时嫌疑人并非在该地居住，而是被从异地羁押，带回该地。但辩护律师注意到，该人的被害人身份存疑，如果检察机关审查案卷材料排除掉该人的被害人身份后，该地公安机关便丧失对该案的管辖权。第二，掩饰、隐瞒犯罪所得、犯罪所得收益罪作为一项独立的罪名，管辖也应当独立，不与上游犯罪共享案件的管辖权。现有法律规定也没有将上游犯罪与该罪之间的管辖进行连接。虽然在侦查初期，侦查机关不确定二罪行为人之间是否存在共谋，故能以共同犯罪按上游犯罪的管辖规定进行管辖，可一旦查明二者之间不存在共谋就排除了共同犯罪，管辖也应当分开认定。该案中，嫌疑人即使构成掩饰、隐瞒犯罪所得、犯罪所得收益罪，其犯罪地及居住地也不在该地。

最终，检察机关明确表示因管辖权问题对嫌疑人不予批准逮捕，值得注意的是，在该案中辩护律师就实体问题也发表了相关意见，因此无法否认案件中的实体问题也对检察机关作出最后判断产生了积极影响。笔者建议，为了增强律师意见的说服力，实体与程序方面的意见可以双管齐下，以达到有效辩护的目的。

结　语

虽然提出管辖异议，维护法定管辖秩序是辩方程序权利的正当主张，但能否实现仍有赖于检察机关是否同意。目前来看，在审查批捕期间，地域管辖上存在错误的辩护意见仍然很难被顺利采纳。但是，作为辩护律师，我们不会放弃任何一次为当事人争取有效辩护的机会，每一个看起来微乎其微的主张，都可能是案件迎来转机的宝贵机会。